# ORGANISATION

## JUDICIAIRE ET ADMINISTRATIVE

# DE LA FRANCE

ET

## DE LA BELGIQUE

109
114

PARIS. — TYPOGRAPHIE DE ROUGE FRÈRES, DUNON ET FRESNÉ,
rue du Four-Saint-Germain, 43

# ORGANISATION

## JUDICIAIRE ET ADMINISTRATIVE

# DE LA FRANCE

ET

# DE LA BELGIQUE

— 1814 A 1875 —

PAR

## ÉMILE FLOURENS

MAITRE DES REQUÊTES AU CONSEIL D'ÉTAT

OUVRAGE COURONNÉ PAR L'INSTITUT

PARIS

GARNIER FRÈRES, LIBRAIRES-ÉDITEURS

6, RUE DES SAINTS-PÈRES, 6

1875

# ORGANISATION

## JUDICIAIRE ET ADMINISTRATIVE

# DE LA FRANCE

### ET

## DE LA BELGIQUE

## CHAPITRE PRÉLIMINAIRE

Celui qui étudie l'histoire de l'Europe contemporaine est frappé d'un spectacle digne d'arrêter son attention. Tandis que la France, secouée par des révolutions périodiques, cherche en vain à trouver l'équilibre de ses forces, un État, créé à ses portes de quelques provinces arrachées à sa frontière du Nord, semble avoir résolu le problème d'où dépend le bonheur des peuples : la conciliation du respect de l'autorité publique et de l'indépendance politique des citoyens. Dès qu'en 1830 la Belgique s'est constituée en État autonome, elle s'est donné des institutions franchement libérales, et elle a, depuis lors, montré pour ces institutions un remarquable attachement. Ni les révolutions qui ont ébranlé les trônes du continent, ni les menées du parti socialiste

ardent à mettre la main sur une population ouvrière groupée
en centres industriels puissants, n'ont détourné cette nation,
si récemment maîtresse de ses destinées, de la sage voie où
elle était entrée dès l'abord. Aussi a-t-elle assis son indépendance sur l'estime publique et pris rang parmi les peuples libres.

Par quel mystère ce pays, qui était signalé par l'empereur
Charles-Quint comme le plus difficile à gouverner de ses vastes
États, dont les villes ont été si souvent troublées par de san-
glantes insurrections, est-il devenu, dans une époque féconde
en révolutions, un modèle de modération et de sagesse politique? Comment tous ces grands problèmes, liberté de la
presse, droit de réunion et d'association, liberté de l'enseignement public à tous ses degrés, indépendance réciproque
de l'Église et de l'État, liberté du travail et de l'industrie, qui
agitent notre société, ont-ils trouvé, chez nos voisins, des
solutions, sinon absolument satisfaisantes, au moins en rapport avec le développement actuel des esprits et laissant la
voie ouverte aux progrès? Pourquoi, ballottés du despotisme à l'anarchie, sommes-nous livrés aux convoitises de
l'étranger, alors que, de l'autre côté d'une frontière purement conventionnelle, une nation, semblable à la nôtre par
son origine, sa langue, ses mœurs et sa religion, prospère
dans la liberté?

Un tel contraste ne s'établit pas entre les destinées de deux
peuples sans que des causes multiples contribuent à le justifier. Les traditions locales, la situation géographique,
diplomatique et militaire, la sagesse et l'imprévoyance des
princes et de leurs ministres, concourent à expliquer ces
résultats.

La diversité des institutions a dû avoir aussi sa part d'influence sur la diversité du sort des deux pays.

En 1814, la France et la Belgique, réunies sous le sceptre du même souverain, obéissaient aux mêmes lois. Depuis leur séparation, l'un et l'autre peuple ont eu la prétention de ne négliger aucun progrès dans le développement de leur organisation intérieure et de marcher au premier rang des nations civilisées. Il est instructif de suivre le chemin qu'ils ont parcouru et, remontant en arrière, de comparer à l'état actuel de leurs institutions judiciaires et administratives la situation où les laissaient les désastres politiques et militaires qui ont signalé la fin du premier Empire.

Ce parallèle est aujourd'hui plus que jamais opportun. En effet, si la Belgique a conservé les principes fondamentaux de droit public qui avaient été implantés chez elle pendant sa réunion à la France, et si, depuis lors, elle a encore souvent eu recours à notre législation pour modifier et améliorer la sienne, quelques-unes de nos lois récentes font à leur tour de nombreux emprunts à l'organisation intérieure de nos voisins. Il importe donc de présenter un tableau d'ensemble de cette organisation et de la mettre en regard de celle qui est en vigueur en France. Ce n'est que par l'examen attentif de l'ensemble que l'on apprécie la raison d'être et le mérite relatif de chaque détail.

# PREMIÈRE PARTIE

## ORGANISATION JUDICIAIRE

---

## TITRE PREMIER

HISTOIRE DES INSTITUTIONS JUDICIAIRES DE LA FRANCE
ET DE LA BELGIQUE, DE 1814 A 1875

---

### CHAPITRE PREMIER.

#### LE POUVOIR JUDICIAIRE EN 1814

Vices des systèmes d'organisation judiciaire tentés sous la première révolution. — La législation de 1810. — Son caractère et
son but. — Ses imperfections.

---

### CHAPITRE II.

#### LE POUVOIR JUDICIAIRE DE 1815 A 1830.

L'organisation judiciaire de 1810 en présence du régime parlementaire. — Compétence du jury en matière de délits de presse :
sa composition. — La mise à la retraite d'office des magistrats
pour infirmités graves et permanentes. — Réformes judiciaires
du roi de Hollande.

---

# CHAPITRE III.

### LE POUVOIR JUDICIAIRE DE 1830 A 1848.

—

La Charte constitutionnelle de 1830 et la Constitution belge de 1831.
— Les listes de présentation. — L'inamovibilité étendue au juge
de paix. — Suppression des tribunaux extraordinaires.

———

# CHAPITRE IV.

### LE POUVOIR JUDICIAIRE DE 1848 A 1852.

—

Influence de l'avénement du suffrage universel sur l'organisation
judiciaire de la France. — Les listes du jury. — Les élections
aux tribunaux de commerce. — Extension de la juridiction des
conseils de guerre.

———

# CHAPITRE V.

### LE POUVOIR JUDICIAIRE DE 1852 A 1870.

—

Tendance à mettre l'autorité judiciaire sous la subordination du
pouvoir exécutif. — Ses dangers. — La limite d'âge. — Le roulement. — Les listes du jury. — La juridiction de la haute Cour.

———

# CHAPITRE VI.

### LE POUVOIR JUDICIAIRE DE 1870 A 1871.

—

Retour vers la législation de 1848.

———

# TITRE PREMIER

HISTOIRE DES INSTITUTIONS JUDICIAIRES DE LA FRANCE
ET DE LA BELGIQUE, DE 1814 A 1875.

## CHAPITRE PREMIER

### LE POUVOIR JUDICIAIRE EN 1814

Vices des systèmes d'organisation judiciaire essayés sous la première révolution. — La législation de 1810. — Son caractère et son but. — Ses imperfections.

Aujourd'hui encore, après que les hasards de la guerre et de la révolution ont détaché les provinces belges de l'empire français, les ont annexées au royaume de Hollande, puis constituées en État indépendant; après que la France a passé par les formes les plus diverses de gouvernement, l'édifice judiciaire est resté ferme dans ces deux pays, sur les solides assises qui lui avaient été données en 1810. Sans doute, les lois et les mœurs lui ont apporté des modifications; mais les fondements sont restés les mêmes, et les lignes principales du monument, qui en constituaient la grandeur, ont été conservées.

Si cette partie de nos institutions a joui d'une stabilité relative, ce n'est pas qu'elle ait manqué de détracteurs. Le nombre de ses adversaires a paru croître dans ces derniers

temps, et le bruit des critiques s'est élevé assez haut pour
que l'Assemblée nationale ait cru devoir renvoyer à une
commission la préparation d'un projet de loi sur la réorganisation de la magistrature. Les labeurs de cette commission
n'ont pu encore arriver à un résultat susceptible de supporter l'épreuve de la discussion publique.

Grâce à cet ajournement, le temps a déjà fait justice des
déclamations de l'esprit de parti et des banalités d'une fausse
science.

La question d'une réforme judiciaire paraît donc écartée
par des préoccupations plus pressantes. Elle n'en reste pas
moins posée. Félicitons-nous-en. Les institutions humaines
ne survivent qu'à la condition de se soumettre à une critique
incessante et de sortir d'une lutte perpétuelle, victorieuses
et perfectionnées. L'étude des législations étrangères, trop
longtemps négligée, prend de nos jours de rapides développements. Le spectacle des autres peuples, assez sages pour
fonder leur prospérité sur le respect de la loi et de la liberté,
nous rend justement jaloux de nous approprier les progrès
qu'ils ont su réaliser. Cette voie sera féconde en résultats si elle est suivie avec une prudente réserve. « Les
lois doivent être tellement propres au peuple pour lequel
elles sont faites, nous dit Montesquieu, que c'est un très-
grand hasard si celles d'une nation peuvent convenir à une
autre (1). » Il ne faut pas qu'un enthousiasme irréfléchi
pour les principes adoptés par telle ou telle nation étrangère nous pousse à déprécier les institutions qui ont reçu
chez nous la consécration du temps et de l'expérience.

Thouret disait à l'Assemblée constituante : « Si la forme
des instruments par lesquels le pouvoir judiciaire peut être

___

(1) Montesquieu, *de l'Esprit des lois*, liv. I, chap. III.

exercé est variable jusqu'à un certain point, les principes
qui fixent sa nature, pour le rendre propre aux fins qu'il doit
remplir dans l'organisation sociale, sont éternels et immuables. » Alors que les institutions judiciaires qui étaient en
vigueur en 1814 ont survécu à toutes les formes de gouvernement, ne peut-on pas dire qu'elles contenaient une
réalisation plus ou moins parfaite de ces principes immuables dont parlait le célèbre constituant?

Ce n'est donc pas à la légère qu'il est permis de porter la
main de la réforme dans une œuvre pareille. Malheur à qui
ébranlerait l'édifice social en sapant les bases sur lesquelles
repose le pouvoir judiciaire! Avant de préconiser aucun
changement, étudions l'origine des institutions actuelles;
voyons dans quel esprit elles ont été créées, par quelles voies
et sous quelles influences elles se sont développées. Examinons sous l'empire de quelles causes elles se sont diverse-
ment modifiées chez les deux nations voisines; comparons
entre elles et apprécions ces modifications. Nous saurons
alors quels enseignements doivent être tirés de ce parallèle,
et quelles améliorations il suggère. Peut-être ce travail ne
nous conduira-t-il pas à imaginer des réformes très-radi-
cales. Au moins peut-il servir à consolider l'organisation
présente, en mettant en lumière ses avantages oubliés ou
méconnus. Assurer le maintien des conquêtes obtenues,
n'est-ce pas aussi contribuer aux conquêtes de l'avenir? Cette
voie est la plus modeste sans doute, mais, chez nous du
moins, elle n'est pas la plus fréquentée.

Pour comprendre l'œuvre judiciaire de 1810, il faut remonter un peu avant sa création; il faut voir à quelles institutions elle succédait, ce qu'elle avait pour but de maintenir
dans ces institutions et ce qu'elle devait réformer.

L'Assemblée constituante, lorsqu'elle avait supprimé les

justices seigneuriales et la vénalité des offices (1), avait aboli l'ancien ordre judiciaire dans son principe logique et dans sa base. Dans l'ancienne organisation, le droit de juger était inhérent à celui de commander. « L'administration de la justice et le commandement militaire, cumulativement réunis dans la main des comtes et des seigneurs de fiefs, suivaient la hiérarchie des pouvoirs, et résidaient éminemment dans la personne du roi, juge en dernier ressort de toutes les affaires comme généralissime de toutes les armées (2). »

Ces puissantes compagnies qui tantôt tenaient tête aux monarques absolus, tantôt, avec un soin jaloux, protégeaient la puissance royale contre les empiétements de toute autre autorité que la leur, puisaient leur indépendance dans le sentiment de la propriété de leur charge.

Ces garanties enlevées, l'Assemblée comprit qu'elle devait leur en substituer de nouvelles. Remettre le sort des magistrats au libre arbitre du pouvoir exécutif, c'était supprimer l'indépendance du juge, la première base de toute liberté. Reconstituer des corps inamovibles dont les membres seraient nécessairement choisis parmi les anciens parlementaires, c'était, à une époque où le principe de la séparation des pouvoirs n'était pas encore passé dans les mœurs, compromettre le succès des réformes dont l'Assemblée voulait la réalisation immédiate.

Ces considérations pesèrent gravement dans l'esprit des constituants. Elles sont dissimulées dans la discussion sous des théories métaphysiques plus ou moins sincères, mais on sent qu'elles ont dicté les résolutions. Tandis que Duport

(1) D. 4 août, 3 novembre 1789.
(2) Henrion de Pansey, *de l'Autorité judiciaire*, Intr., chap. I.

préconise l'établissement du jury au civil comme au criminel, la suppression des tribunaux et la justice rendue au
peuple par le peuple lui-même, Thouret et les esprits plus
politiques reconnaissent que l'époque fortunée où la législation générale sera devenue assez simple pour que tous les
citoyens soient bons légistes et bons juges, est encore éloi-
gnée. Mais que trouvent-ils à opposer au système de Duport:
des tribunaux formés de juges élus par le peuple tous les six
ans (1)! En vain Cazalès et Maury s'efforcent-ils de conserver au chef du pouvoir exécutif le droit de choisir sur une
liste de candidats présentés par les électeurs. Mirabeau
répond : « Il y a une manière vraiment simple de distinguer, dans l'ordre judiciaire, les fonctions qui appartiennent
au prince de celles auxquelles il ne peut participer en aucun
sens. Les citoyens ont des différends, ils nomment leurs
juges : le pouvoir exécutif n'a rien à dire tant que la décision
n'est pas proférée; mais là où finissent les fonctions judiciaires, le pouvoir exécutif commence. Il n'est donc pas vrai
que ce pouvoir ait le droit de nommer ceux qui profèrent la
décision. »

Le grand orateur était-il dupe de sa distinction entre les
attributions du pouvoir exécutif et celles de l'autorité judiciaire? Il est permis d'en douter lorsqu'on lit dans ses notes
secrètes écrites à la même époque : « Les tribunaux vont
être formés, comment le seront-ils? Un officier municipal
peut cacher sa nullité par son inaction, et la généralité
des citoyens est d'ailleurs assez indifférente sur l'administration publique. La justice, au contraire, est un besoin de tous et de chaque instant. Comme elle doit commander le respect, elle doit inspirer la confiance; ses

(1) D. 30 avril, 3, 4, 5 et 7 mai 1790.

erreurs sont des iniquités, ses iniquités excitent à la
vengeance. Je vois déjà les plus funestes dissensions
éclater avant que les tribunaux de toute espèce puissent
seulement s'organiser. Tout le monde a prévu, ceux
même qui l'ont établi, que cet ordre de choses ne tiendrait pas. »

Cette méfiance contre le pouvoir judiciaire, qui apparaît
par le mode adopté pour la nomination des juges, se trahit
non moins manifestement par la suppression de toute hiérarchie dans la magistrature assise et jusque dans la magistrature debout. L'assemblée décide (1) que les affaires les plus
simples ne supporteront qu'un degré de juridiction, que les
autres ne pourront en parcourir plus de deux. Par là elle
met un terme aux abus résultant de la multiplicité des appels.
Elle fait une œuvre utile que le temps a respectée. Mais,
au lieu de déférer l'appel du juge de première instance à un
tribunal supérieur, elle rend les tribunaux de district juges
d'appel les uns vis-à-vis des autres. Elle maintient l'existence d'un ministère public et laisse au pouvoir exécutif le
choix de ses officiers ; puis, par une disposition illogique,
elle les institue à vie et ne permet leur révocation que pour
forfaiture (2). Ainsi, le dépôt de la jurisprudence et du droit
est confié à l'ignorance d'un magistrat issu des hasards
d'une élection populaire, soumis à la pression des passions
politiques et des influences locales ; le soin de requérir l'application de la loi et d'assurer l'exécution des décisions de la
justice est abandonné à l'inertie d'un fonctionnaire qui, par
son inamovibilité, échappe à toute autorité hiérarchique, à
l'action du gouvernement comme à celle de la société. Les

(1) D. 1er mai 1790.
(2) D. 8 mai, 27 septembre 1790.

rôles se trouvent intervertis. L'agent en qui se personnifie
l'initiative est condamné au repos, le représentant de la tradition est livré à l'instabilité des luttes électorales.

La justice criminelle est séparée de la justice civile (1). La
police judiciaire et l'instruction sont déférées à un juge de paix
élu par le peuple (2). Le prévenu est renvoyé par un jury d'accusation devant un jury de jugement (3). L'application de la loi
est faite par un tribunal criminel établi au chef-lieu de chaque
département et composé d'un président nommé par les électeurs du département et de trois juges pris parmi les membres élus des tribunaux de district (4). Devant le jury de
jugement, un accusateur public, également nommé par les
électeurs du département (5), est chargé de poursuivre les
délits sur les actes d'accusation admis par les premiers
jurés (6). Le rôle du commissaire du roi est réduit à assister
à l'instruction et au jugement, à prendre telles réquisitions
qu'il juge convenables et à se pourvoir en cassation (7).
C'est l'accusateur public qui a la surveillance sur les officiers
de police.

Pour compléter cet exposé, il convient de parler du tribunal de cassation (8), et pourtant ce corps ne faisait pas
alors, à proprement parler, partie de l'organisation judiciaire. Dans la pensée de l'Assemblée, il était créé moins dans
l'intérêt des parties que pour assurer l'uniformité dans l'ap-

(1). L. 16-29 septembre 1791, 29 septembre, 21 octobre 1791.
(2) Ibid.
(3) Constitution des 3-14 septembre 1791.
(4) L. 20 janvier, 25 février 1791, art. 1 et 2.
(5) Ibid., art. 3.
(6) L. 16-29 septembre 1791, tit. IV.
(7) Ibid., tit. V.
(8) L. 27 novembre, 1er décembre 1790.

plication de ses décrets. Quelle est la nature de ce tribunal,
se demandent les auteurs du projet (1). « Fera-t-il partie du
pouvoir judiciaire? Non, puisque c'est le pouvoir judiciaire
qu'il a pour but de surveiller. Sera-ce le pouvoir exécutif?
Non, il deviendrait maître de la loi. Sera-ce enfin un pouvoir différent des pouvoirs législatif, exécutif et judiciaire?
Non, il n'y en a pas quatre dans la constitution. Ce droit
de surveillance est donc une dépendance du pouvoir législatif. » Aussi, par une disposition expresse de la loi organique reproduite par la Constitution (2), le tribunal de cassation est-il établi auprès du Corps législatif. C'est au Corps
législatif qu'il doit adresser le compte rendu annuel de ses
travaux. C'est l'Assemblée qui se réserve, au cas où un jugement aurait été cassé deux fois et où un troisième tribunal
aurait jugé de même, de trancher la question par un décret
déclaratoire de la loi. Les membres de ce tribunal étaient
élus pour quatre ans.

Telle est, esquissée dans ses traits principaux, l'œuvre
judiciaire de l'Assemblée constituante. Elle peut se résumer
ainsi : encore des tribunaux, mais plus de magistrature fortement organisée et indépendante de la pression des partis politiques. Il y aurait injustice à méconnaître les grands côtés de cette création. Elle réalisait
des progrès depuis longtemps rêvés par les publicistes.
Par l'institution du jury, elle faisait rentrer dans la justice criminelle une vertu jusqu'alors absente de ses sanc-
tuaires, l'humanité. Par la simplification des juridictions, elle permettait au bon droit de triompher sans
acheter son succès au prix de la ruine. Par la suppression

---

(1) L. 27 novembre, 1 décembre 1790.
(2) *Ibid.*, art. 1er. *Const.* 3-14 septembre 1791, chap. V, art. 19.

de la vénalité des offices, elle faisait cesser un abus contraire
à la saine tradition des mœurs judiciaires de l'ancienne
France et qui avait toujours révolté l'esprit public. Ce sont
là de grandes réformes; elles ont immortalisé les penseurs
qui les ont défendues et doivent honorer également l'Assemblée qui a eu le courage de les mettre à exécution. Mais, le
légitime enthousiasme qu'inspire le spectacle de ces conquêtes doit-il fermer les yeux sur les imperfections de l'organisation imaginée par la Constituante? Le système de
l'élection des juges a repris de nos jours quelque crédit. On
a dit que le magistrat ne commanderait le respect que le
jour où, investi du mandat populaire, il n'aurait rien à
craindre ni à espérer des pouvoirs qui se disputeraient le
domaine de la politique. Il nous suffira de répondre qu'à
aucune époque de notre histoire la justice n'a été moins
respectée qu'au moment où le suffrage des populations désignait les hommes chargés de rendre ses arrêts. Le bon
sens de Mirabeau lui avait révélé, à l'instant même où il
employait son éloquence à défendre les principes consacrés
par la loi des 16-24 août 1790, que « ce nouvel ordre de
choses ne tiendrait pas ». Il n'a pas tenu en effet. Dans
un espace de quelques années, aux juges élus de la Constitution de 1791 nous voyons substituer les arbitres publics
de la Constitution de 1793, qui sont remplacés à leur tour
par le tribunal révolutionnaire.

Qui contestera que l'absence d'un pouvoir judiciaire fortement constitué ait été une des causes des crimes qui ont
souillé cette période de notre histoire? Après la mise en
vigueur de l'organisation judiciaire qui date de 1810, on
voit, dans les commotions publiques, le désordre se restreindre dans le domaine politique, les relations privées conservent une certaine stabilité. Le mal se circonscrit, et dans le

silence même des lois publiques, les lois civiles maintiennent leur empire. Aussi les intérêts se rassurent, les affaires reprennent, l'activité sociale ne se décourage pas, et le salut des fortunes privées permet à la fortune générale de renaître. C'est qu'alors, au milieu des ruines du pouvoir politique, les arrêts de la justice sont toujours rendus par des hommes habitués à l'exercice de son ministère. Nul ne peut deviner à quels excès les gouvernements les mieux intentionnés auraient été entraînés, s'ils s'étaient vus, au lendemain de nos révolutions, obligés de reconstituer les tribunaux par la voie de l'élection; si les entraînements auxquels le suffrage populaire s'est laissé emporter pour le choix des Assemblées politiques avaient eu leur contre-coup immédiat dans la composition des corps judiciaires; si, enfin, la garde de la vie et de l'honneur des citoyens était passée des mains des adeptes de la révolution triomphante dans celles d'une réaction effarée.

Nous venons de voir comment l'ordre judiciaire était tombé dans le discrédit et avait été rendu impuissant à protéger le dépôt sacré confié à sa garde. Examinons par quels moyens il a été restauré; comment, à partir de l'an viii, il s'est relevé et a acquis une organisation assez forte pour supporter victorieusement les épreuves qui ont succédé.

La Constitution du 22 frimaire et la loi du 27 ventôse de l'an viii firent le premier pas en rendant au pouvoir exécutif le choix et la nomination des juges. Sans doute deux exceptions étaient maintenues : la première, pour les membres du tribunal de cassation, qui étaient nommés par le Sénat conservateur, sur la présentation de trois candidats faite par le premier consul; la seconde, pour les juges de paix, qui continuaient à être élus par les citoyens et pour trois ans.

Cette mesure a été représentée comme une atteinte au principe de la séparation des pouvoirs appliqué, dans toute son intégrité, par l'Assemblée constituante. Elle est, au contraire, un retour à la vraie théorie, soutenue depuis par la puissante logique d'Henrion de Pansey. L'autorité judiciaire est une des branches du pouvoir exécutif, et c'est à ce pouvoir qu'il appartient de nommer les juges, quelle que soit la forme du gouvernement (1).

La célèbre phrase de Montesquieu, sur laquelle on prétend faire reposer la doctrine contraire, signifie que la fraction du pouvoir exécutif à laquelle est confiée l'application des lois civiles et criminelles doit être déléguée aux mains de magistrats indépendants; non que ces magistrats doivent avoir une autre origine que les fonctionnaires chargés de l'administration des affaires publiques. L'intérêt général demande, au contraire, que ces autorités qui travaillent au même but, le maintien de l'ordre, soient animées d'un même esprit et unis par le lien d'une source commune.

En rendant au pouvoir exécutif le soin d'une désignation qu'il est plus apte que tout autre à faire avec lumière et impartialité, le législateur de 1810 a donné aux justiciables certaines garanties contre les choix arbitraires. Des conditions furent exigées de nature à interdire l'accès de la carrière à ceux qui ne feraient pas certaines justifications de maturité, de savoir et d'aptitude morale. L'âge requis variait de vingt-cinq à trente ans, suivant l'importance de l'emploi (2). Une loi du 22 ventôse an XII avait fondé les écoles de droit et rétabli le tableau des avocats (3). Le grade de

---

(1) Henrion de Pansey, *de l'Autorité judiciaire*, chap. 1er.

(2) L. 20 avril 1810, art. 64 et suiv.

(3) Voir aussi D. 14 décembre 1810.

2

licencié en droit fut demandé, ainsi qu'un stage de deux ans au barreau.

Aujourd'hui, il est de mode de déprécier ces garanties. On fait observer que le grade de licencié ne prouve qu'un savoir superficiel ; que, dans un stage de deux ans au barreau, un jeune homme ne saurait acquérir une expérience sérieuse des affaires. Ces critiques parlent fort à leur aise. Si, au moins, ils avaient égalé le traitement des juges aux honoraires des avocats ou des officiers ministériels, on pourrait discuter avec eux. Qui ne voit qu'avec la multiplicité des cours et tribunaux et la modicité des traitements actuels, leur système aboutirait à faire recruter la magistrature parmi ces avocats qui vieillissent au barreau dans une oisiveté besoigneuse, et ces officiers ministériels qui n'ont pas su conquérir la confiance de la clientèle ?

Sans doute la magistrature peut et doit faire des emprunts aux notoriétés du barreau. Mais ces changements de carrière de la part d'hommes en possession d'une situation conquise à force de travail et de talent resteront toujours des exceptions. Faut-il le regretter d'une manière absolue ? Nous ne le pensons pas. La magistrature exige des qualités simples et modestes, une dignité de caractère, une fermeté de principe, un labeur patient qui ne conduisent pas toujours au succès dans les luttes oratoires du barreau, et s'accommodent mal des exigences de la clientèle et des habiletés du monde des affaires. La carrière judiciaire demande une longue pratique, et ce n'est pas trop d'une vie entière consacrée à ses travaux. Pourquoi dire que les jeunes gens ne peuvent lui apporter un utile concours ? Elle a besoin, au contraire, de l'activité de la jeunesse, non moins que de la force de l'âge mur et de l'expérience de la vieillesse. Seulement il faut combiner avec sagesse ces divers éléments et donner à chaque âge une part dans le labeur commun en rapport avec ses aptitudes.

La Constitution de l'an VIII, en même temps qu'elle restituait au pouvoir exécutif le droit de nommer les juges, rendait aux justiciables une garantie dont ils avaient été privés depuis l'abolition des anciens Parlements, et sans laquelle il peut y avoir des tribunaux, mais il ne saurait y avoir une justice. Elle fondait l'indépendance du juge non sur la pratique condamnée de la vénalité, mais sur le principe de l'inamovibilité. Ce principe est devenu une des bases de notre droit public, consacré par toutes nos constitutions et placé au-dessus d'elles ; il ne saurait être violé sans crime envers la nation.

Les adversaires de la loi de 1810 ont prétendu qu'elle avait rendu illusoire cette garantie de l'inamovibilité en permettant au juge d'aspirer à une promotion dont la libre disposition était abandonnée au gouvernement. Ils ont dit que si le magistrat échappait à la crainte, il n'échapperait pas à l'espérance, que le souci anxieux de l'avancement le poursuivrait dans l'exercice de ses fonctions et troublerait son impartialité. Ce reproche est grave, il importe d'y répondre. Quant à nous, il nous est impossible de blâmer le législateur de 1810 d'avoir ouvert à l'homme voué aux ingrates fonctions des siéges inférieurs l'horizon d'un avenir meilleur. Il ne faut pas exiger plus d'abnégation que la nature humaine n'en comporte. Nous déplorons les déplacements trop fréquents ; mais il ne convient pas non plus de se représenter le magistrat sous la forme d'un de ces dieux Termes que l'antiquité plantait au coin des champs. Sans mettre en doute le zèle des juges pour leur devoir, la prompte expédition des affaires et l'intérêt des justiciables gagneraient-ils beaucoup à ce que l'on supprimât le stimulant d'une

légitime ambition? L'avancement doit donc être respecté.
Mais faut-il laisser au gouvernement la libre disposition
des promotions? Tant que le juge n'a à prononcer que sur
des contestations privées, il est impossible de trouver là un
motif de suspicion contre son indépendance. A-t-il à statuer
sur des faits politiques? la question devient plus délicate.
Nous y consacrerons, dans le cours de ce travail, une étude
spéciale. La solution de cette difficulté consiste plutôt, ce
nous semble, à retirer à la magistrature le soin de statuer
sur les délits politiques qu'à enlever au gouvernement un
droit essentiel à l'exercice de l'intégralité de ses attributions.

Grâce à ces mesures, le législateur de 1810 était arrivé à
fonder, sur des bases solides et pratiques, un corps de
magistrature présentant à la grande masse des intérêts
privés les garanties les plus sérieuses; sujet à la critique,
sans doute, comme toutes les œuvres des hommes, mais qui
a su se faire de hautes traditions d'honneur et de savoir,
qui a échappé aux scandales de vénalité trop fréquents chez
certains peuples modernes, qui a eu enfin ses martyrs et
ses gloires égales à celles de nos anciens Parlements. Ainsi
le juge était créé; restait à créer le pouvoir judiciaire.
Le législateur de 1810 l'a compris, et il a complété son
œuvre.

Il avait vu les tribunaux de district, dispersés sur tous les
points du territoire, végéter sans autorité, parce qu'ils étaient
sans cohésion. Il comprit que, pour rendre au pouvoir judiciaire la force, il fallait lui donner l'unité, il fallait rétablir
une discipline et une hiérarchie. La loi du 27 ventôse
an VIII avait déjà réalisé un notable progrès en créant, pour
prononcer sur l'appel des décisions rendues par les tribunaux d'arrondissement, des tribunaux supérieurs dont le

ressort s'étendait sur plusieurs départements. L'idée de
l'appel emporte l'idée d'un juge supérieur. En rejetant la
seconde de ces conceptions après avoir admis la première,
l'Assemblée constituante avait sacrifié la logique à ses méfiances contre l'autorité judiciaire.

En 1810, cette hostilité avait cédé au besoin de reconstituer la société. La puissance de l'ordre judiciaire apparais-
sait comme une des bases essentielles de l'édifice politique.
On voulait faire renaître son prestige éclipsé pendant la
période révolutionnaire et restaurer l'antique majesté des
Parlements en la mettant d'accord avec les institutions nouvelles et le principe de la séparation des pouvoirs. Le sénatus-consulte du 28 floréal an xii restitue aux tribunaux
supérieurs le nom de cour, à leurs membres le titre de conseiller. La loi du 20 avril 1810 proclame leur souveraineté
dans l'exercice de la justice (1). Elle place en leurs mains
un pouvoir hiérarchique de discipline sur tous les magistrats
assis de leur ressort (2), un droit de surveillance sur les
membres du parquet (3). Leur autorité s'étend sur le barreau et sur les diverses classes d'officiers ministériels (4).

Ainsi renaissait le pouvoir judiciaire; une autre innovation devait contribuer plus encore à augmenter son autorité. C'est la réunion complète de la justice criminelle à la
justice civile. Cette œuvre, poursuivie avec une admirable
ténacité et motivée avec un rare bon sens par Napoléon,
constitue le côté le plus original de l'édifice judiciaire élevé
par ses soins.

L'Assemblée constituante avait distingué deux justices.

(1) L. 20 avril 1810, art. 7.
(2) *Ibid*, art. 48 et suiv.
(3) *Ibid*, art. 61.
(4) D. 30 mars 1808, art. 102.

L'une, la justice civile, qui pouvait se déléguer à des mandataires élus; l'autre, la justice criminelle, que le peuple retenait et exerçait par lui-même, au moyen de jurés désignés au sort. C'était une erreur. La justice est essentiellement une. Elle ne peut se diviser sans perdre son prestige. La difficulté était de maintenir cette unité et de conserver un jury la place qui lui appartient.

Les Cours d'appel devinrent le pivot de cette organisation nouvelle. Elles furent constituées le centre de l'administration de la justice criminelle comme de la justice civile. Ce fut sous leur autorité que fut exercée la police judiciaire.

Le nombre des officiers chargés de cette police est augmenté, et leur action centralisée entre les mains des procureurs généraux, et la Cour, toutes les chambres assemblées, est investie, par le législateur, du droit de mander ce procureur devant elle, pour lui enjoindre de poursuivre à raison des crimes et délits dénoncés par un de ses membres, ou pour entendre le compte qu'il aurait à lui rendre des poursuites commencées (1). Ainsi, dans le cas où le pouvoir amovible laisserait faiblir entre ses mains l'action pénale, le pouvoir judiciaire est revêtu d'une autorité suffisante pour suppléer à son inertie.

Le jury d'accusation créé par la loi de 1791 disparaît. Une des chambres de la Cour est chargée de statuer sur les mises en accusation, et cette chambre reçoit en même temps le droit d'ordonner des poursuites en toutes matières et d'évoquer les affaires criminelles (2).

Enfin, c'est une délégation de la Cour qui va, au chef-lieu de chaque département, dans des assises temporaires, pré-

(1) L. 20 avril 1810, art. 12.
(2) *Code d'Instr. crim.*, art. 235.

sider les débats criminels et statuer sur l'application de la peine aux faits reconnus coupables par le jury.

Les juges inférieurs, à l'instar de la juridiction souveraine, joignent l'exercice de la justice répressive, en ce qui touche les délits et contraventions, à l'exercice de la justice civile, et un roulement annuel, dans les tribunaux qui comptent plusieurs chambres, rend plus intime cette union entre ces deux branches des attributions judiciaires (1).

La Constituante avait accepté l'institution du ministère public, et elle avait maintenu au roi la nomination des commissaires chargés d'exercer, en son nom, ce ministère auprès des tribunaux. Mais elle avait rendu cette concession illusoire, en décidant que ces fonctionnaires seraient nommés à vie (2). Qu'était-ce alors que le ministère public? Il n'avait ni le droit d'accusation, ni le droit de poursuite. Il n'exerçait aucune autorité sur la police judiciaire. Exclu de toute action devant le jury d'accusation, condamné au silence devant le jury de jugement, ses fonctions étaient réduites à recevoir communication des pièces de la procédure, à prendre, après le verdict prononcé, devant le tribunal criminel, telles réquisitions que de droit et à se pourvoir en cassation. C'était un soldat sans chef et sans arme.

En 1814, combien la force du ministère public est-elle accrue! Un procureur général, placé à la tête du parquet de chaque Cour, concentre en ses mains la direction de l'action publique. Au droit d'accusation et de poursuite, il joint la police judiciaire dont les nombreux agents sont placés sous ses ordres. Il est représenté, auprès de chaque tribunal d'arrondissement, par un de ses substituts qui, avec le titre de

(1) D. 30 mars 1808, art. 50.
(2) D. 8 mai 1790.

procureur impérial, gouverne le parquet sous son autorité directe. Au criminel comme au civil, devant les jurés comme devant les juges, pendant l'instruction comme pendant le jugement, partout, par lui-même, par ses avocats généraux, par ses substituts, il est l'organe de la loi, l'œil qui saisit les infractions à ses ordres et le bras qui en assure le châtiment. Enfin, l'unité et la solidarité du ministère public se personnifient dans le garde des sceaux, qui peut, aux termes de l'art. 274 du Code d'instruction criminelle, intimer au procureur général l'ordre de poursuivre.

Cette organisation a été attaquée. Qui le croirait? Certains publicistes ont été jusqu'à regretter l'accusateur public élu de la loi de 1791. Ils ont rappelé l'exemple de Rome et d'Athènes, ils en ont conclu que le droit d'accusation était une action populaire qui appartenait à la société, non au gouvernement. Ils ont soutenu que ce dernier ne pouvait en conséquence déléguer à ses préposés un droit qu'il n'avait pas lui-même, et que le pouvoir de ses agents devait être strictement circonscrit « dans la sphère propre à l'exécution de la loi ». Ils ont ajouté que, si l'on tenait absolument à conserver entre les mains du ministère public le droit populaire d'accusation, la logique des principes exigeait que la nomination de ses membres émanât tout à la fois et de la société et du gouvernement. Au moins, ont-ils dit, faut-il reconnaître que le ministre de la justice ne peut ni ne doit imposer la poursuite aux membres du parquet, parce que la conscience de ces magistrats doit rester le juge suprême.

Montesquieu répond : « Nous avons aujourd'hui une loi admirable, celle qui veut que le prince, établi pour faire exécuter les lois, prépose un officier, dans chaque tribunal, pour poursuivre en son nom tous les crimes, de sorte que la fonction des délateurs est inconnue parmi nous. » Henrion de Pansey ne paraît pas non plus considérer l'institution du ministère public comme une atteinte aux vrais principes, il ne semble pas regretter les dénonciateurs civiques de 1793. « L'établissement d'une partie publique, selon cet éminent magistrat, c'est-à-dire d'un fonctionnaire obligé par le titre de son office d'appeler l'attention des juges et la vengeance des lois sur tous les crimes, est un des plus grands pas que les hommes aient faits vers la civilisation (1). »

Le gouvernement est établi pour faire respecter les lois, toutes les lois, les lois pénales comme les lois civiles ou politiques. S'il consentait à demeurer spectateur impassible du crime, s'il souffrait en silence la poursuite de l'innocent et l'impunité du coupable, il tomberait sous le mépris général. Jamais le bon sens populaire n'admettra que, dépositaire de la force publique, il n'en dispose pas pour saisir le criminel, ou qu'après l'avoir livré aux tribunaux, il reste muet au jour du jugement. Si, dans l'intérêt de la dignité et de l'impartialité de la poursuite, le droit d'accusation doit appartenir aux officiers du ministère public à l'exclusion de tous autres, si l'opinion conduit à rendre le gouvernement, dont ils sont les « gens », selon l'expression autrefois en usage, responsable de leur inaction, comment blâmer la disposition légale qui donne au garde des sceaux le droit d'ordonner les poursuites? Mais, s'écrient nos adversaires, vous détruisez l'indépendance du magistrat, vous violentez sa conscience, car il peut estimer que la poursuite ordonnée est injuste et mal fondée. Nos contradicteurs confondent deux choses : l'initiative de l'action publique, qui appartient sans doute aux officiers du ministère public, mais qui est aussi, et à un degré supérieur, dans le droit et dans le devoir du garde des

_____

(1) Henrion de Pansey, *de l'Autorité judiciaire*, chap. XIV du Ministère P.

sceaux, et leur indépendance quand ils sont appelés à conclure. « En ce moment, comme le disait Treilhard, dans la
discussion engagée, en 1804, au sein du Conseil d'État, le
magistrat du parquet devient l'homme de la justice, et les
ordres supérieurs ne règlent plus ses conclusions. » Car,
ainsi que le fait observer M. Faustin Hélie : « Le pouvoir
exécutif peut imposer au procureur général des actes, mais
il ne peut lui imposer une opinion ; il peut lui prescrire une
poursuite, un appel, un pourvoi; mais il ne peut enchaîner
à l'avance une opinion qui puise ses éléments dans les
débats. »

Ainsi, la conscience du magistrat est respectée; le principe de l'indivisibilité du ministère public, sauvegardé ; les
inconvénients de la diversité dans les poursuites, évités.

« Combien serait-il dangereux, en effet, comme le faisait
remarquer Treilhard au Conseil d'État, de permettre au procureur général de se rendre seul juge de ce qui convient à
la sûreté publique! »

Repoussons donc toute théorie qui dépouille le pouvoir
exécutif du choix des magistrats amovibles ou inamovibles.
Condamnons cette distinction entre la société et le gouvernement qui aboutit à créer l'antagonisme là où doit régner
l'unité, et à dépouiller le pouvoir de ses principaux attributs,
de ceux qui constituent sa raison d'être, qui lui assurent
l'estime et l'attachement des populations.

L'organisation de 1810 constituait un réel progrès sur
celles qui l'avaient précédée. Mais elle contenait aussi ses
lacunes et ses vices. Si elle portait l'empreinte du génie qui
l'avait exécutée, elle gardait aussi les traces d'un temps de
servitude.

Le sénatus-consulte du 16 thermidor an x apportait une
grave atteinte au principe de l'inamovibilité de la magistra-

ture. Il conférait au ministre de la justice, avec le titre de grand juge, le droit de présider le tribunal de cassation et les tribunaux d'appel, quand le gouvernement le jugerait convenable (1).

Le sénatus-consulte du 12 octobre 1807 ne permettait au magistrat d'aspirer à l'indépendance que lorsqu'il avait fait ses preuves de docilité. Il décidait que les lettres d'institution à vie ne seraient accordées aux juges qu'après cinq ans d'exercice, et quand ils se seraient montrés dignes de la confiance impériale.

Napoléon n'aimait guère le jury. Il préférait les juridictions d'exception, où il faisait prédominer l'esprit de subordination militaire. Aussi avait-il imaginé des Cours spéciales ordinaires et des Cours spéciales extraordinaires. Les Cours spéciales ordinaires étaient composées de cinq conseillers et de trois militaires, ayant le grade de capitaine au moins, et désignés par l'empereur parmi les officiers de gendarmerie. Ces Cours jugeaient, sans l'assistance des jurés, les crimes commis par les vagabonds et les repris de justice, les crimes de rébellion et les assassinats préparés par les attroupements armés. Leurs arrêts étaient rendus à la simple majorité; ils ne pouvaient être attaqués par le recours en cassation et devaient être exécutés dans les vingt-quatre heures (2).

Les Cours spéciales extraordinaires étaient composées d'un président et de sept conseillers. Leur mission consistait à remplacer les Cours d'assises et à supprimer l'intervention du jury dans l'œuvre de la justice criminelle. Dans quels cas

---

(1) S. C. 16 thermidor an x, art. 78 et 80.

(2) *Code d'Instr. Crim.* de 1808, art. 553 à 599. — L. 20 avril 1810, art. 23 et 24.

l'autorité de ces Cours devait-elle être substituée à celle des Cours d'assises? Cette substitution avait lieu dans tous les départements où le jury n'aurait pas été établi et dans tous ceux où il aurait été suspendu. Or, il suffisait d'un décret pour suspendre le jury dans un ou plusieurs départements. Elle devait encore être opérée toutes les fois « que Sa Majesté jugerait convenable, à raison de la multiplicité des crimes sur certains points de l'empire, d'établir des voies de répression plus actives. » L'arbitraire décidait de la juridiction chargée de prononcer sur la vie et l'honneur des citoyens.

C'était peu. L'empereur se réservait encore de faire casser par un sénatus-consulte le verdict d'un jury et de renvoyer devant une Cour spéciale ceux qui étaient absous, de par la loi, de par la décision souveraine du pays prononçant par ses jurés.

Il faut que cette institution du jury, vestige des antiques libertés de nos pères, contienne en elle des germes bien tenaces d'indépendance pour que, organisée comme elle l'était à cette époque, elle ait pu opposer quelque obstacle aux volontés du vainqueur de l'Europe.

Les éminents juristes qui composaient le Conseil d'État d'alors dissertaient sur le maintien ou la suppression de cette institution. Combattu par Cambacérès, Siméon, Portalis, le jury était défendu par Treilhard et Berlier. Napoléon conclut « qu'il fallait admettre le jury, s'il était possible de parvenir à le bien composer.....» Or, le bien composer, pour lui, c'était le faire former à sa guise par les mains de ses préfets.

Le jury constitue la meilleure des garanties pour l'accusé ou le plus odieux déni de justice, suivant que l'impartialité éclairée ou que l'arbitraire ont présidé à sa composition. Montesquieu disait : « Il faut que dans les grandes accusations le criminel, concurremment avec la loi, se choisisse des juges, ou du moins qu'il en puisse récuser un si grand nombre que ceux qui restent soient censés être de son choix. » Napoléon pensait, au contraire, que, dans les grandes accusations, le sort de l'accusé doit être remis à des commissaires choisis de telle sorte que le gouvernement ne puisse craindre un verdict contraire aux intérêts de sa politique.

A cet effet, voici comment étaient choisis les jurés. Quinze jours avant l'ouverture de la session, le président des assises requiert le préfet de lui remettre une liste de jury. Le préfet alors prend, parmi les membres des colléges électoraux, tels qu'ils étaient organisés par le sénatus-consulte du 16 thermidor an x, parmi les trois cents citoyens les plus imposés en dehors du collége électoral, parmi certaines catégories de fonctionnaires, les docteurs et licenciés de l'une des quatre facultés, les notaires, les industriels, banquiers et commerçants, soixante noms, « sous sa responsabilité (1) », comme dit le Code de 1810, c'est-à-dire sans autre guide que son bon plaisir et les instructions du ministre de la police.

Le président lui renvoie la liste dans les vingt-quatre heures, après l'avoir réduite aux noms des trente-six jurés qui siégeront pendant la session.

Celui qui, à la réception d'un projet de règlement sur l'ordre des avocats, écrivait à l'archi-chancelier Cambacérès : « Tant que j'aurai une épée au côté, jamais je ne signerai un pareil décret ; je veux qu'on puisse couper la langue à un avocat qui s'en servirait contre le gouvernement, » voulait priver les accusés du droit de se faire défendre. « Aujourd'hui, disait-il, tout homme à qui sa fortune permet de

---

(1) *Code d'Instr. crim.*, art. 387.

payer un avocat, et qui a des jurés pour arbitres de son sort,
est presque certain d'être absous. Tout système qui pose en
principe que l'évidence seule doit déterminer les jugements
criminels est pure idéologie; dans ces matières, on ne peut
se décider que d'après des probabilités. »

C'était un retour à l'ordonnance de 1670, celle contre
laquelle avait éloquemment protesté Lamoignon. « Ce conseil, disait le grand magistrat, qu'on a accoutumé de donner aux accusés, n'est point un privilége accordé par les
ordonnances, ni par les lois, c'est une liberté acquise par le
droit naturel, qui est plus ancien que toutes les lois humaines. » Mais les retours vers le passé ne sont pas toujours
possibles, et il y a des progrès qu'il faut accepter. Le jury
fut maintenu et le droit de défense conservé. La docilité
qu'il ne pouvait toujours obtenir par ses menaces, l'empereur dut essayer de se l'assurer par ses promesses.

L'article 391 du Code de 1810 porte : « Sa Majesté Impériale se réserve de donner des témoignages honorables de sa
satisfaction aux jurés qui auront montré un zèle louable. »
Que devenaient l'indépendance et le secret des délibérations?

Les Cours spéciales ordinaires et extraordinaires n'étaient
pas les seules juridictions d'exception qui enlevaient les
citoyens à leurs juges naturels.

Une loi du 18 octobre 1810 avait établi des Cours prévôtales et des tribunaux ordinaires de douanes. Les Cours prévôtales étaient composées d'un président, grand prévôt des
douanes, de huit assesseurs au moins, d'un procureur général et d'un greffier. Les grands prévôts siégeaient en épée.

Ces Cours connaissaient, à l'exclusion de tous autres tribunaux, tant du crime de contrebande à main armée que du
crime d'entreprise de contrebande. Leurs arrêts n'étaient
pas sujets au recours en cassation.

Quant aux tribunaux, ils connaissaient de toutes les affaires relatives à la fraude des droits qui ne donnaient lieu qu'à la confiscation, à l'amende ou à de simples peines correction- nelles.

Il y avait enfin la haute Cour impériale, créée par le sé- natus-consulte du 28 floréal an XII, pour statuer sur les délits personnels des princes et des grands dignitaires, les délits de responsabilité d'office commis par les ministres, et en même temps les attentats et complots contre la sûreté de l'État ou la personne de l'empereur, et les prévarications et abus de pouvoirs des préfets et des généraux en chef, etc.

Le siège de cette Cour était dans le Sénat. Elle devait être présidée par l'archi-chancelier et se composait des princes, des grands dignitaires, de soixante sénateurs, vingt conseil- lers d'État et vingt membres de la Cour de cassation appelés par ordre d'ancienneté.

On le voit, les juridictions d'exception étaient en honneur. Il y avait bien des taches au tableau, les abus de l'ancien régime renaissaient sous des noms nouveaux, et s'alliaient aux habitudes violentes que développent les révolutions. Mais ces imperfections tenaient-elles à l'œuvre elle-même? n'étaient-elles pas plutôt contraires à son esprit?

Pour réaliser le progrès, convenait-il d'ébranler ses bases et de la reconstruire sur un nouveau plan? ne valait-il pas mieux développer ses tendances saines et élaguer les branches parasites?

Dans les chapitres suivants, nous allons voir comment la France et la Belgique ont répondu à cette question.

# CHAPITRE II

LE POUVOIR JUDICIAIRE DE 1815 A 1830.

—

L'organisation judiciaire de 1810 en présence du régime parlementaire — Compétence du jury en matière de délits de presse : sa composition. — La mise à la retraite d'office des magistrats pour infirmités graves et permanentes. — Réformes judiciaires du roi de Hollande.

Le retour de la branche aînée des Bourbons et l'avénement du régime parlementaire en France devaient soumettre l'organisation judiciaire, dont nous venons d'exposer le développement, à une première épreuve. La réaction contre ce qui datait de la Révolution et de l'Empire allait-elle s'arrêter devant le principe de l'inamovibilité? Cette organisation, créée pour fonctionner sous un régime où la vie politique était étouffée, suffirait-elle aux besoins d'une époque de libre discussion et de polémique passionnée?

De ces deux préoccupations, la première s'empara des esprits dès le début de la Restauration; la seconde ne tarda pas à les diviser. La Charte octroyée le 4 juin 1814 porte : « Toute justice émane du roi. Elle s'administre en son nom par des juges qu'il nomme et qu'il institue. » Puis elle ajoute : « Les juges nommés par le roi sont inamovibles. » Comment devaient être interprétées ces paroles? Une ordonnance du 17 février 1815 explique que, dans la pensée de celui qui octroyait la Charte, l'inamovibilité est le privilége des seuls magistrats auxquels il confère l'institution royale (1). Elle invite les autres à se retirer dans le délai d'un mois, par-devant le chancelier, pour y faire liquider, s'il y a lieu, leur pension de retraite (2).

Funeste exemple qui devait être invoqué plus tard au profit de toutes les rancunes politiques! Toutefois, cette première atteinte au principe de l'inamovibilité paraissait insuffisante à la fraction réactionnaire de la Chambre. M. Hyde de Neuville présenta une proposition tendant à faire décider que les juges ne seraient inamovibles qu'après un an, à compter de leur installation. C'était une violation manifeste de l'article 58 de la Charte; le projet n'en était pas moins soutenu par plusieurs des membres influents de la majorité. Il fut combattu par Royer-Collard. L'illustre homme d'État trouva dans cette discussion l'occasion de définir le principe de l'inamovibilité, d'en dégager la nature et la raison d'être : « Lorsque le pouvoir chargé d'instituer le juge au nom de la société appelle un citoyen à cette éminente fonction, il lui dit : Organe de la loi, soyez impassible comme elle. Toutes les passions frémiront autour de vous; qu'elles ne troublent jamais votre âme. Si mes propres erreurs, si les influences qui m'assiégent, et dont il est si malaisé de me garantir entièrement, m'arrachent des commandements injustes, résistez à mes séductions; résistez à mes menaces. Quand vous monterez au tribunal, qu'au fond de votre cœur il ne reste ni une crainte, ni une espérance; soyez impassible comme la loi. Le citoyen répond : Je ne suis qu'un homme, et ce que vous me demandez est au-dessus de l'humanité. Vous êtes trop fort et je suis trop

____

(1) Ord. 17 février 1815, contenant institution des membres composant la Cour de cassation, préambule.

(2) *Ibid.*, art. 6.

3

faible; je succomberai dans cette lutte inégale. Vous méconnaîtrez les motifs de la résistance que vous me prescrivez aujourd'hui et vous la punirez. Je ne puis m'élever toujours au-dessus de moi-même, si vous ne me protégez à la fois et contre moi et contre vous. Secourez donc ma faiblesse; affranchissez-moi de la crainte et de l'espérance : promettez que je ne descendrai point du tribunal, à moins que je ne sois convaincu d'avoir trahi les devoirs que vous m'imposez. — Le pouvoir hésite; c'est la nature du pouvoir de se dessaisir lentement de sa volonté. Eclairé enfin par l'expérience sur ses véritables intérêts, subjugué par la force toujours croissante des choses, il dit au juge : Vous serez inamovible.

« Tels sont, messieurs, l'origine et les motifs, l'histoire et la théorie du principe de l'inamovibilité; principe absolu qu'on ne modifie pas sans le détruire, et qui périt tout entier dans la moindre restriction ; principe qui consacre la Charte, bien plus que la Charte ne le consacre, parce qu'il est antérieur et supérieur à toutes les formes et à toutes les règles de gouvernement qu'il surpasse en importance; principe auquel tend toute société qui ne l'a pas encore obtenu, et qu'aucune société ne perd, après l'avoir possédé, si elle n'est déjà tombée dans l'esclavage. »

Après ces belles paroles, la proposition Hyde de Neuville était condamnée, et le principe de l'inamovibilité, mis pour la première fois en pleine lumière, acquérait dans l'esprit public l'importance à laquelle il a droit.

Les exigences de la situation politique imposaient une autre préoccupation. L'opinion s'accréditait chez les partisans éclairés du régime constitutionnel que, dans l'intérêt des libertés publiques comme dans celui des institutions judiciaires, ce n'est pas aux tribunaux correction-

nels, c'est au jury que doit être confiée la répression des
délits commis par la voie de la presse. Dès 1817, la nécessité de cette dérogation aux règles du droit commun en
matière de juridiction criminelle est soutenue dans d'admi-
rables discours de Camille Jordan et de Royer-Collard. Leur
opinion triomphe enfin dans la loi du 26 mai 1819. L'article
13 de cette loi porte que les crimes et délits commis par la
voie de la presse ou tout autre moyen de publication, dès
qu'ils auront un caractère non privé, mais politique, seront
renvoyés par la chambre des mises en accusation de la Cour
royale devant la Cour d'assises. Ce triomphe des idées libérales devait être de courte durée, et la loi du 25 mars 1822
allait bientôt consacrer le retour aux aspirations contraires
en rétablissant la compétence des tribunaux correctionnels.

Nous n'avons pas à apprécier ici les conséquences politiques de l'attribution au jury de la connaissance des délits de
presse. Après avoir établi que les juges devaient être nommés
par le pouvoir exécutif et institués à vie, il nous reste à savoir si, cette organisation judiciaire étant donnée, la situation où elle place la magistrature lui permet de connaître de
cette nature de délits, ou si le jury ne doit pas recevoir, en
cette matière, une compétence exclusive.

Dès l'abord, il est un point de vue qui frappe. Il est impossible de confier à un pouvoir irresponsable et inamovible l'appréciation souveraine des manifestations de
l'opinion publique. Quelque soin que prenne le législateur,
les délits de presse échapperont toujours à une définition
précise. En cette matière, il ne peut y avoir de loi pénale
proprement dite, déterminant avec certitude les conditions
nécessaires à l'existence du fait punissable. Il ne saurait y
avoir, par suite, de véritables jugements, écrits d'avance
dans la loi, tels que ceux que prononcent les tribunaux et

qu'ils ont seuls qualité pour prononcer. La décision est toujours laissée dans une large mesure à l'arbitraire de celui
qui la rend, elle lui est commandée par l'intérêt public, non
dictée par un texte préexistant. Ayant à distinguer dans
chaque cas, d'après les seules lumières de l'équité et de la
raison, les abus de la liberté, de son usage régulier, c'est lui
qui, en réalité, délimite cette liberté, et cette liberté existe
non en vertu de la loi qui ne la peut définir, mais en vertu
des décisions particulières qui consacrent son existence.
Celui qui est appelé à statuer fait donc office de législateur
plus que de juge; et exerce une fraction du pouvoir politique,
non du pouvoir judiciaire.

On ne peut, en conséquence, sans fouler aux pieds le
principe de la séparation des pouvoirs, donner à une magistrature inamovible le droit de statuer sur les délits politiques, on ne le peut sans ruiner le prestige de cette magistrature. Si rien n'est indéfinissable comme le délit de presse,
rien aussi n'est plus mobile : le cours naturel des événements,
le jeu des institutions parlementaires rendent inoffensif ce
qui était dangereux, condamnable ce qui eût été innocent.
Comment un pouvoir permanent peut-il se plier à ces fluc-
tuations des affaires de l'ordre politique? S'il persiste inva-
riable dans sa ligne de conduite, il se met en hostilité avec
toutes les modifications commandées par l'opinion. S'il conforme ses sentences aux intérêts de chacun des partis qui
arrive tour à tour au pouvoir, le public attribue à la servilité envers le succès ce qui est obéissance aux nécessités de
la situation nouvelle. Il s'habitue à voir dans le corps qui
est le garant du droit un ennemi de la liberté, et dans le
gardien de la loi un serviteur de l'arbitraire.

Le jury, au contraire, échappe à ces divers reproches.
Institution politique non moins que judiciaire, il est le pays

jugeant à côté des chambres qui sont le pays délibérant, et il exerce, concurremment avec elles, une délégation directe de la souveraineté nationale. Chargé de prononcer sur les intérêts capitaux des citoyens dans l'ordre privé, sur leur vie, sur leur honneur, il est naturellement appelé à statuer sur leur intérêt capital dans l'ordre public, sur l'usage de la liberté. Il ne saurait rester en désaccord avec l'opinion du pays au sein duquel il est pris. Multiple et divers dans ses éléments qui se renouvellent sans cesse et dans l'exercice d'un pouvoir qui se divise à l'infini, il ne saurait faire courir, ni à la sécurité publique ni à la liberté, les dangers qu'offrirait la jurisprudence hostile d'un corps permanent. Obéissant aux instincts variables de l'esprit public, il répare aujourd'hui l'erreur qu'il a commise hier et, dans une matière où il est presque impossible de ne pas sacrifier tour à tour la liberté aux exigences politiques du moment, et les intérêts du gouvernement à la liberté, il est admirablement fait pour compenser un sacrifice par l'autre, et pour mettre un terme aux dangers qu'il a fait naître. Enfin, si un de nos criminalistes les plus distingués a dit, avec raison, que le jury était désormais la seule institution qui fût en état de supporter la responsabilité des condamnations capitales, on peut, à non moins juste titre, affirmer qu'il est la seule institution qui puisse supporter la responsabilité de la répression des délits de presse.

Les gouvernements qui, dans la suite, ont cru nécessaire à leur existence d'étouffer la liberté de la presse, ont parfaitement senti la force de cette vérité. Ils ont compris que l'autorité judiciaire serait impuissante à maîtriser l'expansion de cette force. Aussi n'est-ce pas à l'action répressive des tribunaux correctionnels, c'est à l'action préventive de l'autorité administrative qu'ils se sont confiés.

Le rôle de la magistrature dans l'ordre des délits ayant un caractère politique réduit à appliquer la loi pénale aux faits reconnus coupables par le jury, la dernière et la plus grave des objections contre la nomination des membres de l'ordre judiciaire par le pouvoir exécutif devient sans portée. Le gouvernement n'a plus d'intérêt à exercer de pression sur le juge, et l'avancement ne peut plus être considéré comme le mobile qui dicte les décisions favorables à ses désirs.

Plus le jury acquérait d'importance dans l'ordre politique comme dans l'ordre judiciaire, plus il devenait nécessaire de corriger les vices de la loi relative à sa composition.

Lorsqu'à l'aurore de la révolution, Bergasse réclama pour la nation « le bienfait de la procédure par pairs ou par jurés » sa revendication fut accueillie avec enthousiasme, et le 30 avril 1790 l'Assemblée décréta qu'il y aurait des jurés en matière criminelle. Mais il était plus aisé de proclamer le principe que d'éviter les vices d'application susceptibles d'en compromettre les résultats.

Henrion de Pansey dit « que là seulement est le véritable jury où la volonté de l'homme a le moins d'influence possible sur la liste des jurés ». Si, à la lumière de cet axiome, on apprécie les différentes lois qui ont statué sur cette question, on est forcé de reconnaître que la nation a attendu longtemps encore, après que le nom du jury eut été inscrit dans ses Codes, avant de jouir des bienfaits de cette institution.

La loi du 16 septembre 1791, la première qui ait essayé de résoudre le problème de la formation d'une liste de jurés, part d'un principe très-large. Suivant elle, tout Français payant une contribution, représentant un certain nombre de journées de travail, est citoyen. Tout citoyen âgé de vingt-cinq ans est électeur. Tout électeur est juré. A ce titre il est tenu de se faire inscrire, chaque année, sur un registre du jury, ouvert au chef-lieu de son district. Les listes des districts sont centralisées entre les mains du procureur syndic du département, qui en forme une liste générale et sur cette liste prend deux cents noms sans autre règle que son bon plaisir. Dans cette liste de deux cents noms le président du tribunal criminel tire au sort douze noms pour former le jury de jugement.

Turgot avait dit : « Avant tout, il faut éviter l'ignorance des jurés pris au hasard. » Pour échapper à cet écueil, le législateur livrait la formation de la liste du jury, c'est-à-dire l'impartialité du verdict, à l'arbitraire d'un fonctionnaire. C'était une pente fatale et où l'on allait glisser bien vite jusqu'aux jurés patriotes de Couthon et à ce tribunal que l'histoire indignée a flétri du nom de tribunal de sang.

La loi du 2 nivôse an II fait un pas de plus. Elle supprime la liste générale et décide que « d'après ses connaissances personnelles et d'après les renseignements qu'il se serait fait donner par les agents nationaux des communes, l'agent national de district prendrait ceux qu'il jugerait propres à être jurés ».

L'accusateur public avait, en outre, le droit d'effacer un dixième des noms.

Ce n'est pas encore assez; et, pour s'assurer un jury plus docile, la Convention, par la loi du 10 mars 1793, le compose de seize citoyens, choisis par elle et renouvelés tous les mois. Vergniaud, qui va tomber leur victime, s'écrie : « C'est le despotisme le plus sanguinaire que la France ait jamais eu, et une inquisition plus redoutable cent fois que celle de Venise. » Cependant on devait aller plus loin. Le soin de désigner les jurés devait être délégué à Fouquier-Tinville!

Détournons les yeux de ces crimes; n'appelons pas jurés ces hommes et verdicts leurs assassinats! Soit: rappelons-nous toutefois qu'entre le jury tel que la Restauration l'avait reçu de l'Empire et le jury révolutionnaire, la différence était plutôt une différence d'hommes et de temps qu'une différence de principes. Ces deux organismes se ressemblaient en ce que l'un et l'autre abandonnaient la formation de la liste des jurés au libre choix d'agents soumis à l'influence directe du gouvernement. Ne se croit-on pas reporté aux jours les plus néfastes des tribunaux révolutionnaires? Le jury est appelé à statuer sur un complot contre la royauté. Sur la liste des trente-six citoyens qui vont siéger aux assises, des fonctionnaires, aveuglés par un zèle coupable, inscrivent vingt-deux chevaliers de Saint-Louis, presque tous Vendéens, et le verdict de ce jury fait tomber quatre têtes. La Vallette promène ses regards sur les jurés au moment du tirage au sort; il n'entend sortir que les noms d'adversaires politiques et lit déjà sa condamnation écrite sur leur visage.

Tant que de pareilles règles demeuraient en vigueur, l'observation de Napoléon était juste : « Un gouvernement tyrannique avait beaucoup plus d'avantages avec les jurés qu'avec des juges qui étaient moins à sa disposition et qui lui opposaient plus de résistance. » Et Henrion de Pansey, frappé de ces abus, écrivait : « Si une nation, indifférente sur la liste de ses jurés, en abandonnait la formation à un administrateur; si cet administrateur était révocable; si la loi lui donnait le droit de choisir dans presque toutes les classes de la société; si, dans l'appel des jurés, il n'était ni commandé par le sort ni assujetti à suivre un ordre de tableau; s'il pouvait varier ses choix d'après la connaissance qu'il aurait de la nature des affaires et de la qualité des prévenus; enfin, si le nombre des récusations péremptoires était peu considérable, cette nation se tromperait fort si elle croyait avoir des jurés, dans la réalité elle n'aurait que des commissaires. »

Aussi, dès 1814, la rénovation des règles relatives à la composition du jury figurait-elle au nombre des réformes réclamées par l'opinion. La loi de 1827 tenta de répondre à ces légitimes critiques et de constituer enfin un jury digne de ce nom.

D'après cette loi, il y a une liste générale et permanente du jury. Cette liste comprend tous ceux qui, dans le département, ont le droit d'être jurés. Elle est, chaque année, publiée et affichée; tout citoyen dont le nom aurait été omis à tort, a le droit de provoquer son inscription.

Elle comprend huit cents noms, au moins, pour chaque département, pris parmi les électeurs censitaires d'abord, parmi certaines catégories de capacitaires ensuite(1).

Le préfet « sous sa responsabilité » extrait de cette liste générale une liste, dite annuelle et de service, qui comprend trois cents noms. Cette liste est renouvelée chaque année en entier.

Dix jours avant l'ouverture des assises, le premier président tire au sort, sur la liste transmise par le préfet, trente-six noms qui forment la liste des jurés pour toute la durée de la session. Enfin c'est le sort qui, pour chaque affaire, désigne ceux qui feront partie d'une quatrième liste, la liste du jury de jugement.

Le législateur de 1827 poursuivait un double but : faire que l'on ne soit plus juré par le choix arbitraire du pouvoir administratif, mais par la désignation de la loi, fondée sur

_____

(1) L. 2 mai 1827, art. 4, combiné avec L. 5 février 1817, art. 5 et 6.

l'aptitude présumée à raison de la possession de certaines
conditions de cens ou de capacité ; laisser au sort la désignation des jurés qui prennent part aux travaux de telle ou
telle session, afin que l'accusé n'ait plus à craindre que la
main d'un agent du gouvernement forme la liste de session en vue des affaires inscrites au rôle des prochaines
assises et ne rende ainsi illusoire la garantie résultant du
tirage au sort des douze jurés de jugement.

Sur le second point, le législateur de 1827 a réalisé le
progrès qu'il s'était proposé. Il a été moins heureux pour le
premier. Il est incontestable qu'en faisant tirer au sort les
trente-six jurés appelés à siéger pendant la session sur une
liste beaucoup plus considérable et précédemment dressée
à une époque où la nature des affaires à juger n'était pas
encore connue, il a introduit dans la formation du jury
une garantie d'impartialité inconnue jusqu'alors. Aussi
cette innovation a-t-elle été maintenue par les lois subsé-
quentes.

Mais, lorsqu'il a laissé au préfet le soin de composer
« sous sa responsabilité » la liste annuelle des trois cents
noms sur laquelle doit être tiré le jury de session, il a ouvert une porte à l'arbitraire. Si l'on est juré de par la loi,
c'est toujours de par le choix de l'administration que l'on
est classé au nombre de ceux que le sort peut appeler à siéger aux assises pendant le cours de telle ou telle année. Il
est vrai que la liste permanente où l'on figure par le seul
bienfait de la loi est réduite à un nombre restreint, la liste
annuelle élevée à un chiffre relativement considérable, les
mêmes noms ne peuvent figurer deux ans de suite sur la
la liste de service; par conséquent, chaque juré doit passer
sur la liste annuelle, tous les trois ou quatre ans, successivement et, pour ainsi dire, à tour de rôle. L'action de l'in-

fluence gouvernementale est donc limitée, mais elle existe encore.

La prérogative de l'inamovibilité était alors acceptée dans toute son étendue; et n'avait pas encore été restreinte par la limite d'un âge fatal.

Mais l'usage avait révélé la nécessité de pourvoir au cas où des infirmités mettent le juge dans l'impossibilité de remplir ses fonctions et où il ne veut ou ne peut en résigner l'exercice. Un décret du 2 octobre 1807 avait eu pour but de répondre aux exigences de cette situation.

En cas de cécité, de surdité ou d'autres infirmités graves, ce décret donnait au chef du pouvoir exécutif le droit d'enlever à leurs fonctions des magistrats inamovibles sur un simple rapport du grand juge ministre de la justice. Il constituait une grave atteinte à l'inviolabilité judiciaire. La loi du 16 juin 1824 a consacré un retour à l'intégrité des principes dans cette matière délicate. C'est à l'autorité judiciaire elle-même qu'elle confie le soin de décider si ses membres sont hors d'état de remplir leurs fonctions. Cette décision n'est prise qu'après une double enquête confiée à des magistrats.

Dans le cas où il y a lieu d'admettre à la retraite un membre d'une Cour ou d'un tribunal que des infirmités graves ou permanentes mettent hors d'état d'exercer ses fonctions, le premier président, soit d'office, soit sur la réquisition du procureur général, forme une commission où entrent avec lui les présidents de chambre et le doyen de la Cour à laquelle appartient le magistrat désigné, ou dans le ressort de laquelle est établi le tribunal dont il fait partie, à l'effet de décider préalablement s'il y a lieu de procéder à la vérification de l'état de santé de ce magistrat.

Quelles précautions pour qu'une enquête témérairement

ordonnée n'amoindrisse pas l'autorité morale du magistrat!
Si cette commission pense qu'il n'y a pas lieu d'informer,
rien ne peut être fait; si, au contraire, elle estime que l'infirmité alléguée existe, son rôle se borne à en référer au
garde des sceaux, qui a le droit de ne donner aucune suite à
l'affaire.

Lorsque le garde des sceaux ordonne au contraire qu'il
en soit informé, la Cour est immédiatement convoquée en
assemblée générale des chambres, et nomme un ou plusieurs
commissaires pour procéder à l'information.

Les commissaires délégués par la Cour recueillent tous les
documents nécessaires et reçoivent, selon l'exigence des cas,
les déclarations des témoins et des gens de l'art, ainsi que
les explications écrites ou verbales que le magistrat juge
opportun de fournir.

Sur leur rapport, la Cour, après avoir entendu le procureur
général, déclare si elle est d'avis qu'il y a lieu d'admettre à
la retraite le magistrat désigné. Dans le cas de l'affirmative,
cette mesure peut être proposée au roi par le garde des
sceaux.

Lorsqu'au contraire la proposition est rejetée, soit par la
commission d'examen, soit par la Cour, elle ne peut être
reproduite qu'après deux ans.

Cette loi accumulait garanties sur garanties. La situation
du juge était sauvegardée, en était-il de même des intérêts
du justiciable? S'il était certain qu'un magistrat ne serait
pas témérairement arraché à son poste, était-il également
sûr qu'un juge hors d'état de remplir ses fonctions ne par-
viendrait pas à les conserver? La dignité des corps judiciaires ne serait-elle pas compromise et la loi ne resterait-
elle pas une lettre morte? Nous verrons bientôt combien il
est facile de compter les cas où elle a été mise en pratique,

et difficile d'énumérer ceux où elle a permis à des hommes
vaincus par l'âge et les infirmités d'exercer un ministère
dont ils étaient devenus incapables.

La Restauration a donc conservé les institutions judiciaires
de 1810, mais en les conservant elle les a améliorées, elle a
introduit des réformes empreintes d'un sage esprit.

Le principe de l'inamovibilité a reçu une application plus
complète. Le jury a commencé à obtenir, dans sa formation, des garanties sérieuses d'impartialité. Enfin, tant que
l'esprit libéral a dominé dans les conseils du gouvernement,
l'attribution au jury des poursuites en matière de presse a
sauvé la magistrature inamovible de tout compromis avec
les luttes des partis. Sans doute il y a eu des moments de
recul et des défaillances, mais, en analyse dernière, ce qui
reste c'est un progrès.

Tandis que la France améliorait ainsi les institutions
qu'elle possédait en 1814, les provinces belges, annexées au
royaume des Pays-Bas, voyaient, au contraire, le désordre
s'introduire dans leur organisation judiciaire. A l'œuvre de
1810 succédait un système bizarre, où le ridicule le dispute
à l'odieux, qui ramène l'esprit étonné à plus d'un demi-
siècle en arrière, et fait revivre ce qu'il y avait de plus
condamnable dans les pratiques judiciaires de l'ancien
régime.

Dès le 6 novembre 1814, un arrêté abolissait le jury et
supprimait la publicité des débats en matière criminelle
et correctionnelle.

L'article 186 de la loi fondamentale de 1815 supprimait
en principe l'inamovibilité de la magistrature.

Trois Cours de cassation étaient créées pour ces quelques provinces. Trois Cours pour assurer l'unité de jurisprudence dans l'application de la loi !

Enfin, une loi du 18 avril 1827 vint couronner cet édifice en établissant dix-huit Cours d'appel dans le petit royaume des Pays-Bas.

A quoi bon insister sur ces tentatives, qui soulevèrent l'opposition dans ces provinces? Depuis que la Belgique a été rendue à elle-même, elle a abandonné ces errements, et nous ne saurions trouver dans l'étude de cette législation transitoire aucun enseignement profitable.

# CHAPITRE III

—

La Charte constitutionnelle de 1830 et la Constitution belge de 1831. — Les listes de présentation. — L'inamovibilité étendue au juge de paix. — Suppression des tribunaux extraordinaires.

Quinze ans s'étaient à peine écoulés depuis que la France avait vu séparer d'elle les provinces vallonnes et flamandes, lorsque de nouvelles commotions placèrent sur le trône le chef de la branche cadette des Bourbons. Le contre-coup de ces événements se fit sentir dans les pays voisins, et bientôt la Belgique, secouant le joug de la Hollande, se constituait en État indépendant. Chez les deux peuples les causes du soulèvement étaient les mêmes : le sentiment national froissé par les événements de 1815, et les aspirations libérales menacées par la réaction. La direction du mouvement, dans l'un comme dans l'autre pays, échut à la bourgeoisie riche, industrieuse et éclairée. Aussi les institutions des deux nations eurent-elles plus de propension encore à se reproduire mutuellement et à se confondre.

Dans le domaine de l'organisation judiciaire, la monarchie de Juillet n'étendit pas beaucoup le cercle des réformes par lesquelles le parti libéral de la Restauration avait amendé la législation du premier Empire. Il consolida celles qui étaient restées en vigueur et rappela à la vie celles que le triomphe des conseils rétrogrades avaient fait abandonner. Parmi les

progrès qu'aux termes de l'article 69 de la Charte du 14 août
1830 le nouveau gouvernement s'engage à réaliser, figure,
en première ligne, l'application du jury aux délits de la
presse et aux délits politiques. Moins de deux mois après,
une loi du 8 octobre 1830 faisait honneur à cette promesse
et attribuait aux cours d'assises la connaissance de cette nature de délits.

C'est sur le même terrain que se placèrent les auteurs de
la Constitution belge du 7 février 1831. Libres de se proposer pour modèles les diverses organisations adoptées par
les peuples civilisés, ils n'imaginèrent rien de plus propre à
assurer à leurs concitoyens les bienfaits d'une bonne justice que la restauration des institutions judiciaires qui les
avaient régis tant qu'ils étaient restés unis au peuple français. Ils stipulèrent, dans le texte même du pacte fondamental, l'application rigoureuse de toutes les garanties que
comporte ce système judiciaire, et s'approprièrent en même
temps les réformes dont la pratique de la liberté politique
nous avait révélé l'opportunité. Ainsi, l'article 98 de la
Constitution porte : « Le jury est établi en toutes matières
criminelles et pour délits politiques et de la presse. » Et
l'article 100 ne se borne pas à dire que les juges sont nommés à vie, il ajoute que « aucun juge ne peut être privé de
sa place ni suspendu que par un jugement ». Ce qui exclut
la mise à la retraite d'office, soit par acte du gouvernement,
soit par l'effet de la loi.

Quoique tracées sur un modèle commun, les deux Constitutions diffèrent, en ce qui touche l'organisation judiciaire,
par trois points importants.

La Constitution belge (1) donne à l'autorité judiciaire le

(1) Art. 106.

droit de trancher les conflits d'attribution entre les deux
juridictions civile et administrative. La Constitution française laisse ce droit à l'autorité administrative. Dans la seconde partie de ce travail nous examinerons les conséquences
de cette divergence.

La Constitution belge admet la règle qui, depuis
l'an VIII, a prévalu en France; elle reconnaît que c'est
au chef du pouvoir exécutif qu'appartient le droit de choisir
et d'instituer les membres inamovibles comme les membres
amovibles des cours et tribunaux. Elle n'apporte même aucune restriction à l'exercice de cette attribution, en ce qui
touche les officiers du ministère public, les juges de paix et
les juges de tribunaux de première instance. Mais pour les
conseillers des cours d'appel, les présidents et vice-présidents des tribunaux de première instance et les conseillers
à la Cour de cassation, c'est-à-dire les représentants les plus
élevés du pouvoir judiciaire inamovible, elle ne laisse au
chef de l'État que l'apparence du droit de nomination.
C'est parmi les candidats inscrits sur deux listes doubles
qui peuvent contenir les mêmes noms que le roi est tenu de
fixer son choix. Ces listes sont présentées, l'une par la Cour
dans le ressort de laquelle la vacance s'est produite, l'autre
par un des conseils provinciaux de ce ressort, quand il y a
lieu de pourvoir à une place de conseiller de Cour d'appel,
de président ou vice-président de tribunal de première
instance, et, quand il s'agit d'un siége à la Cour de cassation, l'une par le Sénat et l'autre par cette Cour. Toutes les
présentations sont rendues publiques, au moins quinze
jours avant la nomination. Le pouvoir royal se trouve ainsi
placé dans une situation embarrassante. Obligé de consacrer un choix qui lui est dicté, si les deux corps délibérants tombent d'accord, il est contraint de se mettre en

4

opposition avec l'un des deux pouvoirs, dans le cas contraire. Les Cours élisent dans leur sein leurs présidents et vice-présidents.

Le système des listes de présentation a trouvé chez nous d'assez nombreux panégyristes. Il a été recommandé comme ayant l'avantage de maintenir les légitimes prérogatives du pouvoir exécutif et de faire revivre les garanties de l'élection. Introduire ce mode de nomination dans nos institutions, ce serait mettre un terme aux abus du favoritisme et donner un nouveau lustre à l'indépendance de nos corps judiciaires.

Nous avouons ne pas partager cet enthousiasme. Cet organisme est un composé de trois systèmes opposés entre eux. Ici la magistrature se recrute par elle-même sans intervention d'un pouvoir étranger. Là elle procède de l'élection comme les corps délibérants politiques et administratifs. Ailleurs elle est issue du libre choix du chef de l'État. Chacun de ces systèmes à d'incontestables défauts joint certains avantages; chacun se développe dans un milieu différent. Aux États-Unis, une magistrature élective s'accorde avec les institutions politiques et administratives, et les inconvénients attachés à ce mode de nomination ne choquent pas trop les mœurs publiques. Sous l'ancienne monarchie française, où le pouvoir exécutif n'était pas responsable de ses actes, le recrutement de la magistrature par elle-même apportait un utile contre-poids à la toute-puissance du souverain.

Dans un gouvernement parlementaire, le choix par le chef de l'État s'accommode mieux avec l'exercice de la responsabilité ministérielle.

En confondant ces trois systèmes, les auteurs de la Constitution belge ont voulu compenser l'un par l'autre leurs vices respectifs. Examinons s'il y ont réussi.

Le danger du recrutement de la magistrature par elle-même, c'est le népotisme. Cette tendance fâcheuse ne trouvera-t-elle pas dans les listes de présentation émanant des compagnies judiciaires d'autant plus d'expansion qu'elle ne sera pas contenue par la responsabilité des mauvais choix? Mais peut-être les listes dressées par les conseils provinciaux apporteront-elles un utile contre-poids. Il est permis d'en douter. Si les conseils provinciaux étaient en situation d'apprécier la capacité des magistrats, on comprendrait que leur influence fût appelée à contre-balancer celle de la Cour. Mais il n'en est rien. Comme le nombre des Cours d'appel est inférieur à celui des provinces, la loi du 4 août 1832, qui a réglé le fonctionnement de ce mécanisme compliqué, a établi une sorte de roulement entre les conseils provinciaux, et leur a attribué un plus ou moins grand nombre de présentations, suivant le chiffre de la population de la province. De telle sorte que l'on est proposé pour les hautes places de judicature, non à raison de son savoir, de ses vertus, de son dévouement, mais suivant que l'on est Flamand, Anversois ou Brabançon. Soutiendra-t-on que la majorité de ces assemblées se met au-dessus de ces considérations de clocher; mais alors quelle règle suit-elle dans ses choix? Le mérite du juge n'est pas de ceux qui se révèlent au premier regard; il apparaît seulement à qui suit pas à pas ses labeurs pénibles. Il n'a pas l'éclat de celui de l'avocat ou du publiciste, et ne s'attire pas, dès l'abord, les suffrages du monde. Par quels rapports les conseils provinciaux seront-ils éclairés? Qu'est-ce qui leur dira le travailleur humble mais sérieux, l'esprit modeste mais sûr? Dépourvus de la compétence nécessaire pour apprécier la valeur relative de chaque concurrent, ils se laisseront guider

par leurs préférences politiques. Suivant que la majorité
sera catholique ou qu'elle sera libérale, les candidats catho-
liques ou les candidats libéraux seront seuls admis à l'honneur de la présentation. Mais les justiciables ne l'oublieront
pas. La tache politique originelle suivra le nouveau magistrat jusque sur son siége, et, dans tous ses arrêts, le public
prévenu lira le prix des services rendus à sa candidature.
La politique détrône la justice et siége dans son prétoire.

Certes, le Sénat belge, à raison de sa position centrale et
de la variété plus grande de lumières qu'il renferme en son
sein, se trouve placé dans une situation plus propice pour
discerner le mérite des candidats à la Cour de cassation.

Cependant la pratique a démontré depuis longtemps que,
si les corps délibérants excellent à débattre les questions
générales, ils ont peu d'aptitude à discerner le vrai talent.
Sur un choix de personnes, beaucoup se désintéressent,
aucun ne sent peser sur soi une responsabilité effective;
l'esprit de coterie, les parentés, l'intrigue, travaillent en
liberté, et, grâce à l'indulgence réciproque des compromis
parlementaires, il y a place pour toutes les nullités; le
mérite seul ne trouve pas son jour.

Pourquoi ce mécanisme de doubles listes et de doubles
présentations? Pour fermer la porte au favoritisme. Il faudrait mal connaître le cœur humain et l'influence magique
du pouvoir pour croire qu'il restera impuissant à glisser sur
l'une des deux listes le nom qui a ses préférences. Dès lors,
il sera d'autant plus audacieux qu'il sera couvert par le fait
de la présentation. Que gagne-t-on à amoindrir la responsabilité du gouvernement dans le choix des représentants
les plus élevés de l'ordre judiciaire? Veut-on le désintéresser
dans l'exercice de la justice et affaiblir les liens qui unissent
le pouvoir judiciaire au pouvoir exécutif? Dans un pays qui

vit sous un régime constitutionnel, croit-on qu'un ministre
soulèvera, de gaieté de cœur, le scandale d'une faveur mal
placée? S'il y réussit impunément, c'est que l'esprit public,
corrompu, tourne au servilisme. Dès lors, le mal est général ;
il a gagné la société, et l'intervention des corps judiciaires ou
administratifs ne le combattra plus. L'opinion éclairée,
voilà le frein le plus efficace contre le développement du
favoritisme. Il faut laisser le gouvernement seul en face
d'elle. Les garanties les plus simples sont les meilleures.

Comment, au surplus, expliquer cette distinction entre
les membres d'un même corps? Pourquoi le gouvernement,
réputé capable de choisir les titulaires de certains postes,
est-il présumé avoir besoin de lumières étrangères quand
il s'agit de certains autres? Parce que ces fonctionnaires ont
à statuer sur de plus graves intérêts. Mais, devant la justice, tous les intérêts sont égaux. La fortune du pauvre, qui
se débat en dernier ressort devant le tribunal de 1re instance,
mérite une aussi grande protection que celle du riche, qui
ira en appel. Pourquoi jeter alors dans la magistrature cet
élément de désunion qu'entraîne une différence dans les
origines?

Malgré ces imperfections, l'organisation judiciaire établie
par la constitution de 1831 fonctionne en Belgique, depuis
près d'un demi-siècle, sans avoir soulevé de graves objections. La magistrature est honorée dans ce pays, et présente
un ensemble respectable de lumières et de talent. Parfois,
pourtant, ces vices se révèlent, et l'on voit chez nos voisins
un spectacle qui, jusqu'à ce jour, nous a été épargné. L'opinion se révolte contre des décisions judiciaires rendues dans
des questions où se trouvent compromis les intérêts de personnages influents passant pour avoir en leurs mains les
listes de présentation.

La loi du 24 août 1791 avait décidé que le juge de paix
et ses deux assesseurs seraient choisis par le suffrage direct
des électeurs du canton. La loi du 29 ventôse an IX supprime
les assesseurs. D'après le sénatus-consulte du 16 thermidor
an X, l'assemblée de canton, composée de tous les citoyens
domiciliés dans la circonscription, désigne deux citoyens sur
lesquels le premier consul choisit le juge de paix du canton.
Elle désigne pareillement deux citoyens pour chaque place
vacante de suppléant de juge de paix. Les juges de paix et
leurs suppléants sont nommés pour dix ans. Ces règles
présentaient aux justiciables certaines garanties. Certes, si
l'origine élective se comprend pour une certaine classe de
magistrats, c'est pour les juges de paix, à raison du caractère
d'arbitres populaires que leur impriment leurs fonctions.
Mais la candidature tomba vite en désuétude. La Charte de
1814 donna au chef du gouvernement le droit de nommer
et de révoquer les juges de paix et leurs suppléants. Elle
n'imposa à ses choix aucune condition. Seulement, en vertu
de l'article 209 de la Constitution du 5 fructidor an III, à
laquelle il n'a pas été dérogé sur ce point, nul ne peut être
nommé juge de paix avant l'âge de trente ans. La Charte de
1830 consacra ces dispositions, qui sont depuis lors restées
en vigueur.

La Constitution belge n'a pas abandonné ainsi le juge
de paix à l'arbitraire du gouvernement. Elle a compris
que les intérêts sur lesquels cette magistrature est chargée
de prononcer ne sont petits qu'en apparence; que c'est elle
qui a mission de faire respecter la propriété foncière et la
police rurale, et d'intervenir dans les conflits journaliers,
dont le règlement impartial intéresse le plus peut-être l'ordre
et la prospérité publique. Elle a senti qu'à raison de la fré-
quence de l'immixtion de cette magistrature dans les affaires

privées, du caractère de son autorité, qui se manifeste par
voie d'équité, il faut qu'elle ne paraisse jamais céder à
l'esprit de parti. Elle a pensé que c'est détruire le prestige
de ce poste judiciaire que de le laisser en proie aux convoitises des factions politiques. Aussi a-t-elle assuré aux juges
de paix les mêmes garanties qu'aux autres membres de la
magistrature, et les a-t-elle fait jouir, eux et leurs suppléants,
du bénéfice de l'inamovibilité. Par suite, elle exige d'eux des
conditions d'âge et de capacité aussi rigoureuses que celles
qui sont requises des candidats aux siéges dans les tribunaux.

Si, entre les deux systèmes, celui qui est actuellement en
vigueur en France et celui que pratiquent nos voisins, nous
étions obligés de nous prononcer, nos vœux seraient pour
l'adoption des règles suivies en Belgique. Nous rendons
hommage à la sincérité des efforts auxquels, en 1871 et 1872,
s'est livré le ministère de la justice pour enlever les juges
de paix à toute immixtion dans les débats électoraux. Mais
les mauvaises traditions ne s'effacent pas en un jour, et il
faut que l'intervention du législateur mette un terme aux
bouleversements dans le personnel des juges de paix, qui
suivent chacun de nos revirements politiques.

Il est juste, toutefois, de reconnaître que ce n'est pas sans
de sérieux motifs que le bénéfice de l'inamovibilité n'a pas
été étendu, chez nous, aux juges de paix. Avant de conférer, à
titre irrévocable, le pouvoir de juger, le gouvernement doit
s'assurer que l'homme investi par lui de cette haute mission
est en état d'en porter dignement le poids. Exiger de lui qu'il
obtienne cette garantie avant de faire aucune promotion
dans les justices de paix, c'est, à raison du grand nombre
des cantons, du peu d'importance de beaucoup d'entre eux,
de la modicité du traitement attaché à ces fonctions pénibles
et ingrates, rendre le recrutement de cette magistrature

presque impossible. N'y aurait-il pas lieu d'adopter un
moyen terme, et, sans attribuer aux nominations dans les
justices de paix un caractère irrévocable, de ne permettre la
destitution ou le déplacement des titulaires que pour des
motifs graves et dûment constatés? Aucune de ces mesures
ne devrait être prononcée qu'après enquête et sur l'avis
conforme d'une commission composée du premier président, du procureur général et du doyen de la Cour d'appel,
du président et du procureur du tribunal dans le ressort
desquels le juge exerce. Sa position ne saurait alors être
mise en question témérairement pour des raisons tirées
de l'ordre politique, et néanmoins, en cas d'incapacité ou
d'indignité, il n'échapperait pas à la déchéance qu'il aurait
méritée.

De même, il ne faut pas se montrer trop exigeant sur
les garanties de savoir ; entre deux candidats, ce n'est pas
toujours le plus gradué, mais le plus considéré dans le
canton qu'il convient de choisir.

Cependant la législation actuelle va trop loin dans ce sens,
et l'examen préalable des aspirants par une commission de
membres de l'ordre judiciaire ne pourrait qu'ajouter à
l'autorité morale de cette magistrature.

La Constitution des 3-14 septembre 1791, dans son
chapitre V consacré au pouvoir judiciaire, contient un article 4 ainsi conçu : « Les citoyens ne peuvent être distraits
des juges que la loi leur assigne par aucune commission,
ni par d'autres attributions et évocations que celles qui sont
déterminées par les lois. » Rien de plus précis que le sens
de cette disposition. Elle a pour but de mettre un terme à
une faculté dont le pouvoir royal s'était jusqu'alors réservé
l'usage arbitraire. Pasquier nous explique ainsi l'origine et
les causes de cet abus qui s'était perpétué jusqu'en 1789 :

« Ceux qui (1) avaient la force et puissance par devers eux, pour gouverner toutes choses à leur appétit, faisaient évoquer les négoces qu'il leur plaisait par devers le conseil du roi ; et, par cette voie, frustraient ceux de la Cour du parlement des causes qui leur étaient affectées. Ainsi jouants ces grands seigneurs à *boute-hors;*..... et à peu dire, toutes et quantes fois que les seigneurs qui gouvernaient avaient envie d'égarer quelque matière en faveur des uns ou des autres, ils en usaient en cette manière, laquelle depuis fut très-curieusement gardée.... » La Constitution de 1791 proscrit le retour de semblables scandales; elle garantit aux citoyens que leurs procès ne pourront être enlevés aux tribunaux légalement établis par une décision du pouvoir exécutif, et portés devant une commission qui tiendrait son autorité d'une simple délégation de ce pouvoir. Mais elle ne prohibe aucunement l'établissement de juridictions d'attributions, et d'un système d'évocations; elle prévoit au contraire cet établissement, sauf à réserver exclusivement au législateur le droit de l'ordonner. En résumé, tout ce qu'elle promet aux justiciables, c'est que nul tribunal, nulle juridiction contentieuse n'existera qu'en vertu d'une loi.

L'article 204 de la Constitution du 5 fructidor an III revient sur la même pensée : « Nul, dit-il, ne peut être distrait des juges que la loi lui assigne, par aucune commission, ni par d'autres attributions que celles qui sont déterminées par une loi antérieure. » Ce texte ajoute à la disposition contenue dans la Constitution de 1791 une garantie nouvelle. La loi qui établit une juridiction ne peut avoir d'effet rétroactif. Un tribunal connaîtra seulement des faits postérieurs à la promulgation de l'acte par lequel il est institué.

(1) *Recherches*, liv. XI, chap. VI.

La Charte de 1814, et à sa suite celle de 1830, s'expriment différemment : « Nul ne pourra être distrait de ses juges naturels », disent-elles l'une et l'autre. D'où naît cette question : Quand un citoyen est-il fondé à soutenir qu'il a été distrait de ses juges naturels ? La Charte de 1814 ajoute : « Il ne pourra, en conséquence, être créé de commissions et tribunaux extraordinaires. Ne sont pas comprises sous cette dénomination les juridictions prévôtales, si leur rétablissement est jugé nécessaire. » Et le rétablissement des cours prévôtales fut effectivement jugé nécessaire, et leur juridiction fut même étendue par une loi du 20 octobre 1815, qui rappelle les plus mauvais souvenirs du despotisme impérial. La Charte de 1830 reproduit la même interdiction, mais en termes plus généraux et sans stipuler d'exception : « Il ne pourra, en conséquence, dit-elle, être créé de commissions et de tribunaux extraordinaires, à quelque titre et sous quelque dénomination que ce puisse être. » La formule de cette prohibition est plus absolue que précise. L'on est aussi embarrassé de répondre à cette question : Quand un tribunal est-il extraordinaire ? qu'à celle-ci : Quand un juge est-il le juge naturel ? Les mots de juridiction ordinaire et extraordinaire ont une signification déterminée dans la langue juridique. Le juge ordinaire a, par la loi même de son institution, dans une matière quelconque, la connaissance de tout litige qui n'est pas, en vertu d'un texte particulier, attribué à une juridiction spéciale. Le juge extraordinaire est celui, au contraire, qui n'a de compétence que pour les questions qui lui sont explicitement déférées par la loi. Est-ce dans ce sens que les Chartes ont voulu défendre la création de tribunaux extraordinaires ? Évidemment non. Ainsi, les lois des 7 juillet 1837 et 3 mai 1841 ont créé la juridiction extraordinaire du jury pour la

fixation des indemnités dues aux expropriés pour cause
d'utilité publique. Personne n'a songé à accuser ces lois
de violer la Charte. Les mots de tribunal extraordinaire
ont donc, dans les textes précités, une portée autre que celle
qui leur est attribuée par l'usage commun de la science
juridique.

Certains auteurs ont prétendu que ces expressions avaient
un sens purement historique. Elles ne visent, suivant eux,
que les juridictions dont l'histoire de notre ancienne monarchie relate les excès ; juridictions de colère ou de haine,
créées pour étouffer la voix de la justice. Telles étaient
ces chambres étoilées, ressuscitées périodiquement par la
pénurie du trésor pour faire rendre gorge aux trai-
tants. Dans cette interprétation, tout juge donné au citoyen
par une loi est son juge naturel.

Ainsi, les Chartes de 1814 et de 1830 n'auraient rien
ajouté à ce qu'avait garanti avant elles la Constitution de
1791. Le texte, non moins que l'esprit des deux Chartes,
répugne à ce système. La Charte de 1814, après avoir
déclaré qu'il ne pourrait être créé de tribunaux extraordinaires, ajoute : « Ne sont pas comprises sous cette dénomination les juridictions prévôtales, si leur rétablissement
est jugé nécessaire. » Ce qui veut dire, si le rétablissement
des juridictions prévôtales n'était pas commandé par les
exigences politiques de la situation, et autorisé par un texte
constitutionnel précis, il devrait être considéré comme
interdit, ces juridictions étant extraordinaires.

Les auteurs de la Charte de 1830, après avoir répété
les termes mêmes par lesquels leurs prédécesseurs de 1814
avaient interdit la création de tribunaux extraordinaires,
ajoutent : « Sous quelque titre et sous quelque dénomination que ce puisse être. » C'est-à-dire même sous la déno-

mination de juridiction prévôtale, ce qui a été considéré
par la Cour de cassation comme emportant de plein droit
abrogation de la loi du 20 octobre 1815, par laquelle avait
été établie cette juridiction. Les deux Chartes sont donc d'accord sur ce point qu'il n'appartient à aucun pouvoir, pas plus
au pouvoir législatif qu'au pouvoir exécutif, de créer un tribunal extraordinaire, et que la juridiction des cours prévôtales est de son essence une juridiction extraordinaire.

Recherchons donc ce qu'étaient ces juridictions prévôtales. Nous saurons ainsi à quels signes reconnaître un
tribunal extraordinaire. Or, il suffit de jeter les yeux sur
la loi du 20 octobre 1815 pour voir que les cours prévôtales
de la Restauration avaient pour but principal de dépouiller
l'accusé de la garantie du jury. Toutes les fois, en conséquence, qu'un citoyen accusé d'un crime n'est pas traduit devant le jury, il est enlevé à ses juges naturels. Le
tribunal qui prononce est un tribunal extraordinaire dont
l'existence est condamnée par les principes libéraux écrits
dans nos Constitutions.

La Constitution belge a résolu la question dans les mêmes
termes dans son article 94 : « Nul tribunal, nulle juridiction
contentieuse ne peut être établi qu'en vertu d'une loi. Il ne
peut être créé de commission, ni de tribunaux extraordinaires sous quelque dénomination que ce soit. »

C'est aussi dans le même sens qu'elle a été tranchée par
la Cour de cassation sous l'empire de la Charte de 1830.
Lorsqu'en 1832 des troubles éclatèrent dans l'Ouest d'a-
bord, puis jusqu'au sein de la capitale, et mirent en péril le
trône de Louis-Philippe, diverses ordonnances royales des
1er, 3 et 6 juin déclarèrent en état de siége les communes
comprises dans les arrondissements de Laval, Château-
Gontier et Vitré, puis les départements de Maine-et-Loire,

de la Vendée, de la Loire-Inférieure et des Deux-Sèvres, enfin la ville de Paris. S'appuyant sur les dispositions du décret de 1811, le gouvernement essaye de soustraire les auteurs des mouvements insurrectionnels à leur juge naturel, au jury, et de les traduire devant les conseils de guerre. Des condamnations sont prononcées. Mais les condamnés se pourvoient devant la Cour de cassation pour cause d'incompétence ou d'excès de pouvoir, et la Cour suprême, faisant droit au pourvoi, casse les jugements des conseils de guerre et annule les procédures instruites devant eux.

Voici sur quels remarquables motifs se fonde l'arrêt du 19 juin 1832. : « Attendu que les conseils de guerre ne sont des tribunaux ordinaires que pour le jugement des crimes et délits commis par des militaires ou par des individus qui leur sont assimilés par la loi ; — qu'ils deviennent des tribunaux extraordinaires lorsqu'ils étendent leur compétence sur des crimes ou des délits commis par des citoyens non militaires. »

La Cour de cassation considère donc les dispositions du décret de 1811, qui attribuent compétence aux conseils de guerre pour prononcer sur le sort de citoyens n'appartenant pas à l'armée, comme virtuellement abrogées par le seul fait de la promulgation de la Charte. Elle proclame que le principe consacré à nouveau dans le contrat passé entre la nation et son souverain, principe en vertu duquel « nul ne peut être distrait de ses juges naturels », est supérieur à tout acte antérieur ou postérieur du pouvoir législatif comme du pouvoir exécutif, et qu'il ne permet, sous aucun prétexte, l'évocation devant un tribunal autre que le jury d'une poursuite ayant pour effet de faire condamner un citoyen non militaire à peine afflictive ou infamante.

Nous savons que, depuis lors, la rigueur de ces principes a

dû fléchir, et nous aurons à retracer sous quelle nécessité ils
ont ployé. Mais ces restrictions n'ont jamais été admises
qu'à la condition d'être justifiées par la loi suprême du salut
de la société et circonscrites dans une période nécessairement courte et limitée. Dès que la nation a été délivrée des
étreintes du despotisme ou des menaces de l'émeute, elle est
revenue à ces principes. En matière civile, une magistrature
inamovible. En matière criminelle et politique, le jury : voilà
désormais les seuls juges naturels de tout Français, et celui
qui est traduit devant d'autres tribunaux est en droit de les
récuser à titre d'extraordinaires et de s'écrier comme autrefois le Romain menacé du traitement des esclaves : « *Civis
sum romanus.* »

# CHAPITRE IV

—

Influence de l'avénement du suffrage universel sur l'organisation judiciaire de la France. — Les listes du jury. — Les élections aux tribunaux de commerce. — Extension de la juridiction des conseils de guerre.

La révolution de 1848 devait soumettre l'organisation judiciaire de la France à une nouvelle épreuve. Les commissaires extraordinaires du gouvernement qui avait été porté à la direction des affaires publiques prononcèrent la suspension provisoire de plusieurs magistrats inamovibles. Ces suspensions furent confirmées par un décret, en date du 24 mars 1848. Ce décret porte qu'elles dureront jusqu'à ce que le ministre de la justice, spécialement délégué à cet effet, en ordonne autrement, et que, depuis le jour où la suspension a été prononcée jusqu'au jour où elle pourrait cesser, le traitement des magistrats suspendus appartient au trésor national.

Un second décret du 17 avril suivant est ainsi conçu : « Le principe de l'inamovibilité de la magistrature, incompatible avec le gouvernement républicain, a disparu avec la Charte de 1830. Provisoirement, et jusqu'au jour où l'Assemblée nationale prononcera sur l'organisation judiciaire, la suspension ou la révocation des magistrats peut être prononcée par le ministre de la justice, délégué du gouvernement provisoire, comme mesure d'intérêt public. »

La Constitution du 4 novembre 1848 se chargea de donner un démenti à cette assertion que le principe de l'inamovibilité de la magistrature était incompatible avec les institutions républicaines. Dans son article 87, elle décide que les juges de première instance et d'appel, les membres de la Cour de cassation et de la Cour des comptes sont nommés à vie; qu'ils ne peuvent être révoqués ou suspendus que par un jugement, ni mis à la retraite que pour les causes et dans les formes déterminées par les lois.

La Constitution de 1848 maintint même l'organisation préexistante sur un point qui paraissait plus sujet à controverse. Elle accorda au président de la République le droit, réservé jusqu'alors à la prérogative royale, de choisir et instituer les magistrats inamovibles. Dans son article 85, elle ajoute, il est vrai, que ces nominations seront faites « d'après un ordre de candidature ou d'après des conditions qui seront réglées par les lois organiques».

Ainsi, à une époque où certes on faisait largement la part du principe électif, la commission chargée de rédiger la Constitution a reconnu que le chef du pouvoir exécutif ne pouvait être dépossédé du droit d'instituer les magistrats, et l'Assemblée nationale a ratifié ses propositions.      •

L'Assemblée législative succède à la Constituante; une commission nouvelle est chargée d'élaborer une loi organique sur la magistrature et d'examiner s'il y a lieu, conformément aux indications contenues dans l'article 85 de la Constitution, de lier la liberté du pouvoir exécutif dans le choix des juges par un ordre de candidature ou d'autres conditions analogues. Cette commission vote à l'unanimité la confirmation pure et simple du régime antérieur, et la seconde Assemblée républicaine, comme la première, se prononce en faveur du respect des prérogatives du pouvoir exécutif (1).

A la période écoulée de 1848 à 1852 se rattache une grande innovation dans les institutions de la France : la mise en pratique du suffrage universel. Nous n'avons pas à apprécier ici cette innovation au point de vue politique, nous devons seulement signaler les effets qu'elle a eus sur notre organisation judiciaire. Ses conséquences se sont manifestées par des changements aux règles relatives à la composition du jury et à la formation des tribunaux de commerce.

Sous la monarchie de Juillet, les dispositions de la loi de 1827 sur la formation des listes du jury ne furent pas directement modifiées. Mais, indirectement, l'économie de cette loi se trouva bouleversée par l'article 69 de la Charte. Cet article pose en principe l'abaissement du cens électoral, abaissement réalisé par la loi du 19 avril 1831, qui triple le nombre des électeurs. En élargissant le cercle de l'électorat, le législateur élargit d'autant le cercle du jury et étend le pouvoir du préfet pour la composition de la liste annuelle.

On se rappelle, en effet, que, dans l'esprit du législateur de 1827, on devait être juré par le bienfait de la loi. La liste permanente réduite à un chiffre restreint; la liste annuelle, au contraire, portée à un nombre élevé et intégralement renouvelée chaque année, une sorte de roulement s'établissait forcément entre les jurés; chacun d'eux passait, à son tour, sur la liste de service. L'intervention du pouvoir administratif était annulée. Mais, du moment que la liste permanente fut triplée, toutes ces combinaisons se trouvèrent

(1) L. du 8 août 1849 et décret du 10 du même mois.

5

déjouées. Les préfets reprirent la liberté d'action qu'ils
avaient eue sous l'empire des lois antérieures. Ce ne fut
plus, en effet, sur une liste générale d'environ huit cents
noms, mais sur quatre mille ou cinq mille personnes qu'ils
eurent à choisir trois cents jurés.

A un autre point de vue, encore le fonctionnement du système inauguré par la loi de 1827 soulevait d'amères critiques. Le jugement par le jury, disait-on, doit-être le jugement par le pays. Pour qu'il mérite cette belle qualification, il
faut que le jury représente réellement le pays tout entier et
non une caste privilégiée. Or, des listes actuelles vous excluez
la majorité de la nation. Vous repoussez le concours des
hommes les plus honnêtes, les plus intelligents. Par quel motif? parce qu'ils ne payent pas un cens déterminé. Vous ad-
mettez, par contre, les incapacités les plus notoires sur une
présomption d'aptitude que l'expérience de chaque jour se
charge de démentir. Et dans les rangs de ces censitaires,
réputés seuls dignes et seuls capables, qui choisit les jurés
appelés à prononcer sur le sort d'inculpés dont la condamnation importe parfois au triomphe de la politique ministérielle? La main de vos préfets. Vous donnez à la faction
triomphante le droit de trier librement, dans un milieu
déjà trop suspect, les dociles instruments de ses préjugés.
L'opinion n'écoute plus le verdict du jury comme l'arrêt de
la conscience publique. Elle y lit l'expression des rancunes
d'une coterie. L'institution du jury n'est une garantie pour
la justice que lorsque, pris dans toutes les classes, à raison,
non du cens, mais de l'aptitude morale et intellectuelle, il
est l'expression sincère de la nation entière, et que chaque
accusé dans ses juges reconnaît ses pairs.

Une loi du 7 août 1848 eut pour but de faire droit à ces
critiques. Aux termes de cette loi, tout Français âgé de

vingt et un ans est électeur, et tout électeur âgé de trente
ans, sauf les cas d'indignité ou d'incapacité, est juré. En
conséquence, une liste de tous les électeurs âgés de trente
ans est dressée, dans chaque commune, par les soins du
maire, pour le service du jury. Cette liste est affichée. Tout
citoyen est admis à réclamer, soit contre une inscription,
soit contre une omission. La réclamation est jugée par le
conseil municipal, sauf recours devant le tribunal civil, s'il
s'agit d'incapacité légale, ou, s'il s'agit de toute autre cause,
devant le conseil de préfecture, lequel statue définitivement.

Le maire transmet au préfet la liste des jurés de la commune. Le préfet dresse la liste générale du département
par cantons et par ordre alphabétique. La liste de chaque
canton est envoyée au juge de paix.

Sur cette liste départementale et permanente, comprenant des milliers d'électeurs, il faut maintenant trier, à raison d'un juré par deux cents habitants, les quinze cents
noms parmi lesquels le sort doit désigner les trente-six
jurés de session.

La formation de la liste annuelle ou de service, voilà la
pierre d'achoppement contre laquelle tous les efforts du législateur s'étaient brisés. Examinons comment les auteurs
de la loi de 1848 se sont tirés de cette difficulté.

Le préfet, en conseil de préfecture, répartit les quinze
cents noms à choisir entre tous les cantons du département
proportionnellement au nombre des jurés portés sur la liste
générale. En envoyant à chaque juge de paix la portion de
la liste générale qui concerne son canton, le préfet indique
à ce magistrat le nombre pour lequel ce canton doit contribuer à la liste de service.

Une commission cantonale est alors convoquée. Cette
commission comprend le conseiller général, le juge de

paix et deux conseillers municipaux désignés par chaque conseil communal du canton. Elle choisit, sur la fraction de la liste générale afférente au canton, les jurés qui seront portés sur la liste de service.

Certes, ce mode d'organisation présente encore des imperfections. La première, celle qui, dès l'abord, frappe les regards, c'est que, dans la commission cantonale, l'élément politique joue un rôle trop prépondérant, l'élément judiciaire a une influence trop restreinte. Il y aurait injustice, cependant, à méconnaître les avantages que présente ce système.

La répartition proportionnelle du nombre des jurés de service entre chaque canton constitue un premier progrès. Elle assure à toutes les fractions du territoire une égale part dans cette mission de justice.

L'attribution à une commission indépendante du travail de sélection des jurés, remis jusqu'alors à un agent gouvernemental, est un autre perfectionnement d'une importance encore plus considérable. De ce jour seulement la composition du jury cesse d'être abandonnée à l'arbitraire préfectoral. Cette grande institution conquiert la franchise d'origine nécessaire à l'autorité de ses verdicts. Elle émane de l'examen contradictoire d'hommes dont on ne saurait nier la compétence et qui, plus rapprochés des choix à faire, sont mieux placés que le préfet pour en apprécier la convenance.

C'est à 1549, à un édit par lequel François Ier établit à à Toulouse une bourse commune pour les marchands de cette ville, et leur permit d'élire entre eux, chaque année, un prieur et deux consuls, pour décider, en première instance, tous les procès entre les marchands et fabricants, pour raison des marchandises, foires et assurances, que l'on fait remonter l'origine des tribunaux de commerce. Dans le préambule de l'édit de 1563, par lequel a été créée la juridiction consulaire de Paris, le chancelier de L'Hôpital expose ainsi les limites de sa compétence. « Elle est établie, dit-« il, pour le bien public et abréviation de tous procès et « différends entre marchands qui doivent négocier en pu-« blie, de bonne foi, sans être astreints aux subtilités des « lois et ordonnances, *pour fait de marchandises seule-* « *ment.* »

A cette époque, alors que la subtilité des lois et ordonnances était si réelle, et que la France renfermait dans son sein tant de coutumes diverses, alors que les pratiques et usages commerciaux étaient peu connus et tenus par les gens de robe en mince estime, on comprend l'utilité des juridictions consulaires. On conçoit que leur établissement a dû faciliter le développement du commerce et la sécurité dans les relations d'affaires. Rendent-elles aujourd'hui d'aussi signalés services et ne joignent-elles pas aux avantages qu'elles présentent des inconvénients de nature à fixer l'attention du législateur ?

Il est incontestable que la juridiction consulaire a franchi les limites que lui avait tracées la prudence du chancelier L'Hôpital. Aujourd'hui les tribunaux de commerce rivalisent en nombre, en autorité, en influence avec les tribunaux civils ; ils s'efforcent d'empiéter sur leur compétence, et, non contents de juger les matières commerciales, ils veulent encore connaître de celles qui ne le sont pas. De là des conflits de compétence, des procédures longues et dispendieuses. Certes, les juges consulaires apportent à l'exercice de leurs fonctions un zèle louable ; mais, il faut bien en convenir, pas toujours suffisamment éclairé. On répète par

le monde qu'avec du sens commun et la pratique des affaires on fait un excellent juge, qu'un lourd bagage d'études
spéciales serait un embarras pour le magistrat consulaire,
mieux guidé par son équité naturelle que par le savoir des
écoles.

Le justiciable ne partage pas toujours cet optimisme, et
parfois il s'approprierait volontiers le mot des plaideurs du
vieux temps : « Le ciel nous préserve de l'équité de nos
consuls. »

La suppression des tribunaux de commerce par le retour
à la juridiction ordinaire des affaires dont elle connaît pré-
senterait des avantages sérieux. L'unité de juridiction,
toujours désirable, serait rétablie, et les procès de compétence prendraient fin.

En s'appliquant à composer les chambres chargées de
juger commercialement de magistrats joignant aux principes généraux de la science juridique les connaissances
spéciales nécessaires, on ferait droit à ce qu'il y a de fondé
dans les objections élevées contre l'attribution aux tribunaux civils de cette nature de litiges.

En vertu des usages séculaires que nous avons rappelés,
les membres des tribunaux de commerce procèdent de l'é-
lection.

Aux termes de la loi des 16-24 août 1790, pour être
électeur, il suffit d'être commerçant; pour être éligible, il
faut justifier de cinq ans d'exercice et de cinquante ans
d'âge; la durée des fonctions des magistrats consulaires est
de deux ans; ils sont renouvelés tous les ans par moitié.

Les articles 618 et 619 du Code de commerce promul-
gué le 24 septembre 1807 substituent le suffrage restreint
au suffrage universel, et attribuent au préfet, sous l'approbation du ministre, le droit de composer le corps électoral.

L'article 618 invite le préfet à faire porter ses choix sur les commerçants « notables et principalement les « chefs des maisons les plus anciennes et les plus recom- « mandables par la probité, l'esprit d'ordre et d'économie». Ce sont de bons conseils, mais rien n'assure que dans l'ap- plication ils ne seront pas méconnus. Comment, d'autre part, espérer la largeur de vues nécessaires pour obtenir des choix éclairés, d'un corps électoral qui, aux termes de l'article 619, peut ne comprendre que vingt-cinq notables dans les villes où la population n'excède pas quinze mille habitants, et ne s'augmente que d'un électeur par chaque mille âmes? N'a-t-on pas à craindre les influences de cote- rie et les compromis d'intérêts? En vertu du décret du 6 octobre 1809, l'élu doit recevoir l'institution judiciaire du chef de l'État.

Pour être nommé juge ou suppléant, il faut être âgé de trente ans et exercer le commerce avec honneur et distinc- tion depuis cinq ans. Pour être élu président, il faut avoir atteint quarante ans et être ancien juge. Président et juge sont choisis pour deux ans; à l'expiration de leurs fonctions ils sont immédiatement rééligibles pour une seconde pé- riode de deux ans. Ensuite, ils ne peuvent plus être nom- més qu'après un an d'intervalle. Le renouvellement du tri- bunal ne s'opère pas intégralement, mais par moitié; le président sort avec la seconde fraction.

Cette organisation demeura en vigueur sous la Restaura- tion et la monarchie de Juillet; le législateur de 1848 essaya de faire à cette matière l'application des principes du suf- frage universel.

Il décide que tout citoyen français, commerçant patenté depuis cinq ans, capitaine au long cours ou maître au cabo- tage ayant commandé des bâtiments pendant cinq ans, et domiciliés depuis deux ans au moins dans le ressort du tribunal, est électeur, sauf les cas d'indignité limitativement déterminés.

La liste des électeurs de chaque commune, dressée par le maire, est envoyée au sous-préfet, qui en forme une liste générale pour l'arrondissement et la fait afficher. Tout commerçant patenté de l'arrondissement a le droit d'élever des réclamations sur la composition de la liste. Ces réclamations sont jugées par le tribunal civil.

Sont éligibles aux fonctions de juge et de suppléant : 1° tout citoyen français qui a déjà exercé l'une ou l'autre de ces fonctions; 2° tout citoyen français âgé de trente ans ayant exercé le commerce avec patente pendant cinq ans au moins, tout capitaine au long cours ou maître au cabotage ayant commandé pendant cinq ans, pourvu que chacun des éligibles désignés ait son domicile réel dans le ressort du tribunal et qu'il ne se trouve dans aucun des cas d'indignité prévus.

Pour être éligible à la présidence, il faut avoir exercé les fonctions de juge ou celles de suppléant.

Tout citoyen ayant pris part au scrutin a le droit d'élever des réclamations sur la régularité ou la sincérité de l'élection; le procureur général a le même droit. Ces réclamations sont jugées par la Cour d'appel.

Par l'abrogation de l'article 7 du décret du 6 octobre 1809, le chef du pouvoir exécutif perd le droit d'instituer les juges consulaires.

Telle est la réforme tentée en 1848; a-t-elle produit les résultats que ses auteurs en attendaient? Nullement. Les électeurs montrèrent peu d'empressement à user du droit nouveau qui leur était conféré. Loin de s'élever, le nombre des votants diminua. Dans certaines localités, il se trouva

tellement réduit que l'on ne put composer le bureau électoral. Dans d'autres, les juges élus refusèrent un mandat
dont ils ne se considéraient pas comme suffisamment investis. Les choix n'échappèrent à l'esprit de coterie que pour
être abandonnés à des intrigues qui n'avaient rapport ni
avec les intérêts du commerce, ni avec ceux de la justice.
Démonstration de cette vérité, que le corps électoral ne peut
être mis en mouvement pour désigner le titulaire de n'importe quel emploi. Pour émouvoir le suffrage universel, il
faut le levier puissant des passions politiques et l'ardente
compétition du pouvoir, mais la disposition des modestes
honneurs de la judicature ne saurait l'intéresser.

Les esprits sages reconnaissent qu'il est des moments où
l'action ordinaire des lois, exercée par les pouvoirs habituels,
ne suffit pas au salut de la patrie contre l'attaque de l'étranger, ou au maintien de l'ordre public contre les convoitises
de la démagogie. Aussi, quel que soit leur attachement aux
institutions qui assurent l'exercice de nos droits civils et
politiques, ils consentent à la suspension momentanée de
ces garanties. Mais ils entendent restreindre cet abandon
aux limites de ce qu'exige impérieusement le salut public.
Aussi le devoir du législateur est-il de déterminer dans
quelle mesure les principes tutélaires de nos droits publics
doivent fléchir, et le pouvoir dictatorial de l'autorité militaire
être substitué à l'exercice régulier de l'autorité civile.
La loi du 10 juillet 1791 s'est, la première, occupée de
définir l'état de guerre et l'état de siége, de les distinguer
de l'état de paix et de régler les conséquences de ces deux
situations exceptionnelles. Suivant les dispositions de cette
loi, l'état de guerre ne peut être établi que par décret du
Corps législatif, rendu sur la proposition du roi. L'État

de guerre une fois proclamé, l'état de siége devient
la conséquence forcée d'un fait qui produit ses effets
par lui-même, sans qu'aucune déclaration ait besoin d'intervenir pour le constater. Les places sont en état de siége
dès que, par suite de l'investissement, les communications sont interceptées. L'effet de l'état de siége est de
transférer au commandant militaire l'autorité dont les
officiers civils sont revêtus par la Constitution pour le
maintien de la police intérieure. Ainsi, l'état de siége change
les autorités chargées d'administrer, mais il ne modifie pas
les juridictions ; les tribunaux militaires et les tribunaux
civils restent chacun renfermés dans les limites de leur
compétence respective.

Les dispositions de la loi de 1791 n'étaient applicables
qu'aux places de guerre et postes militaires. Au moment où
l'insurrection, qui, depuis plusieurs années, ensanglantait
certaines parties du territoire, faisait courir à la République
les plus graves périls, une loi du 10 fructidor an v étendit
aux communes de l'intérieur les dispositions relatives à
l'état de siége. Mais le conseil des Cinq-Cents, pas plus
que l'Assemblée constituante, ne restreignit, pendant la
durée de l'état de siége, la compétence de l'autorité judiciaire.

Un décret émané de l'initiative toute-puissante de Napoléon Ier statua, pour la première fois, le 24 décembre 1811,
que, dès l'instant où, par un acte dont l'opportunité était
abandonnée à l'appréciation discrétionnaire du pouvoir
exécutif, une ville aurait été mise en état de siége, les tribunaux ordinaires seraient remplacés par les tribunaux
militaires, et les fonctions d'officier de police judiciaire
seraient remplies par un prévôt. Toutefois, le commandant
conservait le droit d'abandonner au juge de droit commun

la connaissance de certains délits dont il ne jugerait pas à propos de saisir les conseils de guerre.

Nous avons vu, dans le chapitre précédent, comment, en 1832, la Cour de cassation avait reconnu que ces dispositions du décret de 1811 étaient implicitement abrogées par la Charte, qui interdisait de distraire un citoyen de ses juges naturels et prohibait le retour de tribunaux extraordinaires, sous quelque dénomination qu'ils fussent déguisés.

Obligés de protéger la société contre des assauts plus terribles que ceux auxquels elle avait résisté jusqu'alors, les auteurs de la Constitution de 1848 posèrent dans l'article 106 le principe de la mise en état de siége. La loi du 9 août 1849 en développa les conséquences. Faite à une époque où la France jouissait de la paix avec l'étranger, mais où elle était agitée par de formidables insurrections, cette loi a été rédigée en vue surtout des périls d'une sédition intérieure.

Son article 8 est ainsi conçu : « Les tribunaux militaires « peuvent être saisis de la connaissance des crimes et délits « contre la sûreté de la République, contre la Constitution, « contre l'ordre et la paix publique, quelle que soit la qua- « lité des auteurs principaux et des complices. »

Ainsi, la loi de 1849 remet en vigueur le principe édicté pour la première fois par le décret de 1811, en vertu duquel des citoyens n'appartenant pas à l'armée peuvent, à raison de faits commis pendant la durée de l'état de siége, être traduits devant la juridiction militaire ; mais elle restreint cette dérogation aux crimes et délits politiques. Elle est fondée sur cette hypothèse que la propriété et les droits privés trouveront toujours, auprès des tribunaux ordinaires, une protection suffisante, mais que les pouvoirs publics peuvent avoir besoin de recourir à la garantie plus énergique d'une justice exceptionnelle. Elle se justifie à la condition que l'état de siége sera considéré comme une mesure transitoire de salut public, non comme un moyen ordinaire de gouvernement.

Quoi qu'il en soit, la loi de 1849 ne sauva des attentats politiques ni la Constitution de 1848 ni la République. Mais elle devint, en 1852, un moyen puissant d'intimidation. Pour atteindre ce résultat, il suffit de transférer au pouvoir exécutif le droit qu'elle avait réservé à l'Assemblée nationale de déclarer la mise en état de siége. Dès lors, un simple décret livra les villes et les départements à la juridiction des tribunaux extraordinaires. Bientôt cette juridiction elle-même parut insuffisante. On inventa ces commissions mixtes si tristement célèbres. Chaque dérogation aux principes sert toujours d'ouverture à de plus graves abus.

Certes, l'examen de cette période révèle des excès et des erreurs ; mais, à l'apprécier sans parti pris, on trouve qu'elle tend sensiblement à reprendre la voie du développement régulier des libertés publiques. Elle est intéressante à étudier, parce qu'elle montre l'introduction dans notre droit public d'un principe nouveau, brusquement jeté dans un milieu qui n'était pas préparé à le recevoir. De là, force tâtonnements, de grandes illusions et des déceptions cruelles. Valait-il mieux s'arrêter, comme l'a fait la Belgique, au suffrage restreint et à l'oligarchie censitaire? Le progrès ne s'achète que par des épreuves successives. Il est le prix exclusif de ceux qui le poursuivent avec une invincible constance, s'efforcent de préparer l'avenir, non de rappeler un passé évanoui.

# CHAPITRE V

—

Tendance à mettre l'autorité judiciaire sous la subordination du pouvoir exécutif. — Ses dangers. — La limite d'âge. — Le roulement. — Les listes du jury. — La juridiction de la haute Cour.

Nous avons vu qu'à l'exception de la monarchie de Juillet, les divers gouvernements qui se sont succédé depuis 1814, pour se débarrasser d'individualités gênantes, ont, à leur avénement, tenté une atteinte, plus ou moins étendue, au principe de l'irrévocabilité du mandat judiciaire. Plus que tout autre, le prince que les événements du mois de décembre 1851 avaient porté au pouvoir devait se trouver mal à l'aise en face d'une magistrature inamovible. Le 1er mars 1852, il se fit adresser un rapport où le garde des sceaux le remercie d'avoir, dans un intérêt social, conservé l'inamovibilité judiciaire. Néanmoins, il pense que, tout en sauvegardant les apparences, il y a moyen d'écarter les magistrats trop attachés au régime passé. « Depuis « 1824, dit-il, un grand nombre de tribunaux ont subi la « présence inutile de magistrats que l'âge ou des infirmités « rendaient impropres à leurs fonctions, et dans bien peu « de cas il a été possible de vaincre la force d'inertie qui « s'opposait à toute mesure de sévérité nécessaire. Le sen- « timent de la confraternité, l'intérêt qui s'attachait à la

« position personnelle de tel ou tel magistrat honorable,
« mais impotent, tous ces motifs ont assuré la continuation
« des abus. » Quel est le remède proposé? Établir un âge
fatal où le juge sera arraché de son siége en vertu d'une
présomption légale d'incapacité.

La loi de 1824, il est vrai, n'avait pas rempli le but auquel elle était destinée. Une réforme devait être réalisée.
Mais cette réforme était-elle urgente à ce point qu'il fallût
profiter de la suspension des garanties constitutionnelles
pour l'imposer? Si l'intérêt des justiciables, la dignité de
la magistrature, le respect pour la vieillesse, ont seuls guidé
les résolutions du gouvernement, pourquoi soustraire ses
projets aux débats contradictoires des Chambres? pourquoi
enlever à la magistrature, qui va être frappée, la garantie
d'un examen préliminaire et public, dans lequel elle aurait
pu fournir un contingent de lumières spéciales précieux à
recueillir? M. le garde des sceaux reconnaît « qu'on peut
« citer quelques hommes d'élite qui, par une heureuse ex-
« ception, ont conservé, jusqu'à leur dernière heure et dans
« un âge très-avancé, les hautes facultés par lesquelles ils
« avaient brillé dans leurs meilleurs jours ». En présence de
cet aveu, que penser de la règle fatale en vertu de laquelle,
sur une présomption que l'auteur du projet confesse lui-
même être en contradiction avec les faits, la magistrature
est à jamais privée de la longue expérience et de l'autorité
incontestée des natures d'élite?

Nous nous bornerons à signaler quelques-uns des nombreux inconvénients qu'a entraînés l'adoption du système
consacré par le décret du 1er mars 1852.

Les magistrats qui, par suite de l'accomplissement de
l'âge déterminé, ont perdu le bénéfice de l'inamovibilité,
doivent néanmoins, aux termes de l'article 3 du décret pré-

cité, continuer l'exercice de leurs fonctions jusqu'à l'installation de leurs successeurs.

Il dépend donc du bon vouloir du garde des sceaux de maintenir plus ou moins longtemps sur son siége un magistrat qui a cessé d'être inamovible. Que devient la garantie promise aux justiciables de n'être traduits que devant des officiers investis d'un mandat irrévocable? Singulière contradiction! Ce magistrat, maintenu par l'inaction du garde des sceaux, est, par une présomption légale, incapable d'exercer son mandat.

Le moment où un magistrat doit être atteint par la limite d'âge est connu à l'avance dans le ressort où il exerce. Aussi voit-on décroître son autorité à mesure que le terme fatal approche. Le président n'est plus suivi dans la direction qu'il veut imprimer aux travaux du tribunal. La justice perd de sa promptitude, la discipline s'énerve, et les abus grandissent parmi les officiers ministériels non surveillés.

Une fièvre d'avancement s'empare du corps judiciaire. On veut arriver, et arriver vite. Les heures sont comptées, et les vacances prévues de longue date sont de longue date aussi l'objet d'ardentes compétitions. De là une docilité, parfois excessive, envers la main qui dispense les faveurs. Le juge vit toujours dans l'attente d'une promotion nouvelle. Il est promené de siége en siége sans avoir le temps de conquérir nulle part cette influence personnelle qui était autrefois le plus digne prix d'une vie consacrée à la justice.

Tout ce que nous voulons retenir, quant à présent, de l'étude du décret du 1er mars 1852, c'est la pensée qui l'a dicté. Cette pensée, nous allons la retrouver dans les autres actes du gouvernement, et elle nous servira à caractériser cette période de notre histoire judiciaire. Nous avons vu comment la Restauration d'abord, la monarchie de Juillet

ensuite, étaient arrivées graduellement à attribuer au jury
la connaissance des délits de presse et des délits politiques,
et comment cette attribution avait été maintenue par la République.

Nous avons félicité ces divers gouvernements d'avoir ainsi
dégagé peu à peu le pouvoir judiciaire des luttes de la politique, d'en avoir su faire un instrument de justice, non un
instrument de combat. Le nouveau régime entra dans la
voie contraire. Le décret du 31 octobre 1851, celui du 17 février 1852, la loi même du 11 mai 1868, la loi sur le droit
de réunion, tout, au point de vue spécial qui nous occupe,
est inspiré du même esprit. Loin d'éviter de compromettre
le prestige de l'autorité judiciaire dans la lutte des partis, le
gouvernement cherche à se faire une arme de ce pouvoir, et
non-seulement un moyen de répression, mais encore, dans
une certaine mesure, par les considérants de ses jugements,
un moyen d'agression. Aussi s'efforce-t-il de placer l'autorité judiciaire sous la dépendance de l'autorité administrative.

Nous trouvons une manifestation non moins significative
de ces préoccupations dans un autre décret du 16 août 1859.
Ce décret statue sur un objet de la discipline intérieure des
cours et tribunaux, qui, aux termes des lois organiques, rentre dans la compétence du gouvernement.

Le législateur n'a pas voulu, en condamnant les mêmes
hommes à exercer perpétuellement les rigueurs de la juridiction répressive, ressusciter dans le cœur de nos magistrats cette impitoyable dureté qui caractérisait autrefois les
juges au criminel. Il a pensé que les intelligences s'ouvri-
raient, au contraire, et que le savoir s'étendrait, si chacun
était successivement appelé à connaître toutes les variétés
d'affaires et à les examiner sous leurs divers points de vue.

Mais, content d'avoir posé le principe, il en a remis l'application au pouvoir réglementaire du chef de l'État. Disposition excellente, à la condition que le gouvernement n'abuse pas de cette faculté, à l'effet de se composer artificiellement, dans un tribunal nombreux, une majorité docile pour les chambres où sont jugées les affaires politiques. Il faut que la répartition soit impartiale; il faut aussi qu'elle soit faite avec tact et discernement, que les divers éléments de tempérament, de caractère, d'intelligence, qu'une compagnie renferme dans son sein, soient toujours groupés de manière à se corriger, à se compléter l'un par l'autre.

Une ordonnance (1) du 11 octobre 1820, complétée par une ordonnance du 24 juillet 1825 et, en dernier lieu, par un décret du 28 octobre 1854, avait établi, en cette matière, un ordre de choses qui offrait les garanties d'une bonne justice.

Chaque année, une commission, composée, dans les Cours d'appel, du premier président, des présidents de chambre, et du plus ancien conseiller de chacune des chambres, d'après l'ordre du tableau, fixait le roulement des conseillers dans les chambres dont la Cour était composée. Le procureur général était appelé à la commission pour être entendu en ses observations.

A la même époque, les présidents se partageaient entre eux le service civil et le service criminel de l'année suivante.

Le tableau de la répartition des conseillers, arrêté par la commission, était soumis à l'approbation des chambres assemblées. Si la commission et l'assemblée des chambres ne s'accordaient pas, le garde des sceaux prononçait.

---

(1) Pour la législation antérieure, voir décrets des 30 mars 1808 et 6 juillet 1810.

Dans les tribunaux de 1<sup>re</sup> instance composés de plus de deux chambres, une commission, formée du président, des vice-présidents et du doyen, fixait, après l'avis du procureur, le roulement des juges dans chacune des chambres dont se composait le tribunal.

Le tableau de la répartition des juges était soumis à l'approbation des chambres assemblées, et ce n'était également qu'en cas de désaccord que le garde des sceaux prononçait.

C'étaient donc les cours et tribunaux qui procédaient eux-mêmes à la distribution de leurs membres entre les diverses chambres. Ainsi, d'une part la légitime susceptibilité de la magistrature était ménagée; de l'autre, l'impartialité dans cette répartition du personnel se trouvait assurée. Ces garanties furent enlevées par le décret du 16 août 1859. Les commissions furent supprimées, et le premier président seul fut appelé, à quoi? à statuer? Non, mais à dresser avec le procureur général le tableau du roulement, puis à soumettre ce tableau à l'approbation du garde des sceaux.

Pourquoi cette intervention du pouvoir politique dans le domaine judiciaire? Parce que, la connaissance des délits de presse et des délits politiques ayant été attribuée aux tribunaux correctionnels, le gouvernement croyait utile à ses vues de se réserver le droit de composer à sa guise les chambres qui, dans les ressorts importants, auraient à prononcer sur cette nature d'affaires. Les intérêts de la justice étaient subordonnés aux intérêts du chef de l'État.

Que l'on ne nous reproche pas d'exagérer. Voici en quels termes un des derniers gardes des sceaux du second Empire, dans un rapport adressé au chef de l'État, qualifiait les dispositions du décret de 1859 : « Ce système, disait-il, difficilement praticable et critiqué par les magistrats mêmes qui étaient chargés de l'appliquer, présente de sérieux inconvénients au point de vue de la dignité et de l'indépendance de la magistrature. » Aussi, par un décret du 21 février 1870, ces dispositions furent-elles abrogées, et le retour pur et simple au système de l'ordonnance du 11 octobre 1820 décidé. Mais le gouvernement impérial succomba avant l'entrée en vigueur du nouveau décret.

En vertu du décret du 2 mars 1852, l'autorité administrative rentre en possession du droit de composer à son gré la liste des notables. Cette qualification, qui est, pour le commerçant, une source tout à la fois de considération morale et de bénéfices pécuniaires, devient entre les mains du préfet le prix des services politiques et électoraux rendus à son administration.

C'est le même esprit qui dicte la loi du 4 juin 1853, sur la composition du jury. Le législateur de 1848, on se le rappelle, avait confié la formation des listes du jury à une commission indépendante.

Cette commission est supprimée et remplacée par deux autres : l'une qui siège au chef-lieu de canton, l'autre qui siège au chef-lieu d'arrondissement ; la première dont le travail est préparatoire, la seconde dont le travail est définitif, mais qui, la première comme la seconde, sont exclusivement composées d'agents du gouvernement.

Le préambule de la Constitution du 14 janvier 1852 porte : « Le Sénat ne sera pas, comme la Chambre des pairs, transformé en Cour de justice ; il conservera son caractère de modérateur suprême, car la défaveur atteint toujours les corps politiques lorsque le sanctuaire des législations devient un tribunal criminel. L'impartialité du juge est trop souvent mise en doute, et il perd de son prestige devant l'opinion, qui va quelquefois jusqu'à l'accuser d'être l'instrument de la passion ou de la haine. »

Cette déclaration fait allusion aux articles 33 de la Charte du 4 juin 1814 et 28 de la Charte du 14 août 1830, qui attribuaient à la Chambre des pairs la connaissance des crimes de haute trahison et des attentats à la sûreté de l'État. On comprend que le prince qui signait ces lignes eût ses raisons personnelles pour décliner la compétence des arrêts de la Chambre des pairs. Mais, quel que soit le motif qui ait dicté cette pensée, elle est juste et répond au sentiment public. Le scandale des procès qui se sont déroulés devant la Chambre des pairs, pendant les dernières années du règne de Louis-Philippe, a ébranlé la force morale sur laquelle reposait son gouvernement.

Mais la Constitution du 14 janvier 1852 ne repousse la juridiction extraordinaire de la seconde Chambre que pour la remplacer par la juridiction non moins extraordinaire d'une haute Cour de justice. L'article 54, titre VII, de cette Constitution est ainsi conçu : « Une haute Cour de justice juge, sans appel ni recours en cassation, toutes personnes qui auront été renvoyées devant elle comme prévenues de crimes, attentats ou complots contre le président de la République et contre la sûreté intérieure ou extérieure de l'État.

Un premier sénatus-consulte du 10 juillet 1852 a déterminé les règles relatives à l'organisation de cette haute Cour. Il a décidé qu'elle se composerait : 1° d'une chambre des mises en accusation et d'une chambre de jugement, formées de juges pris parmi les membres de la Cour de cassation ; 2° d'un haut jury pris parmi les membres des conseils généraux des départements.

Un second sénatus-consulte du 4 juin 1858 a étendu la juridiction de cette Cour. Jusqu'alors, elle n'était compétente qu'à raison de la nature spéciale des crimes, attentats ou complots qui lui étaient déférés; elle reçut alors une nouvelle compétence. Elle fut appelée à connaître non-seulement des crimes, mais encore des simples délits commis par certaines individualités privilégiées : les princes de la famille impériale et de la famille de l'empereur, les ministres, les grands officiers de la couronne, les grand-croix de la Légion d'honneur, les ambassadeurs, etc.

Quand la poursuite avait pour objet un délit, la chambre de jugement statuait sans l'assistance du jury.

Les verdicts des hauts jurys, les arrêts des hautes cours ont-ils jeté moins de discrédit sur le gouvernement impérial que les jugements de la Chambre des pairs sur le déclin du règne de Louis-Philippe? l'histoire impartiale le dira.

En créant une juridiction exceptionnelle pour certains crimes ou certains personnages, la Constitution de 1852 ne faisait que répéter ce qui se trouvait déjà dans les Constitutions précédentes. Avant elle, la Constitution du 4 novembre 1848 (1) avait remis en lumière cette juridiction qu'avait imaginée la Constitution du 3 novembre 1791 (2), et qu'avaient répétée tour à tour la Constitution du 5 fructidor an III (3), celle du 22 frimaire an VIII (4) et le sénatus-consulte du 28 floréal an XII (5).

Beccaria n'a-t-il pas dit: « Lorsqu'un gouvernement « évoque une affaire devant un tribunal qui n'est pas le « tribunal habituel, il établit une présomption publique « d'innocence en faveur de l'accusé et de partialité contre « le juge. » L'invincible préjugé populaire s'est toujours

---

(1) Const. 4 novembre 1848, art. 91.
(2) Const. 3 septembre 1791, art. 23, tit. III, chap. V.
(3) Const. 5 fructidor an III, art. 265 et suiv.
(4) Const. 22 frimaire an VIII, art. 73.
(5) S.-C. 28 floréal an XII, tit. XIII.

prononcé dans le même sens que le philosophe, et il faut
avouer que les faits ont été souvent une preuve éclatante
que l'instinct du pays ne se trompe guère.

Les événements du 4 septembre 1870 ont eu pour conséquence la suppression de la haute Cour créée par la
Constitution de 1852.

# CHAPITRE VI

—

Retour vers la législation de 1848.

Le gouvernement que les désastres des premiers jours du mois de septembre 1870 ont amené à la direction des affaires semblait, dans le péril suprême de la patrie, n'avoir ni le temps, ni la mission de toucher à notre organisation judiciaire. Il a cru cependant devoir y apporter un certain nombre de modifications. Ces modifications n'ont eu qu'une existence éphémère et elles n'ont guère survécu au pouvoir qui les avait édictées.

Un premier décret du 14 octobre 1870 remet provisoirement en vigueur la loi du 7 août 1848 sur la composition des listes du jury. Ce décret est aujourd'hui remplacé par la loi du 21 novembre 1872.

Un second décret, en date du 17 octobre 1870, a appelé à concourir au scrutin pour l'élection des juges aux tribunaux de commerce tous les citoyens patentés. Les nombreuses préoccupations du gouvernement lui faisaient oublier sans doute qu'en vertu de nos nouvelles lois d'impôt, il y a beaucoup de citoyens patentés qui ne sont pas commerçants et par conséquent ne sont pas justiciables des tribunaux consulaires. Un des premiers actes de l'Assemblée nationale a été de rapporter ce décret par une loi du 4 avril 1871.

Le 21 octobre 1870, le gouvernement porta sa sollicitude sur le roulement annuel des magistrats entre les chambres des Cours et tribunaux. Il trouva que le décret du 2 février 1870 n'avait pas fait assez. Il crut faire preuve de discernement en abandonnant cette répartition si délicate au caprice aveugle du sort. Un arrêté du 12 juillet 1871 a, de nouveau, remis en vigueur les dispositions de l'ordonnance du 11 octobre 1820.

Le 16 novembre 1870, il supprima, dans les Cours d'appel, le titre et les fonctions de premier avocat général ; ce titre et ces fonctions ont été rétablis. Enfin deux décrets des 28 janvier et 3 février 1871 ont prononcé la déchéance de quinze magistrats inamovibles, accusés d'avoir pris part aux travaux des commissions mixtes de 1852. Une loi du 25 mars suivant a annulé ces décrets. Le blâme sévère dont l'Assemblée a flétri les commissions mixtes rend plus éclatant encore cet hommage au principe de l'inviolabilité judiciaire. Mais l'Assemblée nationale ne s'est pas bornée à remettre les choses en l'état où elles étaient avant que le gouvernement de la Défense nationale se livrât à ses tentatives de réformes : par deux lois importantes, elle a apporté, dans les règles relatives à notre organisation judiciaire, d'utiles progrès que nous étudierons dans les prochains chapitres.

# TITRE II

# CHAPITRE IV.

Du ministère public, de la police judiciaire, des auxiliaires de la justice.

---

# CHAPITRE V.

Conclusion.

# TITRE II

---

## CHAPITRE PREMIER

Mode de nomination, inamovibilité, mise à la retraite des magistrats.

En France, le chef de l'État choisit et institue tous les membres des Cours et des tribunaux civils. Il nomme également les juges de paix. Certaines conditions d'âge et de capacité sont exigées des candidats. Les conditions d'âge sont de : trente ans pour les juges de paix (1), vingt-cinq ans pour les juges aux tribunaux de première instance, vingt-sept ans pour les présidents et vice-présidents des tribunaux (2), ainsi que pour les conseillers aux Cours d'appel, trente ans pour les présidents de Cour d'appel (3) et pour les membres de la Cour de cassation (4).

La capacité et l'aptitude se justifient par la production

(1) Const. du 5 fructidor an III, art. 209.
(2) L. 20 avril 1810.
(3) *Ibid.*, art. 65.
(4) Const. du 5 fructidor an III, art. 209.

du diplôme de licencié en droit et par un stage de deux
ans au moins au barreau (1). Seuls les candidats aux justices de paix sont dispensés de fournir toute preuve de
préparations préalables à l'exercice des fonctions qu'ils
sollicitent.

La Constitution de 1831 donne également au roi des
Belges le droit de nommer aux fonctions judiciaires. Les
conditions imposées à ses choix sont analogues à celles qui
sont écrites dans la législation française. Elles regardent
également l'âge et la capacité du postulant. Seulement la
justification d'études juridiques préparatoires est exigée du
juge de paix comme des autres magistrats.

Nul n'obtient ce poste judiciaire s'il n'est âgé de vingt-
cinq ans accomplis et s'il n'a obtenu le grade de docteur en
droit (2).

Pour être nommé juge ou juge suppléant près d'un tribunal de première instance, il est nécessaire, en outre, d'avoir
exercé des fonctions judiciaires, suivi le barreau ou enseigné
le droit dans une université de l'État pendant au moins
deux ans. Pour devenir président ou vice-président, il faut
justifier de vingt-sept ans accomplis et de cinq ans d'exercice.
Ces dernières conditions sont aussi requises des conseillers.
Nul n'est président de chambre dans une Cour d'appel avant
trente ans. Celui qui veut être admis à la Cour de cassation
est tenu d'établir que, pendant dix ans, il a exercé une
fonction judiciaire, et qu'il a trente ans accomplis s'il aspire à être conseiller, trente-cinq s'il veut occuper la présidence (3).

(1) L. 20 avril 1810, art. 64. — L. du 22 ventôse, 2 germinal an XII,
relative aux écoles de droit.
(2) L. B. sur l'org. jud. du 18 juin 1869, art. 3.
(3) Ibid., art. 17, 69, 123.

Mais si, sauf de légères modifications, la Constitution de
1831 a reproduit les conditions d'âge et de capacité imposées par nos lois organiques, elle crée, à un autre point de
vue, entre les institutions judiciaires des deux peuples une
différence capitale. Elle consacre le système des candidatures électives pour les charges les plus élevées de la judicature et elle appelle les assemblées politiques à concourir
avec la magistrature elle-même à la formation des listes de
présentation.

Ainsi les juges de paix, les juges des tribunaux de première instance, sont librement choisis par le roi des Belges
parmi tous les candidats qui présentent les conditions requises, aux termes de la loi organique, pour aspirer à ces
postes judiciaires.

Les conseillers des Cours d'appel, au contraire, les présidents et vice-présidents des tribunaux de première instance,
doivent être pris sur deux listes présentées, l'une par la Cour
dans le ressort de laquelle la vacance s'est produite, l'autre
par le conseil provincial de l'une des provinces comprises
dans ce ressort.

Les conseillers à la Cour de cassation sont, de la même
manière, obligatoirement choisis parmi les candidats portés
sur deux listes doubles proposées, l'une par le Sénat, l'autre
par la Cour de cassation.

Les candidats portés sur une liste peuvent l'être également sur l'autre.

Les présentations sont rendues publiques au moins
quinze jours avant la nomination.

Enfin les Cours élisent elles-mêmes dans leur sein leurs
présidents et leurs vice-présidents (1).

_____

(1) Const. B. du 7 février 1831, art. 99.

Examinons dans quelle forme se font ces élections judiciaires.

Lorsqu'une place de conseiller à la Cour de cassation devient vacante, le premier président, soit d'office, soit sur le réquisitoire du procureur général, convoque une assemblée générale à l'effet de procéder à la formation de la liste double prescrite par l'article 99 de la Constitution. — La Cour ne forme cette liste que si la majorité de ses membres se trouve réunie. — La présentation de chaque candidat a lieu séparément, par bulletin secret et à la majorité absolue des suffrages. Si les deux premiers scrutins ne produisent pas cette majorité, il est procédé à un scrutin de ballottage entre les deux candidats qui, au second tour, ont réuni le plus de voix. Dans le cas de parité de suffrages, les plus âgés sont préférés. La séance est publique. Le procureur général transmet une expédition de la liste de présentation au Sénat, qui procède alors, de son côté, à la formation de sa liste double.

Expédition de la liste dressée par le Sénat est envoyée au procureur général, puis les deux listes sont transmises au gouvernement par le procureur général et par le Sénat.

Lorsque la place de président vient à vaquer, il est procédé à la nomination d'un conseiller ; puis la Cour, ainsi complétée, élit son président dans les formes que nous venons d'indiquer (1). Ces formes sont également applicables aux élections de président et aux présentations de candidats pour les places de conseillers dans les Cours d'appel (2). La loi a déterminé l'ordre de présentation en vertu duquel chaque conseil provincial choisit, à son tour, un certain

(1) L. du 4 août 1832, art. 1 à 4.
(2) *Ibid.*, art. 38, 39 et 40.

nombre de candidats pour remplir les vides qui se produisent dans les trois Cours d'appel de la Belgique.

En France, les membres assis de la Cour de cassation, les conseillers et juges exerçant la juridiction ordinaire en matière civile, criminelle ou correctionnelle, jouissent seuls du privilége de l'inamovibilité.

Les juges d'attribution en matière civile et les juges de simple police sont ou révocables, comme le juge de paix, ou élus à temps, comme les membres des tribunaux de commerce et des conseils de prud'hommes.

D'après le Code d'instruction criminelle (1), le juge de paix n'exerçait pas seul la juridiction de simple police; dans certains cas, il partageait cette juridiction avec le maire.

L'institution de ce tribunal de police des maires avait été considérée comme purement facultative, et, sur presque tous les points du territoire, elle était tombée en désuétude. Une loi récente du 27 janvier 1873 l'a supprimée.

La Constitution belge de 1831 consacre le principe de l'inamovibilité de la magistrature d'une manière absolue (2).

Elle n'admet pas d'exception à l'égard du juge de paix et de ses suppléants.

La loi belge du 1er mai 1849 a également supprimé le pouvoir juridictionnel que le Code d'instruction criminelle avait attribué au chef de l'administration municipale.

L'article 105 de la Constitution reconnaît l'existence des tribunaux de commerce. Il laisse à la loi le soin de régler le mode de nomination et la durée des fonctions de leurs membres.

(1) Art. 166.
(2) Const. 7 février 1831, art. 100.

Nous avons montré comment, en France, le décret du
1<sup>er</sup> mars 1852 a changé l'institution judiciaire à vie en une
institution judiciaire à terme.

En vertu de cet acte, sont mis de plein droit à la
retraite les membres de la Cour de cassation à l'âge de
soixante-quinze ans, les magistrats des Cours d'appel et des
tribunaux de première instance à l'âge de soixante-dix
ans accomplis.

Dès 1852, le gouvernement belge sollicitait de la législature une disposition consacrant le principe de la mise à la
retraite forcée des magistrats à un âge déterminé. Cette
proposition fut repoussée par les Chambres. Le rapporteur
combattit la présomption d'incapacité que le gouvernement
faisait peser sur tout magistrat ayant accompli sa soixante-
dixième année. « Il suffit, disait-il, de jeter les yeux sur
plusieurs de nos cours et tribunaux pour acquérir la conviction qu'à soixante-dix ans plus d'un magistrat remplit
convenablement ses devoirs. » Cependant la loi du 10 mai
1845 investit les corps judiciaires du droit de forcer leurs
membres à la retraite par un jugement, alors qu'ils seraient
dans l'impossibilité notoire de satisfaire aux exigences de
leur charge. En 1848, la question fut de nouveau agitée.
La proposition de fixer la limite d'âge à soixante-dix ans fut
encore mise en avant et de nouveau repoussée. « L'indépendance du magistrat, pour être complète, fut-il répondu,
doit être aussi bien à l'abri du caprice des majorités parlementaires que de l'arbitraire du pouvoir. Admettre l'établissement de présomptions légales d'incapacité pour le
magistrat, c'est livrer au caprice des majorités le principe
de l'inamovibilité ; car les majorités peuvent étendre demain
ce qu'elles ont limité hier. Elles peuvent, dans un intérêt
politique ou de parti, porter l'âge de retraite forcée à soixante

ans, et changer ainsi la majorité dans le sein des corps judiciaires. »

Ses échecs successifs ne décburagèrent pas le gouvernement, qui fit, en 1867, une nouvelle et plus heureuse tentative. L'opinion publique était lasse des abus que présentait le maintien sur leurs siéges de magistrats devenus impuissants à administrer la justice. Cependant l'adoption de la loi du 25 juillet 1867 rencontra d'énergiques résistances. La difficulté juridique résultait de ce que, la Constitution portant que les juges sont nommés à vie et ne peuvent être privés de leurs places que par un jugement, le Parlement n'avait pas le droit d'enlever, par une loi générale, et à partir d'un certain âge, les juges à l'exercice de la justice. Le législateur imagina le procédé suivant pour triompher de cet obstacle. Les membres des Cours et tribunaux ne quittent toujours leurs fonctions qu'en vertu d'un jugement; mais ce jugement doit intervenir dans deux circonstances : d'abord, lorsqu'une infirmité grave et permanente ne laisse plus au titulaire la faculté de remplir convenablement ses fonctions; ensuite, lorsqu'il a passé, s'il est membre d'un tribunal, l'âge de soixante-dix ans; d'une cour, celui de soixante-douze ans, et de la Cour de cassation, celui de soixante-quinze ans. Dans la seconde hypothèse, le jugement à intervenir ne fait que constater l'accomplissement de la limite d'âge, et prononce la mise à la retraite en exécution des prescriptions légales. En tout cas, la sentence doit être prononcée contradictoirement, sur les conclusions du ministère public, et sauf recours en cassation.

7

# CHAPITRE II

Lorsque, en l'an VIII, les tribunaux d'appel furent établis, comme conséquence de cette création, le sénatus-consulte du 16 thermidor an x constitua les juridictions inférieures dans un état de dépendance hiérarchique vis-à-vis des juridictions supérieures. Il établit un grand juge, ministre de la justice, exerçant sur les tribunaux, les justices de paix et les membres qui les composent des droits de surveillance et de répréhension.

Le tribunal de cassation, présidé par le grand juge, fut investi d'une autorité de censure et de discipline sur les tribunaux d'appel et les tribunaux criminels : il put, pour cause grave, suspendre les juges de leurs fonctions, les mander près du grand juge pour y rendre compte de leur conduite. Les tribunaux d'appel reçurent un droit de surveillance sur les tribunaux civils de leur ressort, et les tribunaux civils sur les juges de paix de leur arrondissement.

Quand la loi du 20 avril 1810 réalisa l'œuvre, longtemps poursuivie, de la réunion de la justice criminelle à la justice civile, les Cours impériales concentrèrent en leurs mains la totalité de l'action disciplinaire sur les juridictions criminelles, correctionnelles et de police, comme sur les juridictions civiles et commerciales, et la Cour de cassation conserva sa suprématie en ces matières qui intéressent la dignité et l'indépendance de la magistrature entière. Ces règles sont restées en vigueur en Belgique comme en France (1).

Le chapitre VIII de la loi de 1810 traite de la discipline, il prévoit plusieurs hypothèses. Les juges s'absentent sans congé; pendant leur absence, ils sont privés de traitement; après un certain délai, s'ils négligent de satisfaire aux ordres de se rendre à leur poste, ils sont considérés comme démissionnaires et remplacés. Les articles 211 et 212 de la loi belge frappent de la même peine les juges qui, après en avoir été dûment avertis, ne fixent pas leur résidence dans la ville où ils doivent exercer leurs fonctions. Seulement, c'est en vertu d'un arrêt de la Cour d'appel pour les juges de paix, les présidents et les juges du tribunal de première instance et du tribunal de commerce, et de la Cour de cassation pour les membres de la Cour d'appel, que les contrevenants sont déclarés démissionnaires.

La seconde hypothèse prévue par le législateur de 1810 est celle où un membre de l'ordre judiciaire a commis un acte de nature à compromettre l'honneur et la délicatesse de la magistrature, mais qui ne constitue pas un délit de droit commun. Les présidents des cours et tribunaux adressent un avertissement au juge qui compromet son caractère. Si l'avertissement reste sans effet, ou même sans avertissement préalable, si la faute est assez grave, le juge encourt la censure simple, ou la censure avec réprimande, ou la suspension provisoire.

La censure avec réprimande emporte de droit privation

(1) L. B. sur l'org. jud. du 18 juin 1869, art. 147.

de traitement pendant un mois, la suspension provisoire emporte privation de traitement pendant sa durée. La décision n'est prise que le juge inculpé entendu ou dûment appelé à la chambre du conseil, et sur les conclusions écrites du ministère public. Avant d'être exécutées, les décisions des tribunaux de première instance sont soumises aux Cours d'appel. La Cour exerce les droits de discipline attribués au tribunal ; lorsque celui-ci manque à ce devoir, elle peut lui adresser un avertissement d'être désormais plus exact à le remplir. Le procureur général rend compte au ministre des résolutions adoptées par la cour. Quand elle prononce ou confirme la censure avec réprimande ou la suspension, la décision n'est mise à exécution qu'après avoir reçu l'approbation du ministre de la justice. Le ministre, quand la gravité des faits l'exige, conserve le droit qu'il tient de l'article 82 du sénatus-consulte du 16 thermidor an x, de déférer directement le juge inculpé à la Cour de cassation. Mais la Cour de cassation elle-même ne pouvait, jusqu'en 1852, que le frapper de suspension. Le titre II du décret du 1er mars de cette année décide que, lorsqu'un magistrat inamovible est frappé de la suspension provisoire, la décision doit être transmise au garde des sceaux, qui dénonce, s'il y a lieu, le magistrat à la Cour de cassation. Cette Cour peut, selon la gravité des faits, et après avoir entendu le magistrat inculpé en la chambre du conseil, le déclarer déchu de ses fonctions. Elle peut aussi prononcer la déchéance contre le magistrat traduit directement devant elle dans le cas prévu par l'article 82 du sénatus-consulte du 16 thermidor an x.

Le juge qui se trouve sous les liens d'un mandat d'arrêt, de dépôt, d'une ordonnance de prise de corps ou d'une condamnation correctionnelle, est frappé de suspension provisoire (1). En cas de condamnation, le jugement est transmis au ministre, qui dénonce à la Cour le magistrat condamné, et la Cour prononce la déchéance.

En Belgique le juge est privé de sa place par un jugement en cas d'indignité morale, comme en cas d'incapacité physique ou intellectuelle.

Des garanties d'un autre ordre ont été établies pour protéger le magistrat contre la haine ou le désir de vengeance qui exciteraient à lui intenter des poursuites vexatoires, en même temps que pour assurer l'exercice de l'autorité disciplinaire dont nous venons d'expliquer les principes. Des règles particulières d'instruction et de compétence sont établies pour les crimes que les membres des cours et tribunaux commettent soit dans (2) l'exercice de leurs fonctions, soit en dehors (3). Sur ce point les mêmes dispositions sont en vigueur en Belgique et en France.

La question du traitement des membres de l'ordre judiciaire, pour ne soulever que des difficultés pécuniaires, n'en intéresse pas moins directement l'indépendance et la dignité de la magistrature. En France, le gouvernement a fait de successifs efforts pour améliorer la situation matérielle des magistrats, mais, en présence du nombre considérable des places de judicature, il n'a pas encore réussi à leur assurer à tous un traitement en rapport avec les exigences de leur position officielle. De là une plus grande pénurie dans le recrutement des sujets aspirant à débuter dans les rangs modestes de la magistrature. Les jeunes gens intelligents qui n'ont pas une position de fortune indépen-

(1) L. 20 avril 1810, art. 58.
(2) C. d'inst. crim., art. 483 à 503.— L. 20 avril 1810.— D. 6 juillet 1810.
(3) Art. 479 à 482 C. d'instr. crim.

dante reculent devant les privations qui assiégent les
premiers pas dans cette carrière. La Belgique, comme la
France, n'accorde à ses magistrats les plus haut placés
qu'une situation pécuniaire modeste; mais, plus heureuse
que notre patrie, elle a pu assurer contre la gêne et le
besoin jusqu'aux derniers degrés de sa hiérarchie judiciaire.

Il suffit de comparer les traitements alloués, dans chacun
des deux pays, à la classe la moins rétribuée de leurs tribunaux, pour comprendre la différence qui sépare à ce point
de vue la situation de leurs magistrats.

En Belgique, les présidents et procureurs des tribunaux
de la dernière classe touchent 6,000 francs (1). En France,
les présidents et procureurs dans 204 ressorts ne reçoivent
que 3,600 francs (2). Les juges d'instruction chez nos
voisins ont, au minimum, 4,500 francs, les juges et substituts 4,000 francs. Chez nous, le minimum du juge d'instruction est réduit à 2,880 francs, et celui des juges et substituts à 2,400 francs.

, Dans les cantons belges, le juge de paix perçoit, au moins,
3,000 francs de traitement fixe, sans compter ses émo-
luments. Les juges de paix des villes et communes françaises d'une population agglomérée inférieure à trois mille
âmes émargent 1,800 francs pour tout traitement (3);
leurs greffiers, 600 francs; les greffiers de justice de paix
belges ont, au moins, 1,500 francs.

(1) L. sur l'org. jud. 18 juin 1869.
(2) D. 22 septembre 1862.
(3) D. 23 août 1851.

# CHAPITRE III

Des juridictions.

Le décret du 1er mai 1790 a limité à deux le maximum des degrés de juridiction qu'un même procès aurait à parcourir : beaucoup de contestations sont définitivement tranchées par un seul juge.

Chaque juge n'a de pouvoir que dans le ressort territorial qui lui est assigné par la loi. Nous trouvons, en Belgique, une exception à cette règle : le roi a le droit, si les besoins du service le permettent, de charger un juge de paix de desservir un canton contigu (1). Cette disposition doit être appliquée de façon que l'extension de juridiction, une fois accordée à un juge, ne lui est plus ôtée que de son consentement ; autrement, les dispositions édictées par l'article 100 de la Constitution seraient méconnues. Si, en effet, un juge de paix était révocable au gré du gouvernement quant à la juridiction qu'il exerce dans un canton, les justiciables de ce canton seraient jugés par un juge amovible, ce qui serait contraire au § 1er de cet article, et ce juge serait déplacé sans son consentement, ce que ne permet pas le § 2 dudit article.

Le territoire de la France et celui de la Belgique sont partagés en un certain nombre de circonscriptions, à la tête

_____
(1) L. B. Org. jud., art. 1er, § 2.

de chacune desquelles est placée une cour qui réunit en sa main la totalité de la juridiction civile et criminelle. Cette cour exerce sa juridiction, quelquefois en premier et dernier ressort, plus souvent sur appel. Certains litiges qui n'ont pas paru au législateur d'un intérêt assez élevé pour remonter jusqu'à elle sont tranchés définitivement par les juges inférieurs.

Elle a, au-dessous d'elle, des juridictions subordonnées : les unes ordinaires, les autres d'exception.

En matière civile, au chef-lieu de chaque arrondissement, siége un tribunal qui a la compétence ordinaire dans toute l'étendue de l'arrondissement.

Là où les besoins du commerce le rendent opportun, à côté de la juridiction civile ordinaire, est établie une juridiction consulaire qui prononce sur les affaires commerciales. Le ressort de cette juridiction est le même que celui du tribunal civil. Au chef-lieu de chaque canton, il y a un juge de paix qui, dans les procès civils, remplit un rôle de conciliation préliminaire et prononce sur certaines difficultés dont la connaissance lui est attribuée par la loi.

Tels sont, en Belgique comme en France, les juges d'exception qui exercent avec les tribunaux d'arrondissement la juridiction civile sous la direction des Cours d'appel.

Les juges chargés de régler le contentieux des affaires commerciales procèdent de l'élection.

Le corps électoral investi du droit de nommer les membres des tribunaux consulaires est pris parmi les commerçants recommandables par leur probité, leur esprit d'ordre et d'économie. Aux termes de la loi du 21 octobre 1871, la liste des notables électeurs est dressée par une commission composée du président du tribunal de commerce qui préside et d'un juge à ce tribunal, du président et d'un membre de la chambre de commerce, de trois conseillers généraux, du président du conseil des prud'hommes et du maire de la ville où siége le tribunal. Les juges au tribunal de commerce, membres de la chambre de commerce, juges du tribunal civil et conseillers généraux sont désignés par l'élection des corps auxquels ils appartiennent. La commission ainsi composée procède à la révision annuelle de la liste électorale. Cette liste est affichée et publiée par les soins du préfet. Un exemplaire, signé par le président du tribunal de commerce, est déposé au greffe. Tout patenté du ressort a le droit d'en prendre connaissance, et, à toute époque, de demander la radiation des électeurs qui se trouveraient dans un des cas d'incapacité prévus par la loi. L'action est portée sans frais devant le tribunal civil qui prononce en la chambre du conseil. En appel la Cour statue dans la même forme.

Nul n'est nommé juge s'il n'a été suppléant. Le président est choisi parmi les anciens juges. L'élection est faite par deux scrutins de liste séparés pour les juges et les suppléants, et au scrutin individuel pour le président. Le collége électoral est convoqué, dans la seconde quinzaine d'octobre, par le préfet ; il procède aux opérations du scrutin sous la présidence du maire. Tout électeur peut, dans les cinq jours après l'élection, attaquer les opérations devant la Cour d'appel, qui statue sommairement et sans frais. Le procureur général a un délai de dix jours pour demander la nullité.

Les nominations sont faites pour deux ans ; les membres sortants sont rééligibles pour une seconde période de deux ans. Cette nouvelle période expirée, ils ne sont éligibles qu'après un an d'intervalle (1).

_____

(1) C. comm., art. 622, 623.

En Belgique, où la durée des fonctions consulaires est la même, les présidents et vice-présidents sont seuls immédiatement rééligibles pour une seconde période de deux ans. Toute autre réélection n'est valable qu'après un an écoulé hors de l'exercice du mandat judiciaire.

Les membres des tribunaux consulaires sont élus dans une assemblée composée de commerçants payant au trésor de l'État, du chef de leur patente, la somme de 42 francs 32 centimes. La députation permanente arrête tous les ans, le 1er juillet, la liste des électeurs pour chaque arrondissement. Cette liste reste déposée au greffe du gouvernement provincial. Dans les quinze jours, tout commerçant qui se croit indûment omis réclame auprès de la députation permanente, qui statue dans la huitaine. Les électeurs sont convoqués à domicile et par écrit, par le gouverneur de la province, dans les deux mois qui précèdent l'expiration des fonctions auxquelles il s'agit de pourvoir, et au moins dix jours avant celui de l'élection. L'assemblée électorale se réunit dans le lieu où siége le tribunal de commerce et est présidée par le président de ce tribunal. Les réclamations contre la validité de l'élection sont portées, dans les cinq jours, devant la députation permanente du conseil provincial, qui statue en dernier ressort. L'élection n'est annulée que pour irrégularité grave, soit sur réclamation, soit d'office. Les membres des tribunaux de commerce sont institués par le roi (1).

Dans le domaine du contentieux commercial, à côté des tribunaux dont nous venons d'expliquer la composition, le Code de commerce avait établi une autre juridiction qui, sous le nom d'arbitres forcés, tranchait les contestations entre

_____

(1) L. B. Org. jud., art. 37 et suivants.

associés de commerce, pour raison de la société. L'appel des sentences de ces arbitres était porté devant la Cour (1). L'arbitrage forcé existe encore en Belgique ; il a été supprimé en France, et la connaissance des litiges sur lesquels prononçaient les arbitres a été renvoyée aux tribunaux de commerce (2).

Un décret du 18 mars 1806 a introduit dans notre organisation judiciaire, sous le nom de conseil de prud'hommes, une sorte de tribunal arbitral pour vider, par voie de conciliation, ou, à défaut de conciliation, par voie de jugement, les différends qui s'élèvent entre les chefs d'industrie et les ouvriers, ou les ouvriers entre eux, dans certaines limites déterminées. Les décrets des 11 juin 1809 et 3 août 1810 ont étendu et généralisé cette institution. Aujourd'hui elle est régie, en France, par la loi du 1er juin 1853 complétée par celle du 4 juin 1864, et, en Belgique, par la loi du 7 février 1859. Les deux législations consacrent des principes analogues pour la composition, la compétence et le mode de procéder de ces conseils.

Les conseils de prud'hommes sont composés de patrons et d'ouvriers en nombres égaux, et élus : les prud'hommes patrons, par les chefs d'industrie, et les prud'hommes ouvriers, par les ouvriers, réunis en assemblées distinctes. Le nombre des membres du conseil ne doit pas être inférieur à six. Ils sont renouvelés par moitié tous les trois ans. Le contentieux des listes électorales et des élections est porté, en France, devant le conseil de préfecture ; en Belgique, devant la députation permanente du conseil provincial. L'appel des décisions des prud'hommes sur les contestations

(1) C. comm., art. 51 à 64.
(2) Code de commerce belge. — L. F. du 17 juillet 1856.

commerciales est interjeté devant les juges consulaires. A leur juridiction civile, ils joignent une juridiction disciplinaire et un pouvoir de répression.

Des actes du gouvernement règlent les questions relatives à leur organisation, après avis de l'autorité communale et des chambres de commerce.

C'est la qualification donnée par la loi pénale à l'acte répressible qui détermine la juridiction appelée à en connaître. La punition des contraventions appartient aux tribunaux de simple police ; celle des délits, aux tribunaux correctionnels; celle des crimes, aux cours d'assises.

La juridiction de simple police appartient, en Belgique et en France, au juge de paix. Le juge de paix belge connaît, en outre, des contraventions de grande voirie et des contraventions à la police du roulage qui, chez nous, sont déférées à la juridiction administrative. Il prononce sur les infractions aux règlements de police provinciale, sur les délits de vagabondage et de mendicité, sur les délits ruraux prévus par la loi du 6 octobre 1791 (1). Le juge de simple police statue tantôt en premier et dernier ressort, tantôt à charge d'appel ; l'appel est porté devant le tribunal d'arrondissement.

La juridiction correctionnelle appartient au juge civil de première instance. Le tribunal correctionnel ne prononce jamais qu'en premier ressort (2). Les appels des jugements rendus en matière correctionnelle sont portés à la Cour (3).

La juridiction criminelle est exercée par la cour, avec la

(1) L. B. 1er mai 1849.
(2) C. d'Instr. crim., art 199.
(3) L. F. 13 juin 1856. — L. B. 1er mai 1849, art. 6.

collaboration d'un jury ayant pour mission de prononcer sur la culpabilité ou non-culpabilité de l'accusé. Conformément au verdict de ce jury, le juge fait l'application de la loi.

Dans les opérations de la justice criminelle et correctionnelle, il y a deux ordres de juridictions à exercer : une juridiction d'instruction et une juridiction de jugement. Le rôle de la juridiction d'instruction consiste à statuer sur les incidents formant question contentieuse, qui surgissent pendant l'examen des faits et témoignages recueillis, et quand cet examen est terminé, à décider s'il y a lieu, oui ou non, de déférer l'inculpé au juge chargé d'appliquer le châtiment (1).

La Cour a la plénitude de la juridiction d'instruction. Pour opérer l'instruction, elle a sous ses ordres un ou plusieurs juges, dans chaque tribunal d'arrondissement, spécialement désignés à cet effet, et ses chambres de mises en accusation. Le rôle de la chambre des mises en accusation consiste à statuer sur l'appel de celles des décisions du juge d'instruction contre lesquelles cette voie de recours est ouverte, à prononcer seule sur tous les incidents de l'instruction des faits criminels. La chambre des appels de police correctionnelle lui est jointe quelquefois à raison de la gravité des faits. La Cour a le droit d'évoquer l'affaire en tout état d'instruction, jusqu'à l'arrêt de mise en accusation, et de la soustraire ainsi au juge inférieur.

La Cour exerce la juridiction de jugement, en matière criminelle, par un certain nombre de ses délégués commissionnés pour aller tenir les assises dans chaque département, aux lieux et jours indiqués. Ces magistrats sont

(1) *C. d'Instr. crim.* — L. 17 juillet 1856.

désignés au nombre de trois par la cour, soit parmi ses membres, soit parmi les membres du tribunal de première instance de la ville où s'ouvre la session. Ils jugent avec le concours de jurés investis par la loi d'un mandat spécial pour chaque affaire, à l'effet de prononcer sur la question de culpabilité, et tirés sur une liste de citoyens, dressée suivant les formes et règles prescrites. Les décisions de la cour d'assises sont toujours définitives.

Cette question a été souvent controversée : être juré, est-ce un droit ? Est-ce simplement un devoir ? En est-il de l'exercice de cette mission de justice comme de l'exercice des droits électoraux ? Le citoyen qui n'est frappé d'aucune indignité ou incapacité doit-il être investi d'une action pour revendiquer sa part dans cette fonction publique, ou bien celui-là seul doit-il être juré qui réunit certaines conditions de lumières et de moralité ? Faut-il, en conséquence, laisser à une appréciation nécessairement discrétionnaire le soin de décider ceux qui remplissent les conditions requises ; car, établir un débat contentieux sur des degrés de capacité, c'est chose impossible.

Certains publicistes ont soutenu que le droit d'être électeur avait pour corollaire naturel le droit d'être juré. Ils ont fait voir que l'on ne pouvait abandonner à un pouvoir quelconque le droit de trier parmi les citoyens ceux qu'il jugerait aptes à remplir cette fonction publique sans lui donner la faculté d'influer plus ou moins directement sur les verdicts ; ils ont soutenu qu'il valait mieux encourir le reproche de faire trop large la part du hasard que de placer l'administration de la justice criminelle sous le coup d'une inévitable suspicion de partialité. Ils ont fait ressortir le caractère politique de cette institution. Ils ont rappelé que le jury était le pays jugeant, comme l'Assemblée était le pays délibérant, et ils en ont conclu que l'on ne pouvait pas plus enlever à un citoyen l'exercice de sa part de souveraineté dans le domaine judiciaire que dans le domaine politique. L'un des écrivains éminents de l'école libérale, M. de Tocqueville, va plus loin : il loue surtout cette institution des progrès qu'elle est appelée à apporter aux lumières du peuple : « Je ne sais, dit-il, si le jury est utile à ceux qui ont des procès, mais je suis sûr qu'il est très-utile à ceux qui les jugent. Je le regarde comme l'un des moyens les plus efficaces dont puisse se servir la société pour l'éducation du peuple. »

Il est impossible de méconnaître le côté séduisant de cette théorie. Aussi le législateur a-t-il souvent voulu la mettre en pratique. Aux termes de la loi du 16 septembre 1791, se faire porter sur la liste du jury n'est pas seulement un droit, c'est un devoir, et celui qui manque à cette obligation est puni de la privation de suffrage pendant deux ans. De même, la loi du 7 août 1848 consacre en faveur de tout électeur le droit d'être porté sur la liste du jury, et ouvre une action publique contre toute omission ou radiation indûment faites.

Toutefois, si l'on pénètre plus avant dans l'étude du mécanisme imaginé par ces deux lois, on reconnaît qu'elles font à la théorie que nous venons d'exposer une concession illusoire. Ces listes générales, où la première impose le devoir, où la seconde proclame le droit de se faire inscrire, établissent quoi? la faculté de revendiquer les fonctions de juré? nullement, mais une aptitude éventuelle à le devenir au cas où l'autorité compétente jugerait convenable de vous désigner à cet effet.

Ainsi, aux époques mêmes où le législateur a été le plus enclin à céder aux exigences de l'esprit de système, dès qu'il

lui a fallu organiser le mode de formation, non d'une liste
théorique et générale, mais de la liste réelle, de celle qui
est utilisée pour le service annuel des assises, il a reconnu
qu'il ne pouvait abandonner aux caprices aveugles du sort
le soin de désigner parmi les électeurs ceux dont les noms
seraient inscrits. Il a senti que, sous peine de déserter d'une
manière absolue le droit de l'accusé et la défense de la société, il était indispensable de confier ce choix à une autorité intelligente et éclairée. C'est qu'il y a là, en effet, une
nécessité logique. Pour avoir le droit d'être juré, il faut
avoir la capacité nécessaire pour exercer les devoirs qu'impose cette grande et difficile mission. Or, il est évident que
pour l'exercice des fonctions de juré, il faut beaucoup plus
de fermeté, de sagacité, de moralité que pour l'exercice du
droit de vote, et que ces qualités du cœur et de l'esprit ne se
présument pas *a priori*, mais doivent être établies *a pos-
teriori*, par un examen consciencieux.

Ce principe paraît aujourd'hui incontesté, la loi que
l'Assemblée nationale a voté le 21 décembre 1872, comme
la loi belge du 18 juin 1869, ne considèrent l'exercice des
droits politiques que comme une des conditions requises pour
être juré.

On aurait tort néanmoins de soutenir que le jury a perdu
son caractère d'institution politique. Ce serait une erreur.
Pour s'en convaincre, il suffit de voir comment les deux
systèmes belge et français se séparent sur un point capital.
La loi française permet à l'autorité chargée de désigner les
jurés de choisir les capacités partout où elle les trouve. La
loi belge, au contraire, ne l'autorise à opérer son recrutement que parmi les citoyens versant au trésor de l'État, en
contributions directes, une somme variant de 250 à 90 fr.,
d'après la province où est fixé leur domicile, ou exerçant

certaines fonctions et professions privilégiées. Cette divergence s'explique par la constitution politique différente des deux nations. Une législation qui nie à ceux qui ne payent pas un cens requis la capacité nécessaire pour prendre part à l'exercice de la souveraineté nationale dans le domaine politique, ne peut, sans une contradiction manifeste, leur reconnaître cette capacité dans le domaine judiciaire. Il y aurait danger à appeler les représentants d'une classe exclue de toute participation à la direction des affaires publiques, à juger les attaques dont l'organisation politique est l'objet. C'est en ce sens seulement, et à un point de vue général, qu'il y a une corrélation évidente entre le droit d'être juré et celui de voter.

Il est indispensable d'abandonner à l'appréciation discrétionnaire d'une autorité la désignation des jurés; c'est sur le choix de cette autorité que doit se reporter toute l'attention. La législation belge confie la formation de la liste de service du jury à l'autorité judiciaire. Aux termes des articles 102 et suivants de la loi du 18 juin 1869, « la députa- « tion du conseil provincial dresse une liste générale pour « chaque arrondissement judiciaire de la province, et trans- « met cette liste au président du tribunal de première in- « stance avant le 30 septembre de chaque année. Le prési- « dent du tribunal, assisté des deux membres les premiers « dans l'ordre du tableau, forme une liste de la moitié des « noms portés sur la liste générale et adresse cette liste, « avant le 1er novembre, au président de la Cour d'ap- « pel. »

Le premier président, assisté des deux membres les premiers dans l'ordre du tableau, réduit à la moitié chacune des listes envoyées par les présidents des tribunaux respectifs du ressort de la Cour.

8

Les listes ainsi réduites des arrondissements de chaque province sont réunies en une seule liste pour le service du jury de l'année suivante.

Ces opérations de réduction ont lieu dans la chambre du conseil, le ministère public entendu.

Ainsi l'autorité judiciaire fait seule les choix. Certes, cette autorité présente, pour cette opération délicate, de précieuses lumières. Nous n'hésitons pourtant pas à dire que, dans notre pensée, c'est retirer à la défense ses plus précieuses garanties, que d'abandonner exclusivement à la magistrature la formation des listes du jury. Le jury, réduit à l'état d'instrument docile des présidents des Cours et tribunaux, perd son prestige. Comment, ce sont les juges qui vont siéger aux assises, c'est le conseiller qui va les présider, qui, à titre de doyens et d'accord avec leurs présidents, vont former la liste des jurés? Certes, nous ne voulons pas insinuer que les magistrats préméditent la perte des accusés. Qui oserait nier cependant qu'à raison de la nature de leurs fonctions et du zèle avec lequel ils les exercent, ils soient surtout préoccupés d'assurer la répression? Il faudrait n'avoir jamais entendu un résumé de président d'assises, pour ignorer combien il est difficile à un magistrat, même inspiré par un sincère désir d'impartialité, de tenir la balance égale entre les intérêts de la défense et ceux de l'accusation. Il faudrait bien mal connaître le cœur humain pour prétendre que, dans le choix des jurés, les magistrats ne seront pas guidés par un désir involontaire, mais inévitable, de préparer des verdicts conformes aux tendances de leur esprit. Dès lors, le jury cesse d'être une garantie; il devient un danger pour le prévenu. La Belgique a donc conservé le nom du jury plus qu'elle n'a réalisé les avantages de cette institution.

Nous avons fait voir dans les chapitres précédents à combien de variations successives a été soumise cette partie de notre législation.

Une loi du 24 novembre 1872 vient de tenter un nouvel essai. Par le rôle prépondérant qu'elle attribue à l'autorité judiciaire, elle se rapproche beaucoup de la législation belge. Cette loi a conservé les deux commissions imaginées en 1853. Elle a seulement modifié leur composition.

La commission préparatoire est composée, dans les cantons qui comprennent plusieurs communes, du juge de paix, président, des suppléants du juge de paix et des maires de toutes les communes ; dans les cantons formés d'une seule commune, du juge de paix, de ses suppléants, du maire de la commune et de deux conseillers désignés par le conseil municipal. Dans les communes enfin divisées en plusieurs cantons, il y a autant de commissions que de cantons. Chacune de ces commissions comprend, indépendamment du juge de paix et de ses suppléants, le maire de la ville ou un adjoint délégué par lui, deux conseillers municipaux désignés par le conseil et les maires des communes rurales comprises dans le canton.

On le voit, dans la commission cantonale prédomine déjà l'élément judiciaire, mais cette prépondérance est plus sensible encore dans la composition de la commission de révision. Cette commission a non-seulement le droit d'éliminer la moitié des noms, elle peut encore porter sur cette liste des noms qui n'ont point été inscrits sur les listes préparatoires des commissions cantonales. Elle a également la faculté d'élever ou d'abaisser pour chaque canton le contingent proportionnel fixé par le préfet.

Cette seconde commission comprend tous les juges de paix, en face de tous les conseillers généraux de l'arrondisment; jusqu'ici les deux éléments, électif d'un côté, judiciaire de l'autre, sont équilibrés. Mais voici qui rompt l'équilibre. A qui est déférée la présidence. Au président du tribunal, et ce président reçoit, en outre, voix prépondérante en cas de partage. De partage! mais il ne peut pas y avoir de partage dans une commission ainsi composée. Les juges de paix votent avec le président du tribunal civil, et les conseillers généraux assistent, spectateurs impuissants, à la formation de la liste par les mains de ce magistrat. Ce n'est pas voix prépondérante qu'il fallait dire, c'est droit de décider. A quoi bon alors une commission?

L'honorable rapporteur de la loi du 4 juin 1853 disait que les tribunaux ordinaires avaient été dessaisis et le jury institué en matière criminelle pour que l'accusé soit assuré de trouver dans les arbitres de son sort « une liberté de jugement et, pour ainsi dire, une fraîcheur de conscience inconnues au juge habitué à manier la juridiction répressive ». Si les magistrats manquent des qualités qui caractérisent le bon juré, comment sauront-t-ils les découvrir chez les autres? Non, la magistrature doit avoir un grand rôle dans la composition du jury; mais il y a un sérieux inconvénient à lui donner le droit exclusif de le former.

La liste qui sort de ces deux triages successifs s'appelle la liste annuelle ou de service. Sur cette liste, par un tirage au sort en audience publique, aux approches de chaque session, est formée une seconde liste pour le service de la session. Cette liste comprend trente-six noms en France, trente en Belgique. Elle s'appelle liste de session.

Enfin sur la liste de session, au jour indiqué pour l'ouverture des débats, par un nouveau tirage au sort, accompagné d'un droit de récusation non motivé, est formée la liste des jurés qui connaissent de l'affaire.

Nous avons expliqué comment la loi française du
9 août 1849 a, par son article 8, placé, à côté des juges ordinaires en matière criminelle et correctionnelle, la juridiction
extraordinaire des conseils de guerre. Mais pour que ces
conseils soient appelés à sortir de la limite naturelle de leur
compétence et à connaître des crimes et délits commis par
des individus non militaires, la loi exige la réunion de deux
conditions indispensables. La première, c'est que la mise en
état de siége ait été prononcée par l'autorité compétente. La
seconde, c'est qu'il s'agisse de crimes et délits contre la
sûreté de la République, contre la Constitution, contre l'ordre
et la paix publique. Ainsi cette extension de juridiction ne
s'applique qu'aux faits ayant un caractère politique ; même
pour ces faits, elle ne s'exerce qu'au cas où le commandant
de l'état de siége juge nécessaire de recourir à une répression plus énergique que celle du juge de droit commun.

La Constitution belge, dans son article 105, consacre
l'existence d'une justice militaire en laissant à la loi le soin
de fixer son organisation et ses attributions. Cette organisation diffère principalement de la nôtre, en ce que l'appel des
décisions des conseils de guerre établis sur les divers points
du territoire est centralisé devant une cour militaire unique
siégeant à Bruxelles. Cette Cour se compose de cinq membres, un conseiller de la Cour d'appel de Bruxelles délégué
par cette Cour, président, et quatre officiers généraux ou
supérieurs désignés par le sort.

La justice militaire n'a jamais reçu, en Belgique, l'extension exceptionnelle que la loi de 1849 a donnée à la juridiction de nos conseils de guerre.

Pour retenir les juridictions que nous venons d'énumérer dans la stricte observation des formes et de la
loi, la France et la Belgique ont couronné leur orga-

nisation judiciaire par l'institution d'une Cour régulatrice suprême des compétences, appréciatrice souveraine de l'observation des formes dans les procédures, de l'application de la loi dans les jugements, mais à laquelle la connaissance du fond du litige est interdite.

La Cour de cassation française se divise en trois chambres qui se réunissent pour les audiences solennelles : la chambre des requêtes, la chambre civile et la chambre criminelle. La Cour de cassation de Bruxelles ne compte que deux chambres : la chambre civile et la chambre criminelle. L'institution d'une chambre des requêtes, réclamée par le ministre de la justice lors de la proposition de la loi du 4 août 1832, a été combattue par les jurisconsultes qui siégeaient alors au Parlement, et qui ont fait prévaloir leur opinion.

# CHAPITRE IV

Du ministère public, de la police judiciaire, des auxiliaires de la justice.

L'institution d'un ministère public auprès de chaque degré de la hiérarchie des juridictions civiles et criminelles, complète l'organisation judiciaire de la France et de la Belgique.

Seules les juridictions commerciales et le juge de paix statuant en matière civile exécutent leur œuvre judiciaire sans la collaboration de cet auxiliaire.

Le ministère public a un triple rôle à accomplir : organe de la loi, il en requiert l'application dans les affaires litigieuses; représentant de la société, il défère à la justice répressive tout fait délictueux qui parvient à sa connaissance; agent du pouvoir exécutif, il écarte les obstacles de fait qui s'opposent à la réalisation des ordres du juge.

Le ministère public est un et indivisible, comme la loi dont il est le défenseur. Cette unité se manifeste de plusieurs manières : dans toute l'étendue du territoire national, par la prérogative dont est investi le ministre de la justice d'enjoindre aux chefs des parquets de poursuivre les délits dont il a connaissance (1), et par le droit concédé au procureur général près la Cour de cassation de surveiller l'action du

(1) *C. d'Instr. crim.*, art. 274. Voir aussi art. 441, 443, 486.

ministère public près les Cours d'appel (1). Ce second contrôle est, comme la juridiction de la Cour de cassation elle-
même, renfermé dans la sphère du droit.

Dans le ressort de chaque Cour, le procureur général concentre dans ses mains la plénitude de l'action publique; les
autres membres des parquets sont ses subordonnés directs (2). Il agit, près de la Cour, à l'aide de ses avocats généraux pour le service de l'audience, et de ses substituts
pour le service du parquet; près des tribunaux d'arrondissement, par un de ses substituts, placé à la tête du parquet de
première instance sous le titre de procureur de la République ou du Roi et des substituts de ce procureur; près les
tribunaux de simple police, par les commissaires de police, par le maire ou un adjoint, le bourgmestre ou un
échevin (3).

L'unité du ministère public se révèle, à un autre point de
vue, par le droit de nomination et de révocation de tous ses
membres, mis entre les mains du chef du pouvoir exécutif
sur la présentation du ministre de la justice.

Pour mieux assurer la subordination hiérarchique et rendre la responsabilité de ces fonctionnaires, vis-à-vis du pouvoir exécutif, plus efficace, la loi concentre la juridiction
disciplinaire sur la magistrature debout entre les mains du
ministre de la justice et, sous ses ordres, des procureurs
généraux. Les Cours et tribunaux ont le droit de signaler à
ces autorités les membres du parquet qui manqueraient à
leur devoir; ils n'exercent sur ces officiers aucune censure
directe.

---

(1) S. C. 16 thermidor an **x**, art. 84.
(2) L. 20 avril 1810, art. 6. — 43, 44, 45 et 47. — Art. 60. Voir aussi
D. 6 juillet 1810, art. 42 à 53.
(3) *C. d'Instr. crim.*, art. 144 et 167.

Mais, en consacrant le principe tutélaire pour l'ordre social de l'unité du ministère public, la législation actuellement en vigueur n'a prétendu retirer à cette magistrature ni l'initiative ni l'indépendance.

L'initiative, elle résulte du droit de poursuivre sans attendre l'impulsion de l'autorité supérieure, droit qui est dévolu au représentant de l'action publique devant tous les degrés de nos juridictions répressives.

L'indépendance, elle consiste dans la faculté de conclure à l'audience suivant la libre inspiration de sa conscience (1). La société tout entière est intéressée à ce qu'aucun fait délictueux ne reste impuni, nul membre du ministère public ne doit donc se soustraire à l'ordre d'intenter des poursuites émané de son supérieur; mais une fois la connaissance du fait portée devant la juridiction chargée de statuer sur sa culpabilité, l'organe de la loi reprend sa liberté et conclut suivant ses convictions personnelles; les paroles prononcées par lui à l'audience sont un des éléments qui servent à former l'opinion du juge; il importe à une bonne justice qu'elles soient aussi libres qu'éclairées.

L'action des juridictions répressives serait inefficace si elles n'avaient auprès d'elles, pour constater les faits punissables, pour en rechercher les auteurs et pour livrer ces auteurs à leur autorité, une police qui a reçu de la loi (2) le nom de police judiciaire.

La police judiciaire est exercée sous l'autorité des Cours d'appel, et sous la surveillance du procureur général; ses officiers sont soumis à une juridiction disciplinaire confiée simultanément au procureur général et à la Cour (3).

(1) D. 6 juillet 1810, art. 48 et 49. — Ord. 15 janvier 1826, art. 49.
(2) *Code de Brumaire* an IV.
(3) *C. d'Instr. crim.*, art. 279, 280 et suiv.

· La plénitude des fonctions de police judiciaire appartient
au juge d'instruction. En cas de crimes et délits flagrants et
pour les hypothèses assimilées, le procureur d'arrondissement
et ses substituts exécutent les actes urgents de police judiciaire (1). Pour l'exercice de ces fonctions, la loi a mis sous
les ordres du procureur un certain nombre d'agents auxiliaires ; ce sont les juges de paix, les officiers de gendarmerie, les maires, adjoints de maire, bourgmestres, échevins
et commissaires de police (2).

L'article 10 du Code d'instruction criminelle crée des officiers de police judiciaire, placés dans une situation exceptionnelle en ce qu'ils sont en dehors de la hiérarchie judiciaire et échappent aux pouvoirs de surveillance et de
discipline que nous avons exposés ci-dessus ; ce sont les
préfets dans les départements et le préfet de police à Paris.

Aux termes de cet article, ces fonctionnaires ont le choix
d'agir directement ou de requérir l'action des officiers de
police judiciaire : le texte n'apporte aucune restriction à leur
compétence à cet égard.

En Belgique, les gouverneurs de province n'ont qu'une
autorité administrative ; ils n'exercent aucune fraction de la
police judiciaire.

Pour la constatation de certains délits et de contraventions
spéciales, diverses lois ont investi des catégories d'agents
appartenant à plusieurs administrations publiques, telles
que celles des douanes, des contributions indirectes, des
ponts et chaussées, etc., etc., d'une partie des attributions
de la police judiciaire.

Les décisions de la justice doivent être conservées, et les
expéditions qui en sont délivrées porter le caractère authen-

(1) *C. d'Inst. crim.*, art. 32. L. 20 mai 1863.
(2) *Ibid.*, art. 48 et 50.

tique. A chaque juridiction sont adjoints, comme annexes indispensables, des greffiers et commis greffiers (1).

Des conditions d'âge et de capacité sont requises de ceux qui aspirent à exercer ces fonctions.

Pour la protection des intérêts privés, la défense des personnes, l'exécution et la signification des actes de procédure et jugements, pour le maintien de la police des audiences, les lois ont établi des corporations privilégiées dans lesquelles nul n'est admis sans certaines justifications préalables, d'études et de stage préparatoires, et qui, sous le nom d'avocats, d'avoués et d'huissiers, concourent à l'action de la justice. Ces corps ont constitué dans leur sein des juridictions disciplinaires ; les tribunaux exercent, en outre, sur leurs membres une autorité de contrôle. Dans certains cas, leurs membres sont appelés à suppléer les magistrats absents (2).

(1) L. 27 ventôse an VIII, art. 13, 24, 67, 68. — D. 30 mars 1808, tit. 4. — D. 18 août 1810, art. 25. — *C. d'Instr. crim.*, art. 141, 142, 168. — L. 20 avril, 1810, art. 62, 63, 65. — D. 6 juillet 1810, art. 54 à 60.

(2) L. 22 ventôse an XII. — D. 14 déc. 1810. — D. 2 juillet 1812. — L. 17 ventôse an VIII, art. 93 à 95. — Arrêté du 13 frimaire an IX. — L. 2 ventôse, an VIII, art. 70.

# CHAPITRE V

———

## CONCLUSION

Nous venons de présenter l'historique des institutions judiciaires de la Belgique et de la France depuis 1814 jusqu'à nos jours, et de comparer l'organisation actuelle de ce pouvoir dans ces deux pays. Quels enseignements convient-il de puiser dans cette étude ?

Nous avons eu l'occasion de remarquer, dans le cours de ce travail, que le législateur français, par un besoin d'uniformité qui a exercé peut-être une influence trop prépondérante sur ses décisions, avait toujours calqué les divisions judiciaires sur les divisions administratives. Ainsi, l'Assemblée constituante partage chaque département en un certain nombre de districts, et établit un corps administratif spécial à la tête de chacun d'eux; en même temps, elle décrete la création d'un tribunal civil par district. La Constitution de l'an III supprime, par son article 174, les administrateurs de district, et n'admet plus, par département, qu'une administration centrale; cette même Constitution, dans son article 216, efface les tribunaux de district et y substitue, dans chaque chef-lieu de département, un tribunal unique. A la Constitution de l'an III succède la

Constitution du 22 frimaire an viii; on voit renaître les
anciens districts sous le nom d'arrondissements communaux;
à la tête de chaque arrondissement est placée une sous-
préfecture. La loi du 27 ventôse an viii établit autant de
ressorts de tribunaux de première instance que la loi du
28 pluviôse de la même année avait créé d'arrondissements
de sous-préfecture. Par quel motif? Par amour pour la
symétrie.

Aujourd'hui, beaucoup d'esprits sérieux demandent la
suppression de l'arrondissement comme circonscription
administrative. Les plus modérés voudraient voir réduire le
le nombre des sous-préfectures. Nous n'avons pas à nous
prononcer ici sur la valeur de ce système; mais, sans
attendre le sort que l'avenir peut réserver à des théories plus
ou moins sujettes à controverse, en ce qui touche l'organisation administrative, il nous semble qu'il convient
d'appliquer à l'organisation judiciaire une réforme dont
l'urgence a été proclamée par les voix les plus autorisées.
Nous croyons qu'il vaut mieux suivre, dans la distribution des tribunaux sur le sol national, les intérêts des plaideurs et ceux de la justice elle-même que le désir un peu
puéril de compter autant de présidents et de procureurs
de première instance que de sous-préfets.

La diminution du nombre des tribunaux est une amélioration depuis longtemps réclamée. Depuis longtemps, il a
été reconnu qu'une multiplication excessive des ressorts
était loin de favoriser une bonne et prompte administration
de la justice. Depuis longtemps, les hommes au courant du
fonctionnement de nos juridictions civiles, déclarent que
beaucoup de tribunaux ne reçoivent pas une quantité
d'affaires suffisante pour alimenter leur activité et justifier
les sacrifices qu'ils imposent au trésor de l'État et aux

finances des départements. Mais cette vérité acquiert, chaque
année, une plus incontestable évidence. Si les procès se
multiplient dans les grands centres, à Paris., à Lyon, à
Bordeaux, etc., leur nombre diminue dans les ressorts moins
importants, et certains tribunaux qui avaient encore, il y
a quelques années, une raison d'être, se voient abandonnés
par les plaideurs.

Pour se convaincre de la nécessité de la réforme que nous
réclamons, il suffit d'étudier les comptes généraux de l'administration de la justice civile et commerciale, et ceux de
la justice criminelle en France, publiés annuellement par
le garde des sceaux. Il suffit de prendre l'état des travaux de chaque tribunal depuis une dizaine d'années.
Comparez le nombre d'affaires terminées avec le nombre
de magistrats assis et de membres du parquet, de greffiers
et commis greffiers, d'avocats, d'avoués et d'huissiers attachés à chaque ressort. La démonstration est irrésistible.

Les tribunaux sont divisés en six classes, à raison de leur
importance. La moitié de ceux de la sixième classe, qui
compte cent quatre-vingt-un ressorts sur trois cent soixante-
dix, n'inscrit pas à son rôle plus de cent à cent cinquante
affaires par an. Beaucoup ne reçoivent que de soixante-
dix à cinquante causes. Sur ces chiffres, il faut déduire les
causes sommaires et les défauts. Combien reste-t-il de
procès qui puissent être plaidés à l'audience avec quelque
développement. Y a-t-il de quoi occuper un président, deux
juges, trois suppléants, un procureur de la République, un
substitut, un greffier, un ou deux commis assermentés, ayant
autour d'eux tout un personnel d'officiers ministériels, une
douzaine d'huissiers audienciers et non audienciers? Est-il
nécessaire que l'État dépense chaque année 18 à 20,000
francs pour rétribuer ce personnel? Est-il nécessaire que le

département supporte les frais d'entretien du matériel et de réparation des édifices? Est-il nécessaire surtout que beaucoup de jeunes magistrats, entrés pleins de zèle au service de l'État, se voient condamnés à l'inactivité et à l'oubli?

Si ces petits tribunaux coûtent à l'État qui les nourrit et au département qui les loge, ils coûtent plus cher encore au plaideur qui les occupe. Il est aisé de se convaincre, en effet, par l'étude des comptes annuels du ministère de la justice, que la durée des instances est plus prolongée, le nombre des avant-faire-droit plus considérable, les mesures d'instruction plus multipliées, et, par conséquent, la procédure plus coûteuse devant les tribunaux inoccupés que devant les juridictions les plus chargées d'affaires. La cause de cette différence est facile à saisir. Il faut avoir des audiences, et quand on a des audiences, il faut les remplir. Tant pis pour le plaideur si le procès traîne en longueur.

Le nombre des causes laissées sans décision après trois mois d'inscription au rôle est ordinairement de dix-neuf pour cent; près de certains tribunaux, il dépasse cette proportion. Que l'on voie figurer parmi ces tribunaux ceux de Paris, de Bordeaux, de Marseille : rien d'étonnant. L'importance et la difficulté des procès nés dans ces ressorts expliquent ce retard. Mais que l'on trouve aussi sur cette liste, et que l'on y trouve en majorité, des tribunaux qui n'ont pas cent affaires à juger par an; que, pour plusieurs d'entre ces derniers, cette proportion monte à quatre-vingt-deux pour cent, soit cent deux causes sur cent vingt-six, n'est-ce pas une preuve frappante des inconvénients de la multiplicité excessive des ressorts?

Sans doute, la suppression d'un certain nombre de tribunaux obligerait parfois le justiciable à aller plus loin pour trouver un juge. Cependant, avec la facilité actuelle des

communications, après la création des chemins de fer et
l'ouverture des chemins vicinaux, cette objection perd beaucoup de sa valeur. Les plaideurs gagnent aujourd'hui plus
facilement le chef-lieu du département qu'ils n'atteignaient
en l'an vııı le chef-lieu de l'arrondissement.

Les considérations que nous venons de présenter sur les
avantages qu'offrirait la réduction des tribunaux s'appliquent avec la même force aux Cours d'appel. Chaque année
voit décroître, dans une assez notable proportion, le nombre
d'affaires que les Cours inscrivent à leur rôle. Mais la diminution ne porte pas également sur le contingent de toutes
les Cours. Celles qui avaient toujours eu la besogne la moins
lourde sont précisément celles qui sont les plus déser-
tées. Les audiences restent inoccupées pendant une partie de l'année. En appel, comme en première instance,
les ressorts où les magistrats ont le plus de loisir ne sont pas
ceux où les procès sont le plus promptement terminés, et les
Cours où l'arriéré est le plus considérable sont précisément
celles où il est le moins excusable.   -

. Un des avantages de la réforme que nous proposons, c'est
qu'elle en permettrait une autre dont la réalisation est non
moins urgente. Nous ne demandons pas pour nos magistrats
les traitements fastueux des juges anglais. Nous aimons
mieux qu'ils obtiennent la considération publique par la
dignité de leur caractère que par le chiffre de leurs appointe-
ments. Il y a néanmoins des nécessités dont il faut tenir
compte. Un décret du 22 septembre 1862 s'est efforcé d'améliorer la situation pécuniaire que la loi du 27 ventôse an vııı
et les ordonnances des 16 octobre 1822 et 2 novembre 1846
avaient faite aux membres de l'ordre judiciaire. Le soulage-
ment qu'il apportait est, aujourd'hui, devenu insuffisant. En
diminuant le nombre des juges et en faisant bénéficier les

traitements judiciaires de l'économie ainsi réalisée, le gouvernement pourrait offrir aux magistrats une compensation plus équitable des sacrifices qu'ils supportent, sans augmenter les charges des contribuables.

C'est seulement après l'accomplissement de cette double réforme : réduction du nombre des siéges et augmentation des traitements, qu'il sera pratique d'imposer aux candidats des justifications de savoir plus étendues et des conditions de stage plus rigoureuses. Exiger des aspirants aux fonctions judiciaires le diplôme de docteur en droit, c'est, dans les conditions actuelles, entraver le recrutement de la magistrature ou affaiblir les épreuves du doctorat. Le progrès, d'ailleurs, suivant nous, consisterait moins à augmenter le nombre des épreuves subies dans les écoles de droit qu'à rendre plus sérieux le stage qui, aux termes de la loi, doit précéder l'entrée dans la carrière judiciaire. Une erreur est grave alors qu'il s'agit de conférer une dignité à vie. Le décret du 16 mars 1808 avait organisé un mode de stage qui, à ce point de vue, présentait de précieux avantages. Ce décret établissait auprès de chaque Cour un corps d'auditeurs. Ces auditeurs étaient nommés par le chef de l'État, sur le rapport du ministre de la justice. Ils exerçaient leurs fonctions soit à la Cour même, soit dans les tribunaux du ressort. A la Cour, ils étaient chargés des enquêtes, interrogatoires et autres actes d'instruction. Dès qu'ils avaient atteint l'âge requis, ils pouvaient être appelés à suppléer les procureurs généraux. Le ministre de la justice avait la faculté de les déléguer dans les tribunaux pour y faire l'office de juge.

La loi du 20 avril 1810 établit des conseillers auditeurs près les Cours impériales, des juges auditeurs près les tribunaux d'arrondissement et laissa au règlement d'administration publique le soin d'organiser cet auditorat. Le décret

9

du 18 août 1810, titre I, section 3 ; celui du 22 mars 1813, l'avis du Conseil d'État du 27 février 1811 ; les ordonnances des 19 novembre 1823 et 11 février 1824 s'occupèrent successivement de cette question. Aucun de ces actes n'atteignit un résultat satisfaisant, et l'institution fut supprimée par la loi du 10 décembre 1830.

Le vice des systèmes imaginés par ces décrets et ordonnances était de permettre au ministre de la justice de déléguer le droit de juger à des fonctionnaires amovibles et de modifier à son gré la composition des Cours et des tribunaux, en leur adjoignant des auditeurs avec voix délibérative. Cette organisation portait, par là, atteinte à l'indépendance de la magistrature non moins qu'au principe de l'inamovibilité. Elle faisait naître sur la validité des décisions judiciaires, notamment des arrêts des Cours d'assises, les questions les plus graves. Mais ces défauts ne lui étaient pas inhérents, et ils ont trop fait oublier les garanties qu'elle offrait pour le recrutement des compagnies judiciaires. N'y aurait-il pas moyen de faire revivre ce qu'elle avait d'utile, en évitant les inconvénients que la pratique a signalés, et de placer auprès de chacune des Cours d'appel une pépinière de jeunes magistrats, établie dans des conditions analogues à celles où fonctionne l'auditorat du Conseil d'État ? Un concours public ouvre l'entrée de la carrière, mais le but est acquis à ceux-là seuls qui, par un labeur persévérant de plusieurs années, justifient les espérances qu'ils avaient fait naître dans les épreuves du concours.

Nous avons montré comment le décret du 1er mars 1852 a rompu avec les traditions de nos anciennes compagnies judiciaires, où la durée des fonctions était considérée non comme un motif de déchéance, mais comme un titre de plus au respect de tous ; comment il amenait des vacances

trop fréquentes, des avancements trop rapides et altérait
ainsi l'esprit de la magistrature par la surexcitation des am-
bitions. Aussi demandons-nous son abrogation. Cette abrogation nous replace sous l'empire de la loi du 16 juin 1824,
dont il y aurait lieu seulement de rendre l'action plus efficace par l'adoption d'une procédure plus simple et plus
rapide.

En Belgique, les juges de paix jouissent du bénéfice de
l'inamovibilité. En France, nous avons vu des gouvernements peu scrupuleux convertir ces juges en agents électoraux, et compromettre leur caractère dans les intrigues
politiques. Aussi, à chaque triomphe d'un parti nouveau, le
personnel des justices de paix a-t-il été modifié, et cette
juridiction, dont l'énergie est si nécessaire au maintien de
l'ordre, a-t-elle été énervée. Pour faire cesser ce danger, il
serait indispensable de ne permettre au gouvernement aucun déplacement, aucune révocation sans l'avis conforme
d'une commission composée, en majorité, de magistrats
inamovibles.

Le jury est une institution à la fois politique et judiciaire. Notre législation l'a compris et, dans les commissions appelées à dresser les listes des jurés, elle a
fait entrer deux éléments, l'élément politique représenté
par des membres élus des conseils administratifs locaux, et
l'élément judiciaire. Mais, en attribuant la présidence de la
commission chargée de la révision des listes au président
du tribunal civil, avec voix prépondérante en cas de partage, elle annule la part d'influence qui doit appartenir
aux représentants de l'ordre électif. Une pondération plus
équitable des deux autorités leur permettrait mieux de s'éclairer et de se corriger mutuellement.

Les vices du système qui abandonne au préfet le soin de

dresser les listes des électeurs aux tribunaux de commerce, et fait de cet avantage, non moins pécuniaire que moral, une prime pour la docilité politique, sont aujourd'hui reconnus. L'application du suffrage universel aux élections consulaires n'a pu supporter l'épreuve de l'expérience. Pour éviter ces inconvénients, une nouvelle organisation est aujourd'hui tentée. La désignation des membres du corps électoral est remise à une commission composée d'éléments pris en dehors de toute influence administrative. Par là, cette organisation échappe aux critiques qui atteignaient les systèmes précédents.

Donne-t-elle de meilleurs résultats? Il est permis d'en douter.

La première des garanties pour le justiciable, c'est que le juge tienne ses pouvoirs du choix spontané des électeurs, non de la brigue, et qu'il n'ait pas compromis son caractère dans des sollicitations de suffrages. Peut-il en être ainsi, en présence de l'influence chaque jour croissante des chambres syndicales et du droit qu'elles s'arrogent de diriger les élections aux tribunaux de commerce?

On sait peu, même dans le monde des affaires, ce qu'il faut entendre par chambres syndicales, et on ne se rend pas un compte exact de l'autorité qu'elles cherchent à s'attribuer.

Depuis la loi des 2-17 mars 1791 qui a aboli les priviléges des anciennes maîtrises et jurandes, la liberté régnait dans les rapports des négociants et industriels, soit entre eux, soit avec des tiers, pour faits de leur commerce. S'il s'élevait des difficultés, elles étaient portées devant la juridiction régulière des tribunaux établis par la loi. Cependant, les patentables qui exerçaient des commerces ou des industries similaires éprouvèrent le besoin de se réunir à des époques périodiques pour s'entretenir de leurs intérêts professionnels ; ce

fut le germe des chambres syndicales. L'esprit qui avait
présidé à leur formation se maintint longtemps intact. Depuis quelques années, il s'est singulièrement modifié. D'une
réunion où l'on s'entretenait des intérêts communs à chaque industrie, d'une sorte de bureau de renseignements sur
tel ou tel produit déterminé, on a fait d'abord une espèce de
tribunal de famille. Cette juridiction semi-gracieuse et
semi-contentieuse prononçait entre les commerçants qui,
pour éviter le scandale d'un débat public, nuisible à la re-
nommée de leur maison, sur la nature et la qualité des
marchandises vendues, venaient spontanément lui soumettre leur désaccord. Ils trouvaient dans le sein des
chambres syndicales des hommes compétents qui éva-
luaient l'article en litige et tranchaient le différend sans
frais. Le tribunal de commerce apprécia lui-même les
connaissances spéciales de ces réunions et comprit qu'elles
pouvaient rendre de sérieux services pour les expertises.
Aussi prit-il l'habitude de leur renvoyer l'examen préalable de certains procès et de les choisir comme arbitres
rapporteurs. Cette confiance encouragea leur tendance à
s'arroger une autorité juridictionnelle, et, surexcitées par
cet esprit envahissant qui dirige toutes les corporations,
elles firent des règlements à l'effet d'obliger leurs membres à ne reconnaître d'autre juridiction que la leur.
Pour exercer ce nouveau pouvoir, qui ne rentrait guère
dans les habitudes des syndics, pour guider leur inexpérience dans le dédale des procès et des difficultés juridiques, elles firent appel à la pratique des gens d'affaires.
Ceux-ci pressentirent l'avantage de cette situation et en
firent une source abondante de profits. Certains groupèrent
entre leurs mains habiles un nombre considérable de
chambres syndicales. Ils devinrent ainsi assez puissants

pour s'imposer au public et pour dicter ses sentences au tribunal lui-même. Nous allons voir à l'aide de quels procédés.

A l'instigation des agents d'affaires qui les dirigent, les chambres syndicales dénaturent le mandat de justice qu'elles reçoivent du tribunal, soit en qualité d'experts, soit en qualité d'arbitres rapporteurs. Elles mandent les parties à leur barre, et là elles leur font signer un compromis qui les transforme en juges amiables compositeurs, statuant sans appel. Comment les plaideurs refuseraient-ils? Comment oseraient-ils mécontenter une autorité dont la rancune les va poursuivre jusqu'à la barre du tribunal et prévenir contre eux l'esprit de leurs juges? Il est de notoriété, en effet, parmi les justiciables, que le rapport de l'expert, que l'avis de l'arbitre ne sont plus rédigés par la chambre syndicale elle-même, mais par l'agent d'affaires qui a mis la main sur elle. C'est dans les bureaux de cet agent, bureaux établis d'ordinaire dans le lieu des réunions de la chambre syndicale, que se préparent les rapports et les dires d'experts ; c'est de là aussi que sort le défenseur qui va soutenir les intérêts des adhérents de la chambre devant le tribunal. Quel juste sujet d'effroi pour le justiciable, averti que l'avis de l'arbitre ou de l'expert, dont les conclusions seront inévitablement homologuées par le tribunal, va être rédigé par celui-là même qui, s'il ne se soumet, prendra en mains les intérêts de son adversaire ! Quel compromis ne signerait-il pas sous la pression d'une semblable menace !

Par cette voie occulte, mais sûre, les chambres syndicales sont arrivées peu à peu à substituer leur justice à celle du tribunal établi par la loi ; et cette substitution s'est opérée dans les conditions les plus onéreuses pour le commerce, car leurs services ont cessé d'être gratuits depuis que les agents d'affaires leur ont prêté leur concours, et les plus dangereuses pour les justiciables, car ces derniers se trouvent privés des garanties que la loi assure aux plaideurs devant toute juridiction régulière. Mais l'esprit d'envahissement de ces corporations ne s'est pas arrêté là. Lors des dernières élections, elles ont manifesté, dans presque tous les ressorts, la prétention de disposer souverainement des résultats du scrutin, et de ne permettre l'entrée du tribunal qu'aux candidats agréés par elles. A cet effet, elles ont appelé à leur barre les magistrats sortants, sans égard pour la dignité du juge, qui ne doit compte qu'à sa conscience de la manière dont il a accompli sa mission. Elles ont affiché la volonté d'imposer de vrais mandats impératifs. Leur but avoué était, ici, la prétention de démocratiser l'institution des tribunaux consulaires ; là, d'assurer une part plus importante à telle ou telle branche de commerce ou d'industrie jusqu'alors trop écartée des dignités judiciaires ; le but secret et réel était de faire pénétrer dans le sein du tribunal des créatures et de s'asservir ainsi jusqu'à la justice légale du pays.

Sous l'empire de l'ancienne législation, les notables demandaient au tribunal lui-même de leur désigner les candidats à choisir, et l'élection n'était trop souvent que le prix de la camaraderie. Aujourd'hui l'intervention des chambres syndicales, de ces associations qui n'ont aucune existence légales, aucun droit reconnu, mais dont l'action devient chaque jour plus prépondérante, présente des inconvénients plus graves encore. Elle tend à faire des tribunaux de commerce les dépendances de certaines agences d'affaires, dont les titulaires s'enrichissent au scandale public.

Ne convient-il pas de porter un remède à de semblables abus ? Dans beaucoup de ressorts, les tribunaux d'arrondissement connaissent des affaires commerciales, et cette organisation ne soulève aucun grief : il serait aisé d'en rendre l'application générale, de suppléer à la prétendue ignorance des juges civils en matière de règles spéciales aux transactions commerciales. Nous croyons que les patentables regretteraient peu un privilége électoral dont la majorité d'entre eux n'a jamais pu ou jamais voulu user, et qu'ils accepteraient, sans répugnance, en première instance, la juridiction ordinaire à laquelle ils sont heureux de pouvoir recourir en appel.

Ainsi, réduire le nombre des cours et tribunaux, augmenter les traitements des magistrats, user des nouveaux avantages que promettraient ces deux modifications à ceux qui entrent dans la carrière judiciaire pour exiger d'eux des justifications d'aptitude intellectuelle et morale plus assurées, abroger la limite d'âge et n'enlever le juge à l'exercice de ses fonctions qu'au moment où il est reconnu impropre à les remplir utilement, ne permettre le déplacement et la révocation des juges de paix que sur l'avis conforme d'une commission composée en majorité de magistrats inamovibles, diminuer la prépondérance que la dernière loi a donnée à l'élément judiciaire dans les commissions chargées de dresser la liste du jury ; rendre enfin à la juridiction ordinaire des tribunaux d'arrondissement les litiges qui, dans certains ressorts, sont attribués à des juridictions consulaires : telles sont, en résumé, les réformes que nous a suggérées l'étude comparative des institutions judiciaires qui se sont développées en Belgique et en France depuis 1814.


FIN DE LA PREMIÈRE PARTIE.

# DEUXIÈME PARTIE

## ORGANISATION ADMINISTRATIVE

---

### TITRE PREMIER

#### ORGANISATION COMMUNALE

---

### CHAPITRE PRÉLIMINAIRE

HISTOIRE DE L'ORGANISATION COMMUNALE EN BELGIQUE
ET EN FRANCE DE 1814 A 1871.

---

#### SECTION PREMIÈRE. — 1814.

La commune n'est qu'une circonscription pour la perception
des impôts et le recrutement de l'armée.

#### SECTION II. — PÉRIODE ÉCOULÉE DE 1815 A 1830.

Renaissance des anciennes franchises locales dans les communes
belges. — Maintien, en France, du système qui était en vigueur
en 1814.

### SECTION III. — 1830 a 1848.

Le pouvoir communal commence à renaître en France, où il reçoit ses premières assises dans les lois des 22 mars 1834 et 18 juillet 1837. — En Belgique, il est difinitivement constitué par la loi du 30 mars 1836.

### SECTION IV. — 1848 a 1852.

En France. — Le suffrage universel et l'élection des maires (décret du 3 juillet 1848, Constitution du 4 novembre suivant). — En Belgique. — Le roi reçoit le droit de choisir le bourgmestre hors du conseil municipal. — Le bourgmestre est chargé seul des mesures de police (lois des 30 juin 1842 et 1er mars 1848).

### SECTION V. — 1852 a 1870.

Le gouvernement impérial nomme les maires et les prend en dehors du conseil municipal ; — il met la main sur la police des grandes villes et y substitue aux conseils élus des commissions nommées par lui.

# TITRE PREMIER

---

## CHAPITRE PRÉLIMINAIRE

HISTOIRE DU POUVOIR MUNICIPAL EN BELGIQUE ET EN FRANCE
DE 1814 A 1871.

—

### SECTION PREMIÈRE. — 1814.

La commune n'est qu'une circonscription pour la perception des impôts
et le recrutement de l'armée.

Si l'on veut se rendre compte de la prospérité d'un peuple et de la stabilité de ses institutions, il ne faut pas s'arrêter à l'examen du pouvoir central. Il faut voir quelle est la situation des communes. Si leur organisation est telle que le respect des lois, que le maintien de l'ordre et de la police soient assurés par des magistrats investis à la fois de la confiance du gouvernement et de celle de leurs concitoyens, l'édifice politique repose sur des bases durables. Si non, quelle que soit la splendeur de son apparence extérieure, il succombera sous le premier choc. L'examen de la situation intérieure de l'empire français en 1814 ne pouvait laisser de doute sur le peu de durée que l'avenir lui réservait. La vie communale n'existait plus, et il était trop évident qu'il faudrait un long temps pour la ressusciter.

La Constitution de 1789 était partie de ce principe, que toutes les fonctions municipales devaient être électives; que le pouvoir communal était indépendant dans tout ce qui concernait la gestion des affaires locales; qu'il n'était soumis à la direction de l'administration supérieure que lorsqu'il agissait comme son délégué pour l'exécution des lois et des mesures d'intérêt général.

Le décret du 14 décembre 1789 avait confié l'administration de la commune à une assemblée issue du suffrage universel et direct de ses habitants. Le maire n'était que le président de cette assemblée; elle réglait les affaires du municipe par ses délibérations, dont elle assurait l'exécution par les soins de son bureau. Pour les questions les plus graves, elle s'adjoignait les notables en nombre double du sien et formait ainsi le conseil général de la commune. Dès lors, aucune solution ne pouvait intervenir sur un point important sans un commun accord entre l'assemblée municipale et le corps électoral lui-même qu'elle représentait.

Pour défendre les intérêts et poursuivre les affaires de la communauté, le conseil avait auprès de lui un procureur de la commune qui procédait lui-même de l'élection comme les autres officiers municipaux. Il avait aussi un secrétaire greffier et un trésorier nommés et révoqués par lui.

Il est impossible d'imaginer un système d'indépendance communale plus complet. Jamais les anciens Pays-Bas eux-mêmes, où la liberté municipale semblait avoir atteint ses dernières limites, n'avaient poussé aussi loin la décentralisation administrative. L'analogie entre ces deux systèmes était frappante; le bureau municipal, exécuteur des

délibérations du conseil, rappelait, par ses attributions, le
collége échevinal des communes des Pays-Bas; les conseils
municipaux correspondaient à leurs anciens magistrats ou
lois locales; le conseil général de la commune formait le
pendant de leur large conseil ou grande commune; le maire
n'était autre que leur bourgmestre; le procureur de la commune exerçait les pouvoirs de leurs ammans ou écoutêtes;
enfin on retrouve dans leurs anciennes constitutions communales, non-seulement les fonctions, mais les titres mêmes
des secrétaires-greffiers et des trésoriers. Jusque-là les
deux organisations paraissent identiques; elles diffèrent
pourtant sur un point essentiel. C'est que les bourgmestres
et échevins des Pays-Bas, qui représentaient le pouvoir exécutif dans la commune et assuraient l'application des mesures générales d'administration en même temps que des
décisions du pouvoir local, étaient à la nomination du
prince, tandis que les officiers municipaux du régime créé
en 1789 procédaient tous de l'élection.

Examinons ce qu'étaient devenues, en 1814, ces institutions si libérales.

La Constitution (1) de l'an viii avait rendu à l'administration communale son individualité et la circonscription
naturelle dans les limites de laquelle doit s'exercer son
action. Sur ce point elle était revenue à la réalité des faits
et avait réparé l'erreur commise par la Constitution de
l'an iii qui absorbait la commune dans le canton.

Mais elle enlevait toute indépendance aux officiers municipaux et les réduisait au rôle de simples agents du pouvoir
ministériel (2). Aussi le principe électif avait-il disparu des
institutions communales.

(1) Const. 22 frimaire an viii, art. 3.
(2) *Ibid.*, art. 59.

Les maires et adjoints étaient nommés et révoqués, dans les villes par le chef de l'État, dans les communes rurales (1) par les préfets. Les préfets nommaient également, suspendaient et révoquaient (2) les conseillers municipaux.

Du système électif, il ne restait qu'un dernier vestige : les listes dites de confiance. Les électeurs de chaque arrondissement communal désignaient par leurs suffrages ceux d'entre eux qu'ils croyaient les plus propres à gérer les affaires publiques. Le nombre des individus ainsi désignés égalait le dixième des électeurs. La réunion des noms de ces citoyens formait la liste de confiance. C'est sur cette liste que devaient être pris tous les fonctionnaires de l'arrondissement, et, par conséquent, les officiers municipaux (3).

Telle était, dans les communes de moins de cinq mille âmes, la seule restriction apportée aux choix des préfets. Dans les villes d'une population plus considérable, l'influence des électeurs sur les nominations était plus directe. Ils se réunissaient en assemblées électorales et présentaient, pour chaque place de conseiller municipal, deux candidats pris parmi les cent personnes les plus imposées de la localité.

Cette ombre de l'ancien régime représentatif qui subsistait encore dans les premières années de l'empire, s'évanouit bientôt. Les listes de confiance, les présentations tombèrent en désuétude : les préfets les repoussèrent comme des formalités démodées qui ne pouvaient que nuire à la splendeur de leur toute-puissance. Ils nommèrent sans attendre aucune intervention d'un corps électoral désormais annihilé.

Les maires et les adjoints devaient être choisis dans le

---

(1) L. 28 pluviôse an VIII, art. 18 et 20.
(2) *Ibid.*, art. 18, 19 et 20. — S. C. du 16 thermidor an X, art. 10.
(3) L. 22 frimaire an VIII, art. 7.

sein des conseils municipaux. Ils étaient nommés pour cinq
ans (1).

Le Conseil municipal avait, par an, une session ordinaire
qui s'ouvrait le 15 pluviôse. Il était convoqué extraordinairement sur l'ordre du préfet.

Ses attributions étaient restreintes.

Il entendait et débattait le compte d'administration des
recettes et dépenses municipales rendu par le maire au sous-
préfet, et arrêté définitivement par ce fonctionnaire.

Il réglait le partage des affouages, pâtures et fruits communs; la répartition de la dépense des travaux nécessaires à
l'entretien et aux réparations des propriétés à la charge des
habitants. Il délibérait sur les besoins particuliers de la
municipalité, sur les emprunts et contributions nécessaires
pour subvenir à ces besoins, sur les procès à intenter et à
soutenir (2).

Les principales ressources des communes consistaient en
cinq centimes additionnels aux contributions directes (3),
dans le produit d'octrois, dont les tarifs étaient réglés par
le gouvernement (4), et dans le prix des locations de places
aux halles, foires et marchés. Dans les villes dont le revenu
excédait vingt mille francs, le conseil nommait le receveur
municipal. Ce fonctionnaire ne pouvait être destitué que par
le ministre de l'intérieur (5). Dans les autres communes, les
recettes municipales étaient encaissées par le percepteur des
contributions directes (6).

---

(1) S. C. du 16 thermidor an x (art. 1, 10, 11, 13).
(2) L. 28 pluviôse an VIII (art. 9).
(3) L. 21 ventôse an x (art. 8).
(4) D. 17 mai 1809.
(5) Arrêté du 4 thermidor an x (art. 32).
(6) D. 30 frimaire an XIII.

Les recettes qui n'étaient pas affectées à des dépenses courantes étaient versées à la caisse d'amortissement. Ces fonds, qui ne pouvaient être restitués que sur décisions motivées du ministre de l'intérieur (1), étaient détournés de leur destination et employés à soutenir les charges de la guerre (2).

Les biens communaux, à l'exception de ceux dont les habitants jouissaient en nature ou qui étaient affectés à un service public, étaient cédés à la caisse d'amortissement moyennant des inscriptions en rente sur l'État à 5 p. 0/0, jusqu'à concurrence du revenu net des biens cédés. La régie de l'enregistrement était chargée d'opérer la vente et d'en verser le montant à la caisse (3).

Par contre, l'État avait octroyé aux communes les édifices consacrés au culte, à l'instruction publique, les casernes, hôpitaux et autres bâtiments militaires (4). Ces cessions n'étaient gratuites qu'en apparence; elles n'avaient d'autre but que de dégrever l'État des frais d'entretien de ces établissements et de faire supporter ces frais par le budget communal. En réalité, le budget communal n'existait plus que de nom et ne figurait que pour ordre dans le système financier; les ressources municipales étaient employées à payer les dettes de l'État; les besoins locaux ne recevaient aucune satisfaction; les créanciers subissaient des retards ruineux avant d'obtenir l'acquittement des dettes les plus pressantes, et un écrivain contemporain a pu dire avec autant de justesse que de vérité : « Les communes étaient aussi com-

(1) Arrêté du 19 ventôse an X.
(2) Voir Dupin, *Lois des communes*, introd. (p. 70).
(3) L. 20 mars 1813. — D 6 novembre 1813.
(4) L. 18 germinal an X. — D. 30 décembre 1809.— D. 9 avril 1811; — 23 avril, 7 août, 15 octobre 1810 ; — 16 septembre 1811.

plétement spoliées que les émigrés, quoiqu'on ne pût pas les accuser d'avoir quitté le territoire (1). »

Les services communaux n'avaient pas pris alors le développement qu'ils ont atteint de nos jours. L'instruction primaire ne recevait aucune subvention sur le budget de l'État ou du département. Les instituteurs étaient choisis par les conseils municipaux. Ils étaient logés par la commune et recevaient des parents une rétribution dont la quotité était déterminée par le conseil municipal. Ce conseil exemptait de la rétribution ceux des parents qui étaient hors d'état de la payer, dans une proportion qui ne pouvait toutefois dépasser le cinquième des enfants reçus dans l'école primaire.

Les sous-préfets étaient spécialement chargés de l'organisation des écoles primaires; ils rendaient compte de leur état, une fois par mois, aux préfets.

Une école primaire pouvait appartenir à plusieurs communes à la fois, suivant la population et la disposition géographique des localités (2).

La vicinalité n'était pas plus richement dotée que l'instruction primaire. Un moment, les conseils municipaux avaient été appelés à émettre leurs vœux sur le mode qu'ils jugeaient le plus convenable pour parvenir à la réparation des chemins vicinaux, et admis à proposer à cet effet l'organisation de prestations en nature (3); mais bientôt le ministre de l'intérieur écrivit une circulaire pour prohiber l'établissement de ces prestations.

Les établissements charitables, hospices, hôpitaux, bu-

---

(1) Fiévée, Lettres sur le projet d'organ. munic.; Paris, 1811, p. 4.
(2) L. 11 floréal an x, tit. II.
(3) Arrêté du 4 thermidor an x, art. 6.

reaux de bienfaisance, étaient réintégrés dans leurs biens
confisqués par les lois révolutionnaires (1); ils étaient, de
plus, mis en possession des biens révélés au profit du Trésor
public (2). Mais leur surveillance immédiate était enlevée
aux magistrats municipaux pour être donnée à l'autorité
centrale (3).

Conformément au principe, en vertu duquel l'action doit,
à tous les degrés, être concentrée entre les mains d'un
fonctionnaire unique, le maire était chargé seul de l'administration. Mais il n'avait aucune indépendance, et suivait
en tout la direction qui lui était imprimée par le sous-préfet
et le préfet. Dans les grandes villes, il était dépouillé de ses
attributions de police municipale au profit d'un fonctionnaire, nommé commissaire général. Cet agent était choisi
par l'empereur sur la présentation du ministre de la police,
et correspondait directement avec ce ministre. Il était chargé
de publier à nouveau les lois et règlements de police. Les
ordonnances qu'il rendait pour assurer l'accomplissement
de ces actes étaient exécutoires sur l'approbation du préfet
du département. Il avait sous ses ordres immédiats les commissaires de police, à raison d'un par groupe de cinq mille
habitants. Il tenait sous sa direction et réglementait, dans
le domaine de la police générale, les passe-ports, la mendicité et le vagabondage, la police des prisons, des maisons
publiques, des attroupements, de la librairie et de l'impri-
merie, des théâtres, des poudres et salpêtres, des cultes, etc.;
dans le domaine municipal, la petite voirie, la liberté de la
voie publique, la salubrité et la sécurité de la cité, la sûreté

(1) L. 16 vendémiaire an V (art. 5 et 6) et du 29 pluviôse an V (art. 1).
(2) L. 4 ventôse an IX. — Arrêté 7 messidor an IX; circ. du min. de
l'Int., même date.
(3) L. 7 messidor an X.

du commerce, les taxes et mercuriales, les approvisionne-
ments, etc. Il avait à sa disposition la garde nationale et la
gendarmerie, et requérait la force armée. Il ordonnançait
les dépenses de réparations et entretiens de son hôtel; faisait
les marchés, baux et adjudications pour le balayage, l'enlè-
vement des boues, l'arrosage et l'illumination de la ville, et
réglait tous les autres frais de la police municipale. Il prescri-
vait les dépenses extraordinaires, en cas d'incendie ou de
débordements, déterminait le nombre et le traitement des
employés de ses bureaux et des agents placés sous ses
ordres. Les dépenses des commissariats généraux étaient
obligatoires pour la commune. En conséquence, il était ouvert à chaque commissaire général un crédit annuel du
montant de ses dépenses sur la caisse du receveur municipal. Le préfet mettait, chaque mois, à la disposition du commissaire général, sur ce crédit, les fonds nécessaires pour
l'acquittement de ses ordonnances.

Le commissaire général avait entrée au conseil municipal pour y présenter ses états de dépense de l'année; tels
qu'ils étaient réglés par les ministres de l'intérieur et de la
police, d'après l'avis du préfet du département, et son compte
de dépenses de l'année précédente (1).

Que devenait l'autorité du maire en présence d'un semblable fonctionnaire ?

A cette époque, l'administration n'avait pas le contrôle
sur les actes des communes ; elle gérait directement leurs
affaires. Pour les communes dont le revenu était inférieur à
vingt mille francs, le conseil municipal donnait un avis, le
sous-préfet joignait le sien, le préfet décidait. Dans les
grandes communes, le préfet joignait son avis à ceux du

_____

(1) Arrêté 5 brumaire an IX.

conseil et du sous-préfet; et, sur la proposition du ministre
de l'intérieur, le gouvernement statuait, le Conseil d'État
entendu.

Dans ce système, le conseil municipal était une consulte
financière sans autorité propre; le maire, un instrument
d'exécution ; le sous-préfet et le préfet lui-même, pour toutes
les affaires de quelque importance, des agents d'instruction
et de transmission. Les bureaux du ministère de l'intérieur
administraient les communes; le Conseil d'État fixait la
jurisprudence, interprétait la loi, en développait les dispositions par ses règlements. La commune moderne existait, le
pouvoir communal n'existait pas encore.

<hr />

## SECTION II. — 1815 à 1830.

Renaissance des anciennes franchises locales dans les provinces belges.
— Maintien, en France, du système qui était en vigueur en 1814.

Dès que les provinces belges furent détachées de la
France, elles restaurèrent leurs anciennes libertés locales,
un instant étouffées sous le despotisme de la Convention et
de l'Empire. Pour réagir contre les abus de la centralisation,
contre l'uniformité de notre législation, pour rendre aux
communes l'individualité et la vie propre qui avaient fait
autrefois leur splendeur, les auteurs de la loi fondamentale,
sorte de pacte constitutionnel consenti par le roi de Hollande
à ses nouveaux sujets, ne craignirent pas, non-seulement
d'organiser sur un plan différent les communes urbaines et

les communes rurales, mais même d'admettre, en principe, que chaque ville, que chaque arrondissement rural pourrait avoir son organisation propre et ses institutions particulières.

L'article 152 de cet acte porte en effet : « Les régences des « villes sont organisées de la manière qui sera adoptée par « les règlements que proposent les régences existantes ou « des commissions spéciales nommées par le roi. Ces règle- « ments sont adressés aux états provinciaux, qui les sou- « mettent avec leurs observations à l'approbation du roi. »

L'article 154 ajoute : « Les administrations rurales des « seigneuries, districts ou villages seront organisées de la « manière qui sera trouvée le plus convenable aux circon- « stances et aux intérêts locaux et jugée compatible avec les « droits légalement acquis. Les états provinciaux font faire, « à cet égard, et en se conformant à la loi fondamentale, des « règlements qu'ils soumettent avec leurs observations à « l'approbation du roi. »

Le bon sens public réagit contre cet excès. Il sut éviter les écueils de la voie qui était ouverte par des dispositions tendant à faire renaître les diversités d'institutions et les confusions de pouvoirs qui existaient au moyen âge. Les Belges, pendant leur annexion à la France, avaient apprécié les bienfaits de l'unité de législation et de la distribution logique des pouvoirs. En apparence, l'ancien régime sembla renaître; en réalité, les conquêtes de l'esprit moderne ne furent pas abandonnées. On emprunta au passé certaines désignations, certains modes d'élection ou de nomination, enfin ce qui constitue la physionomie extérieure des insti- tutions; au fond, le plan tracé par l'Assemblée constituante demeura intact. Seulement, le chef de l'Etat conserva le droit de choisir dans le sein du corps municipal les agents chargés de maintenir l'ordre et d'assurer l'exécution des lois.

Des règlements identiques furent publiés pour les villes d'une part et de l'autre pour les communes du plat pays (1).

En vertu de ces règlements, il fut institué, dans chaque ville, un collège administratif composé d'un bourgmestre et de deux à quatre échevins, avec un conseil de régence.

Les membres du conseil de régence étaient nommés par une élection à deux degrés.

Les ayants droit de voter élisaient un collège électoral dont les membres portaient le titre d'électeurs. Ceux-ci choisissaient les conseillers (2).

Pour avoir la qualité d'ayant droit de voter, il fallait réunir les conditions suivantes :

1° Avoir, pendant la dernière année, habité la ville ou sa banlieue et l'habiter encore ;

2° Être âgé de 23 ans accomplis ;

3° Payer annuellement, en impositions directes, une somme qui variait, suivant les localités, entre 20 et 50 florins ;

4° Avoir satisfait aux lois sur la milice.

Pour prévenir toute agitation politique, les ayants droit de voter ne se réunissaient point en assemblées. Ils votaient à domicile. Le bourgmestre et les échevins leur envoyaient des bulletins à remplir et deux listes indiquant, l'une les noms des électeurs sortants et ceux des restants, l'autre les noms des personnes possédant les qualités requises pour être nommées électeurs. Quatre jours après, le bulletin était reçu à domicile dans une caisse fermée.

Le nombre des électeurs était double de celui des mem-

---

(1) Réglements des 12 mai 1817, 8 janvier 1818, 19 janvier 1824, 23 juillet et 24 août 1825, etc.

(2) Art. 133 de la loi fond., art. 1 du rég. du 19 janvier 1824.

bres du Conseil de régence. Les électeurs devaient être âgés
de vingt-cinq ans, avoir trois ans de domicile, et payer un
cens qui variait de 40 à 150 florins.

Les fonctions d'électeurs ne pouvaient être déclinées que
pour raisons jugées valables par le Conseil de régence. Au
cas où le Conseil estimait qu'il existait quelque irrégularité
dans les opérations électorales, il en référait au roi, qui
prononçait sur l'avis des états provinciaux.

En réalité, ce système électif a reçu peu d'application.
Les fonctions de conseiller de régence étaient conférées à vie,
et, comme le roi s'était réservé la première nomination,
les colléges électoraux n'ont eu à pourvoir qu'à quelques
vacances.

Le bourgmestre et les échevins étaient également nommés par le roi. Il les choisissait soit parmi les membres du
Conseil de régence, soit, dans certaines circonstances données, en dehors, mais parmi les personnes qui réunissaient
les conditions requises pour en faire partie.

Le bourgmestre présidait le Conseil de régence et le collége échevinal, avec voix prépondérante en cas de partage.

Les règlements locaux maintenaient la distinction posée
par l'Assemblée constituante entre les attributions propres
à l'administration centrale et déléguées aux municipalités
et celles qui sont propres au pouvoir communal. A ce sujet,
l'article 155 de la loi fondamentale portait : « Les administrations locales ont la direction pleine et entière, telle qu'elle
est déterminée par les règlements, de leurs intérêts particuliers et domestiques.»

En conséquence, le Conseil de régence faisait les ordonnances et règlements locaux, nommait aux emplois municipaux, et réglait la gestion financière et économique des
intérêts communaux, sauf, pour les questions les plus impor-

tantes, l'approbation des états provinciaux, et même quelquefois celle du roi.

Les attributions du collége échevinal étaient celles que,
depuis 1789, le pouvoir exécutif municipal a toujours reçues
en partage et exercées avec plus ou moins d'indépendance.

Ainsi, le pouvoir central et le pouvoir provincial conser-
vaient dans les affaires municipales un droit d'intervention
préventive, par voie d'approbation ou d'improbation des
délibérations les plus importantes du Conseil de régence,
analogue à celui qu'ils tenaient des lois de 1789. Le roi avait,
en outre, le droit d'annuler les actes des autorités communales dans trois cas :

1° Lorsqu'elles avaient commis un excès de pouvoir ;

2° Lorsqu'elles avaient contrevenu à une loi ou à un arrêté
royal ;

3° Lorsqu'elles avaient blessé l'intérêt public.

L'organisation des communes rurales ou du plat pays ne
différait de celle des villes que par des points de peu d'importance. Les membres du collége qui, conjointement avec
le bourgmestre et sous sa présidence, exerçait le pouvoir
exécutif dans la commune, avaient reçu le titre d'assesseurs
au lieu de celui d'échevins. Le corps délibérant avait conservé le nom de Conseil communal au lieu de prendre celui
de Conseil de régence. Enfin, ces communes étaient soumises à une tutelle administrative plus étroite, et, toutes les
fois qu'il s'agissait de prendre une décision de nature à
affecter les intérêts des propriétaires fonciers, les principaux
d'entre eux devaient être consultés.

Cette organisation semblait faire faire aux libertés municipales un immense progrès sur l'état où la France les avait
laissées en 1814 ; et pourtant les communes belges dissimulaient mal un vif mécontentement. Le retour de titres et de

procédés que la Révolution française avait à jamais abolis rendait auprès d'elles les institutions nouvelles impopulaires. Elles reprochaient à cette restauration de leurs antiques franchises d'être plus apparente que réelle, plus théorique que pratique, et de manquer de sincérité. Ce suffrage à deux degrés, toutes les formalités, toutes les entraves dont il était entouré, trahissaient une méfiance vis-à-vis du corps électoral qui aigrissait les esprits. La quasi-inamovibilité des Conseils de régence, dont les membres étaient nommés à vie, jointe au droit que le roi s'était réservé de choisir les conseillers lors de la première composition de ces assemblées, ôtait aux administrations communales tout caractère représentatif. Il devenait clair que le roi de Hollande, peu sûr de l'attachement de ses nouveaux sujets, et jaloux de diriger par lui-même toutes les parties de l'administration publique, ne voulait accorder aux communes qu'une ombre mensongère de leur indépendance passée; qu'il se réservait par devers lui l'intégralité du pouvoir absolu. Le premier souffle révolutionnaire allait emporter un gouvernement auquel les municipalités ne pouvaient pas prêter l'appui d'une autorité morale qu'elles-mêmes n'avaient pas reçue du corps électoral.

Aucun gouvernement peut-être plus que celui de la Restauration n'était intéressé à fonder la liberté communale. C'était, pour lui, la seule manière de faire renaître les traditions du passé en se créant une popularité nouvelle.

Entraîné par le courant politique, il périt avant d'avoir tenté la réalisation de cette grande tâche.

Henrion de Pansey écrivait en 1825 : « Supposons une organisation dans laquelle les intérêts généraux seraient seuls représentés, dans laquelle l'administration secondaire serait exclusivement confiée aux agents du pouvoir, à des hommes presque partout étrangers aux individus et aux affaires des communes; n'est-il pas évident que, dans un pareil état de choses, au lieu d'un gouvernement représentatif que l'on croirait avoir, on n'aurait dans la réalité qu'un assemblage bizarre d'institutions disparates, qu'un système incohérent qui, comme tous les édifices qui portent à faux, n'aurait aucune espèce de solidité?.....

« Il s'établirait une lutte continuelle entre les libertés garanties par le pacte fondamental et le régime administratif. Quelle serait l'issue de cette lutte? Le doute seul fait reculer d'effroi ! »

Le 9 février 1829, un projet de loi sur l'administration communale fut présenté à la Chambre des députés par M. de Martignac.

Il était trop tard, et c'est à ses successeurs que la Restauration devait léguer cette œuvre inspirée par des pensées aussi justes que libérales.

---

## SECTION III. — 1830 à 1848.

Le pouvoir communal commence à renaître en France, où il reçoit ses premières assises dans les lois des 22 mars 1831 et 18 juillet 1837. — Il est définitivement constitué, en Belgique, par la loi du 30 mars 1836.

La Charte constitutionnelle du 14 août 1830 place au nombre des réformes que le nouveau gouvernement s'engage à soumettre au pouvoir législatif dans le plus bref délai « des institutions municipales fondées sur un système électif ».

La Constitution belge du 17 février 1831 va plus loin.
Elle fixe les principes généraux qui devront guider le législateur dans l'organisation de l'administration municipale.
Elle proclame l'établissement d'un pouvoir communal indépendant, comme une des bases du système représentatif
qu'elle entend fonder. Elle veut accorder à la liberté municipale, comme aux libertés civiles et aux libertés politiques,
contre les hésitations ou les revirements des législatures
successives, la garantie des dispositions immuables de la
Constitution.

. Voici les principes qu'elle édicte (1) :

Les institutions communales sont réglées par des lois. Ces
lois consacrent l'application des principes suivants :

1° L'élection directe, sauf les exceptions que la loi peut
établir à l'égard des chefs des administrations communales ;

2° L'attribution aux conseils communaux de tout ce qui
est d'intérêt communal, sans préjudice de l'approbation de
leurs actes, dans les cas et suivant le mode que la loi détermine ;

. 3° La publicité des séances dans les limites établies par
la loi ;

4° La publicité des budgets et des comptes ;

5° L'intervention du roi ou du pouvoir législatif, pour
empêcher que les conseils communaux ne sortent de leurs
attributions et ne blessent l'intérêt général.

Ces principes sont ceux-mêmes posés en 1789 par l'Assemblée constituante.

Dans l'application, les deux systèmes se diversifièrent,
surtout en ceci que le roi reçut du législateur, conformément
à la latitude que la Constitution laissait sur ce point, le droit

(1) Constit. belge du 17 février 1831, art. 108.

de nommer les chefs des administrations communales.

Examinons en quoi le régime qu'établirent en France les lois de 1831 et de 1837 différait du système belge. Nous ne nous attachons ici qu'aux points essentiels. Pour les détails, nous ne les traiterons qu'au point de vue de la législation actuellement en vigueur dans les deux pays ; c'est alors seulement qu'ils offriront un réel intérêt.

La loi belge de 1836, comme la loi française de 1831, fonde le système représentatif communal sur les bases où était alors établi le système représentatif politique. C'est le cens qui désigne le corps électoral municipal comme le corps électoral politique. Seulement, dans le premiers cas, le cens est abaissé, pour que le collége ne devienne pas trop peu nombreux. Aujourd'hui encore la loi belge ne connaît pas d'autre titre à prendre part à la vie politique nationale ou locale que le payement d'un certain chiffre de contributions au trésor de l'État ; dès cette époque, la loi française se montrait moins matérialiste et, à côté des censitaires, elle admettait au scrutin municipal certaines classes de capacitaires. On aperçoit là une trace du mouvement des esprits qui doit bientôt conduire la France au suffrage universel. Ni l'une ni l'autre des deux législations ne tentent de faire revivre, en l'appropriant aux mœurs modernes, l'ancien droit de bourgeoisie.

Si la loi belge de 1836 fait figurer au nombre des conditions requises pour prendre part au scrutin la résidence dans la commune depuis le 1er janvier de l'année dans laquelle se fait l'élection, la courte durée de cette résidence suffit à établir qu'elle n'est demandée qu'à l'effet de déterminer où le citoyen belge exercera son droit de vote. Ce qui constitue ce droit, ce n'est pas le fait de la résidence plus ou moins prolongée, c'est le payement au trésor de l'État du cens requis.

L'une et l'autre législation donnent au roi le droit de nommer les chefs des municipalités, et chargent ces officiers d'assurer à la fois l'exécution des lois et des règlements généraux et l'application des mesures d'intérêt local. L'une et l'autre s'accordent à imposer au roi l'obligation de faire porter ses choix sur des citoyens signalés à sa confiance par le vote des électeurs qui les ont appelés à siéger à l'assemblée communale. Mais la France reste fidèle au principe posé en l'an VIII et concentre entre les mains d'un agent unique la totalité du pouvoir exécutif; la Belgique, au contraire, revenant à ses anciennes traditions, confie le soin d'appliquer les mesures d'exécution à l'autorité plus paternelle d'un collége échevinal.

Le principe d'où partent le système français comme le système belge, c'est que, dans les affaires purement communales, comme la gestion des finances et des propriétés du municipe, c'est le pouvoir local qui doit avoir l'initiative. Mais, en France, le législateur s'attache à restreindre dans les plus étroites limites l'énumération de ces matières; le législateur belge, au contraire, se plaît à laisser à l'autorité communale sa libre expansion. Les deux législations admettent que certaines délibérations ne peuvent devenir exécutoires qu'après avoir reçu l'approbation de l'administration supérieure.

En France, ce sont les délibérations valables par elles-mêmes qui forment l'exception, et cette exception est timidement restreinte à des cas fort rares; en Belgique, la règle générale, c'est que les décisions du conseil communal sont, par elles-mêmes, valables; les cas où l'approbation est requise sont l'exception, et le nombre de ces exceptions est limitativement fixé par un texte précis. En France, le conseil municipal n'exerce aucune action, aucun contrôle sur la police de la cité, il ne nomme pas les employés de la commune, il n'émet que de simples avis ou des vœux dépourvus de sanction sur la gestion de ces établissements publics locaux dont la prospérité est si intimement unie à la prospérité communale. En Belgique, le conseil communal approuve les règlements de police édictés par le collége échevinal et se fait rendre compte de leur exécution, nomme aux emplois rétribués sur les fonds communaux, surveille l'administration des établissements publics locaux. Enfin, le conseil communal belge délibère sous les yeux du public, et le conseil municipal français travaille sous le secret du huis clos.

Aussi, l'on comprend que, dans le premier de ces deux royaumes, l'habitude de traiter avec indépendance les affaires locales, de délibérer publiquement sur les choses de la cité, de se réunir et de se concerter pour faire prévaloir une conviction éclairée, aient donné aux citoyens une force morale et une sagesse politique inconnues encore parmi nous, leur aient enseigné à aimer l'ordre public sans trembler docilement devant les hommes revêtus de la puissance. On n'est pas en droit de s'étonner davantage que, dans l'autre pays, l'absence de toute indépendance dans l'exercice des fonctions municipales, le peu d'importance des intérêts sur lesquels il était donné de statuer, l'oubli auquel les services rendus étaient condamnés, aient détourné beaucoup d'esprits sérieux de prendre part à l'administration communale. On s'explique que cette partie si importante des fonctions publiques soit tombée dans un discrédit regrettable.

Les auteurs de la loi du 18 juillet 1837, qui fixait les attributions du corps municipal créé par la loi de 1831, ne se dissimulaient nullement les lacunes et les imperfections de leur œuvre. Ils savaient très-bien qu'ils ne donnaient pas

au pouvoir municipal sa véritable extension. Mais ils ou-
vraient une voie nouvelle. Dans un pays qui avait perdu
l'usage des franchises locales et qui était habitué à chercher
l'ordre et la force dans une centralisation absolue, ils voulaient faire une tentative de restauration de la liberté municipale, et pour ne pas compromettre l'avenir de cette liberté,
ils ne s'avançaient qu'avec réserve. Cette pensée perce dans
l'exposé des motifs : « Nous élargissons le cercle de l'action
municipale; nous proposons d'écarter dans certains cas la
nécessité de l'intervention supérieure. Ce sont des essais. Si
vous agréez ces propositions, si elles deviennent la loi, on
verra comment les communes exerceront ces facultés nouvelles. Si elles en usent avec sagesse, que leurs intérêts en
soient mieux dirigés, que la force du gouvernement, ce premier besoin d'une grande nation, que l'harmonie générale
de l'État n'en soient pas troublées, il sera facile de suivre la
première impulsion. Encouragé par une première expérience, on pourra sans crainte rendre encore plus libre l'action de l'autorité municipale. »

Il y aurait, en effet, injustice à ne pas reconnaître que le
législateur français se heurtait en 1830 à des difficultés qui
étaient inconnues au législateur belge. En Belgique, il ne
s'agissait pas de faire l'essai d'une liberté nouvelle, ce qui
occasionne toujours une certaine appréhension; il s'agissait
de faire renaître une tradition qui avait été un instant éclip-
sée sans être oubliée. Souvenons-nous, en effet, que si
autrefois la France a connu les franchises municipales, il
faut remonter assez haut dans son histoire pour en trouver
la trace, et que, si ces franchises ont existé dans la majorité
de nos villes, elles étaient entièrement inconnues jusqu'en
1789 dans nos villages soumis à l'autorité seigneuriale.

Lorsque sous Louis XIV, pour suffire aux frais de la gloire

militaire du grand roi, l'édit de 1692 supprima l'élection
des maires et érigea cette magistrature en titre d'office per-
pétuel, les libertés municipales étaient déjà, de longue date,
en pleine décadence. Dès le quatorzième et le quinzième
siècle, beaucoup de villes avaient abdiqué leur commune
entre les mains du roi et avaient reçu de lui un prévôt pour
les administrer. Plus encore avaient vu leurs franchises
supprimées d'office par le pouvoir royal, qui saisissait toutes
les occasions d'intervenir dans leurs dissensions intestines et
d'en prendre prétexte pour confisquer leur indépendance à
son profit.

C'est à ce moment-là même que s'opérait dans les communes flamandes et brabançonnes la transformation démo-
cratique et libérale qui devait assurer leur splendeur.

Habituées à chercher en elles-mêmes, dans leur propre
activité, dans leur initiative personnelle, leur force et leur
raison d'être, les communes belges se sont groupées de manière à former des unités assez puissantes pour subvenir à
leurs besoins et pour fournir un centre d'administration qui
se suffise à lui-même. Les communes françaises, au contraire, accoutumées à vivre des secours de l'État, se sont
disséminées et fractionnées à l'infini pour avoir une part
proportionnellement plus forte dans le fonds commun. De
telle sorte que chez nous la même loi doit régler le sort de
villes comme Lyon, Marseille et Bordeaux, et de bourgades
dont près de 17,000 comptent moins de 500 habitants. Le
problème était donc autrement compliqué pour les auteurs
de la loi de 1837 que pour ceux de la loi de 1836. Il y a
moins lieu de blâmer les premiers d'avoir si peu tenté que
de les louer d'avoir osé tenter quelque chose. Ce qu'il
faut regretter, c'est que leurs successeurs n'aient pas
suivi la voie qu'ils leur avaient tracée. Nous allons voir, en

effet, leur œuvre compromise, tantôt par une précipitation excessive, tantôt par une réaction non moins dangereuse.

-----

## SECTION IV. — 1848 à 1852.

Le suffrage universel et l'élection des maires, en France. — Décret du
3 juillet 1848. — Constitution du 4 novembre suivant. — En Belgique, lois des 30 juin 1842 et 1er mars 1848. — Le roi reçoit le droit de
choisir le bourgmestre hors du conseil municipal. — Le bourgmestre
est chargé seul des mesures de police.

Au moment où éclata la révolution de 1848, la commune
n'était plus, par le bienfait des lois de 1831 et de 1837, une
simple circonscription territoriale pour l'exercice de l'action
administrative. Il y avait un pouvoir communal; puisque
un corps délibérant tenant son autorité du suffrage des habitants avait l'initiative et quelquefois la décision pour
le règlement des affaires locales. Sans doute, il pouvait
être opportun, en 1848, d'élargir le cercle des attributions
de ce pouvoir et de lui donner plus de liberté d'action; mais
fallait-il rompre le lien qui l'unissait à l'administration centrale, et enlever au gouvernement la part légitime d'in
fluence qui doit lui revenir dans le choix de l'agent municipal chargé d'assurer l'exécution des lois et des mesures
d'intérêt public? La première de ces deux réformes, opérée
avec prudence, eût donné de bons résultats; la seconde
était dangereuse. Le législateur de 1848 a tenté la seconde

11

de ces deux innovations, il n'a rien fait pour réaliser la première.

Le décret du 3 juillet 1848 apporte à la législation préexistante deux modifications d'une haute gravité : la première survit encore, en dépit des nombreuses critiques dont elle a été l'objet; la seconde n'a pas tardé à disparaître pour renaître de nos jours sans avoir acquis plus de chances de durée.

La première consistait à décider que les élections des conseillers municipaux seraient faites au suffrage universel;

La seconde, à statuer que les maires et adjoints seraient choisis par le conseil municipal et pris dans son sein.

Sans entrer dans l'examen des controverses que l'application du suffrage universel a soulevées en matière politique, sans discuter les reproches plus ou moins fondés qu'il est d'usage de lui adresser, nous dirons que, s'il est un domaine dans lequel son application soit légitime, c'est le domaine des élections municipales, et que, pour un peuple qui veut en tenter la pratique, c'est évidemment là qu'il doit opérer ses premiers essais.

Quant à l'élection des maires, c'est un système que nous devons retrouver en 1871. Nous exposerons alors les arguments sur lesquels se fondent ses partisans avec le développement que mérite cette grave question. Nous nous bornerons ici à rappeler, au point de vue historique, que dès le 1er mars 1850, c'est-à-dire une année à peine écoulée après la mise en pratique de cette théorie, le gouvernement était contraint de saisir l'Assemblée d'un projet de loi qui en suspendait l'exécution. Tous les esprits sérieux étaient alors d'accord sur l'urgence de faire cesser une expérience désastreuse qui compromettait à la fois la tranquillité publique et les intérêts des communes. Le gouvernement ne

pouvait plus répondre de l'ordre alors que les officiers chargés d'assurer l'exécution des lois n'étaient plus en intime
union d'action avec lui ; qu'ils désertaient sa cause et parfois se laissaient dominer par la partie la plus turbulente
de leurs administrés.

L'essai de l'élection n'avait pourtant été tenté que dans
les communes les moins importantes. Dans les chefs-lieux
d'arrondissement et de département et dans les bourgs de
plus de six mille âmes, le pouvoir exécutif avait conservé le
droit de choisir les maires et adjoints parmi les membres
élus du conseil municipal.

Que serait-il donc advenu si la théorie de l'élection des
maires avait reçu son complet développement ? Cette restriction aux municipes les moins importants, les moins en état
de se suffire à eux-mêmes, n'était-elle pas, à elle seule, la
condamnation manifeste de cette prétendue réforme ?

Tandis que la France rompait ainsi la chaîne de ses traditions administratives et passait d'une centralisation trop
complète à une émancipation excessive des communes, que
faisait la Belgique ?

D'après la loi du 30 mars 1836, le bourgmestre devait
être, comme les échevins, nommé par le roi dans le sein du
conseil.

L'expérience fit voir que, sous l'empire de ce régime, le
gouvernement n'était pas suffisamment armé contre les
passions politiques et les convoitises sociales qui se déve-
loppaient dans les grands centres industriels. On reconnut
qu'il y avait des cas où le chef de l'administration municipale devait être à l'abri de toute influence locale et ne relever que du gouvernement. Aussi une loi du 30 juin 1842
permit-elle au roi de prendre le bourgmestre en dehors du
conseil, parmi les électeurs âgés de vingt-cinq ans accomplis.

Cette même loi donna au chef de l'État le droit de suspendre et de révoquer ce fonctionnaire. Elle ne borna pas là son œuvre. L'exécution des lois et règlements de police était rangée par la loi du 30 mars 1836 au nombre des fonctions que le bourgmestre et les échevins exerçaient collectivement. On s'aperçut bien vite des inconvénients de ce système. On comprit qu'il était dangereux de confier la police à des corps délibérants dont les lenteurs et les hésitations paralysent l'application des mesures de sûreté publique et rendent impuissante une institution qui est toute d'action et qui exige autant de secret que de célérité. On sentit enfin que les colléges échevinaux, trop souvent, gardaient vis-à-vis des électeurs influents, de qui dépendait leur réélection, des ménagements incompatibles avec les nécessités de l'ordre public.

Pour remédier à ces vices de la loi de 1836, le législateur, après avoir donné au roi la latitude de choisir le bourgmestre en dehors du conseil communal, concentra entre les mains de ce fonctionnaire la totalité de la police administrative. Elle le chargea seul, à l'exclusion des échevins et sous sa responsabilité personnelle, de l'exécution de toutes les mesures relatives au maintien de l'ordre, de la tranquillité et de la salubrité publiques. Toutefois elle lui permit de s'adjoindre un échevin et de lui déléguer tout ou partie de cette attribution, mais elle prit soin de stipuler que cette délégation serait faite à ses risques et périls et qu'il ne pourrait en aucun cas rejeter sur son collaborateur la responsabilité des conséquences de l'inaction de la police municipale. Enfin, elle ne borna pas à de simples mesures d'exécution les devoirs du bourgmestre en cette grave matière. Il n'eut pas seulement mission d'assurer l'application des lois et règlements de police généraux ou locaux. En cas d'émeute, d'attroupements hostiles, d'atteintes graves portées à la paix publique ou d'autres événements imprévus, lorsque le moindre retard pourrait occasionner des dangers ou des dommages pour les habitants, il fut investi du droit de faire seul des règlements et des ordonnances de police, à charge d'en donner sur-le-champ communication au conseil et d'en envoyer immédiatement copie au gouverneur.

Mais en fortifiant l'action du pouvoir central, en mettant plus complétement sous son autorité les agents chargés de maintenir l'ordre et la police dans les bourgs et les cités, le législateur n'entendait nullement faire des chefs de l'administration municipale les dociles agents de l'autocratie des bureaux, et permettre aux ministres d'employer l'influence des bourgmestres dans l'intérêt de leur politique personnelle. Des abus se produisirent, et l'on vit, ce que nous connaissons trop bien en France, le chef de la municipalité converti en agent électoral. Nos voisins n'étaient ni habitués, ni disposés à supporter longtemps cet abus. Une loi du 1er mars 1848 eut spécialement pour but d'y mettre un terme. Elle laissa au roi la faculté qui lui avait été concédée de prendre le bourgmestre en dehors du conseil communal; mais elle décida, pour empêcher le ministère d'abuser de cette permission, que le gouvernement n'en userait que sur l'avis conforme de la députation permanente du conseil provincial.

Ainsi l'indépendance et la dignité de l'autorité communale furent sauvegardées, et le gouvernement conserva un droit reconnu indispensable à l'exercice de son devoir et au maintien de l'ordre public.

## SECTION V. — 1852 à 1860.

Le gouvernement impérial nomme les maires et les prend en dehors du conseil municipal; il met la main sur la police des grandes villes et y substitue aux conseils élus des commissions nommées par lui.

L'article 57 de la Constitution du 16 janvier 1852 porte : « Les maires seront nommés par le pouvoir exécutif et pourront être pris hors du conseil municipal. »

Ainsi la réaction n'avait pas tardé à se produire, et un excès conduisait à l'excès contraire. Le décret du 3 juillet 1848 avait retiré au gouvernement sa part légitime d'influence dans le choix des officiers municipaux. Il avait voulu que le maire fût exclusivement l'homme de la commune. La nouvelle Constitution en faisait exclusivement l'homme du gouvernement. Tous deux s'écartaient de la vérité. La loi de 1831 y était restée, lorsqu'à raison du double caractère des fonctions du maire, elle lui avait donné une double origine, voulant qu'il fût investi tout à la fois de la confiance des électeurs et de celle du chef de l'État.

Certes, l'obligation de choisir le maire dans le sein du conseil municipal, dans des circonstances données, crée au pouvoir exécutif de sérieuses difficultés. Il se peut que, dans le sein d'un conseil municipal, il n'y ait personne qui soit en état de remplir ces fonctions ou qui consente à s'en charger. Cette hypothèse ne se présentera guère, nous l'avouons, que dans les communes peu importantes. Mais, dans les villes, l'hostilité des membres de l'assemblée communale peut rendre le choix non moins embarrassant. Aussi avons-nous vu que le législateur belge avait accordé au roi le droit de prendre le bourgmestre en dehors du conseil; mais nous avons vu aussi qu'il avait limité l'exercice de cette faculté, et qu'en exigeant l'intervention d'un avis conforme de la députation permanente du conseil provincial, il avait empêché que ce qui doit être une exception ne devînt la règle. Le choix des maires hors du conseil municipal fut, au contraire, sous le second Empire, une pratique presque générale.

Nous avons montré quels dangers avait révélé la mise à exécution du système qui fait élire les maires par les conseils municipaux; exposons, à présent, les inconvénients du système qui consiste à les prendre hors de ces conseils.

Personnification de l'autonomie communale, le maire n'est respecté de ses administrés qu'à la condition de conserver, vis-à-vis des agents du pouvoir central, une certaine indépendance. S'il n'est que l'exécuteur docile des caprices préfectoraux, il ne prête au gouvernement qu'il représente aucune autorité morale. Dépouillé de cette considération publique qui doit être le seul prix de ses fatigues, il ne cherche plus la récompense de ses travaux que dans l'espoir des faveurs officielles. Il devient un solliciteur. De ce qui devrait être un honneur, considéré comme le couronnement d'une carrière entourée de l'estime publique, il fait le marchepied de son ambition. La direction de l'administration municipale n'est plus qu'un surnumérariat à des fonctions rétribuées. Dans les grandes villes, on accepte la mairie pour devenir préfet, sous-préfet ou receveur des finances. Dans les petites, pour obtenir une justice de paix, une direction de poste, un bureau de tabac. La gestion des cités est abandonnée à l'autocratie préfectorale; le maire n'est plus que l'agent des candidatures officielles. Vis-à-vis du gouverne-

ment comme vis-à-vis des électeurs, l'absence de tout mandat électif lui a enlevé tout prestige.

L'article 57 de la Constitution de 1852 faisait faire à l'indépendance communale un grand pas en arrière. La loi du
7 juillet de la même année, et, après elle, celle du 5 mai 1855,
l'abaissèrent encore davantage. Le maire n'était plus que la
créature du gouvernement, et pourtant ce gouvernement
n'eut pas assez de confiance en lui pour lui laisser les pouvoirs de police qu'il tenait de la loi des 16-24 août 1790. Aux
termes de l'article 50 de la loi du 5 mai 1855 : « Dans les communes chefs-lieux de département, dont la population excède
quarante mille âmes, le préfet remplit les fonctions de préfet
de police, telles qu'elles sont réglées par les dispositions,
actuellement en vigueur, de l'arrêté des consuls du 12 messidor an viii. »

Il est vrai que cet article détache des attributions du préfet
de police, telles qu'elles sont fixées par l'arrêté des consuls
du 12 messidor an viii, celles qui n'ont qu'un intérêt exclusivement local, pour les laisser entre les mains du maire.
Mais un décret du 26 septembre 1855, qui a fixé les cadres
du personnel de police dans les villes placées sous l'empire
de l'article 50 de la loi du 5 mai précédent, a rendu cette concession illusoire. Le maire, pour les attributions de police
dont il reste chargé, a pour collaborateur obligé le commissaire central, qui transmet les ordres aux divers fonctionnaires et agents de la police et qui en assure l'exécution.
Cette dernière disposition supprime, en fait, l'autorité et
l'action des maires sur la police municipale.

Dans les communes rurales, les maires sont placés, pour
l'exercice de leurs pouvoirs de police, sous le contrôle de
commissaires cantonaux.

L'article 50 ajoutait que les conseils municipaux des villes soumises au régime spécial qu'il édictait, seraient appelés chaque année à voter, sur la proposition du préfet, les allocations affectées à chacun des services dont les maires cessaient d'être chargés. Ces dépenses étaient obligatoires.

Si un conseil n'allouait pas les fonds exigés ou n'allouait qu'une somme insuffisante, l'allocation nécessaire devait être inscrite au budget par décret impérial, le Conseil d'Etat entendu.

Cette double restriction apportée aux pouvoirs municipaux était impolitique, et non moins contraire aux intérêts de l'ordre public que pénible pour la dignité du corps communal. Le gouvernement se privait ainsi, pour l'application de mesures difficiles souvent à faire accepter des populations, du concours d'hommes jouissant de la confiance publique et propres à exercer une influence pacificatrice sur les esprits troublés. Elle contenait d'ailleurs plus de menaces pour les libertés publiques que d'utilité pratique. Dans l'état actuel de notre législation, les préfets ont, d'après le droit commun, une action suffisante sur la police. Ils sont, en effet, armés de la faculté de prendre en main la direction immédiate des agents de la force publique; le maire n'exerce cette partie de ses attributions que sous leur autorité. S'il se montre ou faible ou incapable, ils peuvent se substituer à lui et rester toujours les maîtres de la situation.

L'article 50 de la loi de 1850 avait, en outre, l'inconvénient de faire naître des causes fréquentes de conflit entre le préfet et l'autorité communale. Le choix, la révocation, le nombre, le traitement des agents de la police étaient la source de reproches réciproques, et rendaient difficiles les relations entre la préfecture et la mairie. Les conseils municipaux se plaignaient amèrement de voir développer sans cesse les frais de police et absorber les ressources de leur budget par des dépenses dont ils ne pouvaient contrôler ni l'utilité ni la quotité.

L'article 23 de la loi du 24 juillet 1867 eut pour but de donner une satisfaction partielle aux plaintes unanimes des cités condamnées à cette sujétion. Il porte: « L'article 50 de la loi du 5 mai 1855 est abrogé. » Mais il ajoute : « Toutefois, dans les villes chefs-lieux de département ayant plus de quarante mille âmes de population, l'organisation du personnel chargé des services de la police est réglée, sur l'avis du conseil municipal, par un décret impérial, le Conseil d'État entendu.

« Les inspecteurs de police, les brigadiers, sous-brigadiers et agents de police sont nommés par le préfet, sur la présentation du maire.

« Si un conseil municipal n'allouait pas les fonds exigés pour la dépense, ou n'allouait qu'une somme insuffisante, l'allocation nécessaire serait inscrite au budget par décret impérial, le Conseil d'État entendu. »

On le voit, la concession était plus apparente que réelle.

Lorsque la législation belge attribua au roi le droit de prendre le bourgmestre hors du conseil communal, elle prit soin de statuer que le bourgmestre ainsi nommé n'aurait que voix consultative dans le sein de cette assemblée.

La loi du 5 mai 1855 dispose, au contraire, par son article 19, que le maire préside le conseil municipal et qu'il a voix prépondérante en cas de partage. Elle ajoute que les mêmes droits appartiennent à l'adjoint qui le remplace, et elle ne distingue pas entre le cas où ces fonctionnaires ont été pris dans le sein de ce conseil et celui où ils ont été pris en dehors.

Que deviennent les droits des électeurs, si le gouvernement

peut donner à un homme, que leurs suffrages n'ont pas désigné, voix délibérative, que dis-je? voix prépondérante, dans l'assemblée de leurs mandataires; s'il lui est loisible de déplacer, à son gré, la majorité et de fausser ainsi le résultat du scrutin?

La loi du 24 juillet 1867 va encore plus loin, elle attribue au maire un pouvoir qu'aucune législation n'avait encore songé à lui conférer. Elle lui accorde une sorte de droit de véto, et en fait l'arbitre du sort des décisions du conseil municipal. Elle statue, en effet, que, dans les affaires les plus importantes, en cas de désaccord entre le maire et le conseil municipal, la délibération ne sera exécutoire qu'après approbation du préfet.

Jusqu'ici le maire avait été considéré comme l'agent d'exécution des délibérations du conseil municipal; par cette disposition, il est constitué appréciateur de leur opportunité, et il peut, à son gré, en suspendre la mise en vigueur et les faire tomber sous la censure de l'administration supérieure. Le conseil municipal est placé sous sa dépendance. Il n'a plus seulement voix prépondérante, il a voix décisive. La loi de 1837, pour éviter des difficultés toujours regrettables, avait réparti les attributions entre le conseil municipal et le maire, de telle sorte que tout conflit était impossible, chacune de ces deux autorités ayant un champ d'action distinct. La loi de 1867, pour faire accepter l'intervention prépondérante de l'autorité préfectorale, crée l'antagonisme et subordonne le corps électif à l'action du représentant de l'administration. Le législateur avait pourtant, à cette époque, la prétention de faire de la décentralisation et d'agrandir le cercle des franchises communales!

Le second Empire a porté aux libertés municipales une atteinte plus grave encore. L'article 9 de la loi du 7 juillet

1852 accordait au préfet le droit de suspendre les conseils
municipaux et au président de la République le droit de les
dissoudre. La législation belge ne contient en faveur du chef
de l'État l'octroi d'aucune faculté analogue. Nous admettons
néanmoins la légitimité de cette attribution, et nous recon-
naissons qu'il est des cas où l'hostilité systématique d'un
conseil municipal en rend l'application opportune.

Le même article portait : « En cas de dissolution, l'élection du nouveau conseil municipal a lieu dans le délai d'une
année. » Puis, l'article 10 ajoutait : « En cas de dissolution
ou de suspension du conseil municipal, le préfet peut désigner soit une commission qui remplira les fonctions du
conseil municipal, soit des citoyens pour assister le maire
dans les actes administratifs spéciaux et déterminés, pour
lesquels la loi ou les règlements exigent le concours d'un ou
de plusieurs conseillers municipaux. »

Laisser un certain délai entre la dissolution et les nouvelles élections ; donner aux esprits le temps de se calmer,
aux malentendus la possibilité de s'éclaircir, aux préjugés
la facilité de se dissiper, pouvait être une mesure politique
et prudente. Sans doute, il était regrettable de suspendre,
dans la commune, l'exercice régulier du pouvoir représentatif. Le principe constitutionnel, en vertu duquel les
contribuables ne supportent d'autres charges que celles
librement consenties par leurs mandataires, subissait une
atteinte fâcheuse du vote, par une commission non élue,
d'un budget communal. Mais la courte durée dans laquelle
était restreinte l'existence de cette commission et le pro-
chain appel aux électeurs pouvaient faire excuser cette dérogation.

Ce n'était là malheureusement qu'un premier essai en
faveur d'un système qui allait se développer, et dont les

conséquences ne tendaient à rien moins qu'à revenir à la loi du 28 pluviôse an VIII, et à donner au chef de l'État la nomination du corps municipal tout entier.

Le dernier paragraphe de l'article 13 de la loi du 5 mai 1855 décide que la commission, nommée en cas de dissolution, peut être maintenue en fonctions, non-seulement pendant une année, mais jusqu'au renouvellement quinquennal.

La loi du 24 juillet 1867, qui portait de 5 à 7 ans la durée du mandat des conseillers municipaux, statua que la commission, nommée en cas de dissolution, ne serait maintenue en fonctions que pendant trois ans. Voilà la seule concession qu'obtint le parti libéral, et pourtant, dans cette période de douze ans, que d'abus, que de périls, que de dilapidations n'avait pas entraînés la pratique de ces commissions municipales! Sans parler de Paris et de Lyon, placés sous un régime spécial et dépourvus de garanties contre la luxueuse omnipotence des préfets, les grandes villes étaient menacées de perdre toute représentation élective de leurs intérêts. Au moindre conflit, à la moindre résistance, les mandataires du corps électoral étaient dépouillés de l'exercice de leur mandat. Les conseils municipaux étaient frappés non pour leur opposition politique, non pour avoir gêné l'application de mesures concernant l'ordre public et l'intérêt général, mais pour s'être refusés à l'exécution de dispendieuses entreprises destinées à illustrer l'administration d'un préfet ou d'un maire, et, croyait-on, à assurer au gouvernement le concours d'une popularité malsaine. Les villes voyaient ainsi ces commissions, dociles instruments des fonctionnaires qui les avaient choisies, obérer les finances municipales, compromettre les ressources de l'avenir par des dépenses inutiles ou même contraires à l'intérêt bien entendu de la cité. Les conseils municipaux, placés sous la menace constante d'une dissolution qui n'aurait pas eu pour effet de les renvoyer devant un corps électoral dont ils représentaient les aspirations et les besoins, mais d'abandonner les intérêts de leurs commettants à l'arbitraire gouvernemental, perdaient toute liberté d'appréciation. Le pouvoir municipal était confisqué au profit de l'ambition des fonctionnaires du gouvernement.

# ORGANISATION COMMUNALE

ACTUELLEMENT EN VIGUEUR EN FRANCE ET EN BELGIQUE.

## CHAPITRE PREMIER.

La circonscription communale.

## CHAPITRE II.

Le corps électoral.

### SECTION PREMIÈRE.
Sa composition.

### SECTION II.
Les opérations électorales.

## CHAPITRE III.

Le pouvoir communal.

### SECTION PREMIÈRE.
Le conseil municipal.

SECTION II.

Le maire et les adjoints, le bourgmestre et les échevins.

# CHAPITRE IV.

La police municipale et la police rurale.

# CHAPITRE V.

Les finances communales.

# CHAPITRE VI.

Les établissements publics communaux.

# CHAPITRE VII.

Action du gouvernement sur les affaires communales.

# CHAPITRE PREMIER

—

Il est de l'essence de l'autorité municipale d'exercer son action dans toute l'étendue de la circonscription territoriale de la commune sur les personnes qui l'habitent, sur les immeubles qui y sont situés, sur les industries qui s'y exercent.

Avant d'examiner l'organisation des ¡pouvoirs municipaux, il convient donc de jeter les yeux sur la circonscription communale.

La commune étant une aggrégation naturelle ou au moins historique, la législation administrative est obligée de l'accepter telle qu'elle la trouve, et de se plier à ses exigences diverses.

En France, trois mille villages ont moins de trois cents habitants, dix-sept-mille moins de cinq cents, tandis que cinquante villes ont plus de vingt mille âmes, et plusieurs en comptent plus de cent mille. Satisfaire par une règle unique à des situations si dissemblables, telle est le problème qu'ont eu à résoudre nos législateurs.

L'importance immense de la capitale avait nécessité la création d'une organisation spéciale pour elle. Paris tend aujourd'hui à rentrer dans le droit commun des municipa-

lités. Nous ne pourrions, sans dépasser les limites de ce
ce travail, indiquer les points par lesquels il s'en sépare
encore.

Les communes belges ont généralement plus de cohésion
que les nôtres; cependant le législateur a placé les agglomé-
rations rurales sous l'empire de dispositions administratives spéciales.

Le titre qui détermine le territoire d'une commune est
l'état antérieur à 1789. S'il y a incertitude à cet égard, le
lieu où la contribution du terrain a été payée, ou tout autre
acte administratif, font preuve.

Quand les circonscriptions anciennes sont modifiées, une
enquête est ouverte pour connaître l'opinion des intéressés.
Les conseils municipaux, assistés des plus imposés, et le
conseil d'arrondissement, donnent leur avis. S'il s'agit de
distraire une fraction de commune, une commission est
formée dans son sein pour apprécier le projet. Après quoi, si
les communes font partie du même canton, que les conseils
municipaux consentent à la modification projetée et que le
conseil général l'approuve, le changement est prononcé par
le préfet.

Si l'avis du conseil général est contraire ou si les changements proposés modifient la composition d'un département,
d'un arrondissement ou d'un canton, ils est statué par
une loi.

Tous autres changements sont autorisés par décret
rendu dans la forme des règlements d'administration publique. Tel est le système actuellement en vigueur chez nous;
en Belgique, tout changement dans les délimitations
d'une commune nécessite l'intervention du pouvoir législatif.

Quand une fraction de l'unité communale possède des

droits de propriété ou de jouissance exclusivement attribués à ses habitants, elle constitue une section de commune.

La section de commune ne forme ni une circonscription administrative, ni un corps politique à part; elle est simplement une personne civile. Elle ne reçoit de représentation distincte que lorsque ses intérêts sont en conflit avec ceux de la commune à laquelle elle appartient.

# CHAPITRE II

—

## SECTION PREMIÈRE

Sa composition.

Pour comprendre les institutions des pays où la souveraineté du peuple est la base des pouvoirs sociaux et s'exerce par voie de délégation, il faut examiner, avant tout, la composition du corps électoral chargé d'opérer cette délégation.

En France, deux lois récentes, des 14 avril 1871 et 7 juillet 1874, ont tenté d'introduire, assez timidement d'abord, puis avec plus de hardiesse, dans la composition du corps électoral d'où émane le pouvoir municipal, l'application d'un principe qui, depuis 1789, était entièrement sorti de nos lois et de nos mœurs politiques. Elles essayent de ressusciter parmi nous l'ancien droit de bourgeoisie. Elles admettent, en principe, que tout Français, âgé de 21 ans accomplis, a la jouissance du droit d'électeur municipal; pour concéder l'exercice de ce droit, à ces conditions générales elles en ajoutent de spéciales à la commune. Jusqu'à ce moment les élections municipales se faisaient sur les listes qui servaient aux élections générales; or, pour être inscrit sur ces listes, il

suffit de justifier de six mois de résidence fixe. Désormais, il
y a deux listes et deux électorats, l'un politique et l'autre
administratif. Celui qui a six mois de résidence fixe prend
part à la nomination des députés à l'Assemblée nationale,
il figure sur la première de ces listes, il ne figure pas encore
sur la seconde. Citoyen de l'État, en possession du plein
exercice de ses droits électoraux, dans le domaine des intérêts généraux, il n'a pas acquis le droit de cité dans le municipe. C'est que mon titre pour m'associer à la désignation
des représentants à l'Assemblée nationale française, c'est
ma qualité de citoyen français, et, si le législateur s'attache
à ma résidence plus ou moins prolongée sur tel ou tel point
du territoire, c'est comme à un mode de constatation de ce
droit, non comme à sa source. Je suis appelé, au contraire, à
choisir les gérants des affaires du municipe à raison de l'intérêt que je suis réputé avoir à ce que ses affaires soient
bien gérées, de la connaissance que j'ai acquise de ses
besoins et de ses aspirations, du désir que j'ai montré d'associer ma prospérité particulière à la prospérité générale de
ses habitants. Il faut donc, avant de m'admettre à participer
à l'électorat municipal, que, par certain signe extérieur, j'ai
manifesté l'intention de m'unir à l'association communale.
Ce signe extérieur, d'après la loi du 14 avril 1871, était
un an de résidence. La loi du 7 juillet 1874 exige des témoignages plus explicites : être né dans la commune ou y avoir
tiré au sort lorsqu'on y a conservé sa résidence ou lorsqu'on
est venu s'y établir de nouveau depuis six mois; y être
inscrit au rôle de l'une des quatre contributions directes ou
des prestations; s'être marié dans la commune, et y résider
depuis un an au moins; y être assujetti à une résidence obligatoire en qualité de ministre des cultes ou de fonctionnaire public. En dehors de ces diverses catégories privilé-

giées nul n'est porté d'office sur la liste électorale; mais
ceux qui sont en mesure de justifier d'une résidence de
deux années consécutives dans la commune ont le droit de
requérir leur inscription (1).

Nos voisins, conformément à l'esprit de leur constitution
politique qui repose sur le suffrage restreint, n'admettent
dans le corps électoral communal que ceux qui payent un
cens plus ou moins élevé. Suivant le chiffre de la population
du municipe, pour prendre part au scrutin, il faut verser au
trésor de l'État, en contributions directes, patentes comprises, une somme qui varie de quinze à quarante-deux
francs (2). Les centimes additionnels au profit des provinces et des communes n'entrent pas en compte. Il ne suffit pas de payer le cens dans l'année où le vote a lieu, il faut
encore l'avoir payé dans l'année précédente. Si, porté au
rôle à raison d'un chiffre de contributions suffisant pour être
rangé dans la classe des électeurs, on n'a versé entre les
mains du receveur qu'une somme inférieure, on est rayé
de la liste électorale (3).

Ces dispositions ont pour effet de restreindre tellement le
nombre des citoyens appelés au scrutin, qu'il a été nécessaire de fixer un minimum d'électeurs. Lorsque le chiffre des
habitants payant le cens requis n'atteint pas vingt-cinq, il
est complété par l'adjonction des plus imposés (4). La loi
permet, en outre, que les contributions payées par la
femme soient comptées au mari, celles payées par les enfants mineurs au père; que la veuve acquittant le cens puisse

(1) L. 14 avril 1871, art. 4, § 1. — L. 7 juillet 1874, art. 5. — D. 2 février 1852, art. 12 et 13.
(2) L. 30 mars 1836, art. 7.
(3) L. 5 septembre 1865.
(4) L. 30 mars 1836, art. 9.

le déléguer à celui de ses fils ou, à défaut de fils, à celui de ses gendres qu'elle désignera, qu'enfin le tiers de la contribution foncière d'un domaine rural affermé compte au locataire, sans diminution des droits du propriétaire (1). Cependant, lorsque les abstentions se produisent dans une proportion considérable, le nombre des élus ne diffère plus de celui des électeurs, et le scrutin perd sa dignité.

Certes, s'il est un domaine dans lequel le droit électoral soit avec avantage accordé à tous sans acception de fortune, c'est le domaine municipal. L'action administrative étant très-rapprochée des administrés, les intelligences les moins développées en comprennent la marche et en apprécient les résultats. Le paysan s'intéresse au sort du hameau qui l'a vu naître; il suit le développement de la prospérité communale avec une sorte de patriotisme restreint à la portée de ses regards, qui n'ont jamais dépassé le clocher du village. Le priver de toute participation dans la gestion d'intérêts si chers, c'est lui fermer l'école où il apprendrait à connaître et à pratiquer ses devoirs de citoyen; c'est, au milieu des périls pressants de la société, négliger de préparer son concours pour le maintien de l'ordre politique. « Instruire la démocratie, a dit M. de Tocqueville, ranimer s'il se peut ses croyances, régler ses mouvements, substituer peu à peu la science des affaires à son inexpérience, la connaissance de ses vrais intérêts à ses aveugles instincts : tel est le premier des devoirs imposé de nos jours à ceux qui dirigent la société. » La Belgique nous paraît oublier cette vérité : satisfaite d'avoir fondé dans ses communes le libre gouvernement de petites oligarchies bourgeoises, elle croit arrêter ce mouvement qui fermente partout au sein des nations

(1) L. 30 mars 1836, art. 8.

modernes et provoque toutes les classes à prétendre à une part égale dans la gestion des affaires publiques.

La loi belge se rapproche de la loi française pour la fixation des conditions d'éligibilité. En principe, pour être éligible il faut être électeur. Il a été reconnu qu'il était nécessaire, dans certains cas, de laisser aux électeurs la faculté de choisir leurs mandataires en dehors du cercle trop étroit des habitants du municipe. En Belgique, cette faculté est restreinte aux bourgs ayant moins de mille habitants, et le nombre des membres du conseil non domiciliés ne peut dépasser le tiers. En France, ce droit est ouvert à toutes les communes, mais le nombre des membres non domiciliés ne peut excéder le quart du conseil, et ces membres doivent être inscrits au rôle de l'une des quatre contributions directes (1).

Les incapacités qui privent de l'électorat et de l'éligibilité, les incompatibilités entre les fonctions de conseiller municipal et les autres emplois publics, les empêchements à raison de parenté ou d'alliance entre membres d'une même assemblée communale, résultent chez les deux peuples des mêmes principes. On comprend néanmoins que, dans un pays où s'exerce le suffrage universel, le législateur ait dû déterminer d'une manière plus précise et plus étendue les cas d'indignité (2).

Certaines classes d'individus sont exclus de l'assemblée municipale comme ne présentant pas des garanties suffisantes d'indépendance personnelle.

Tels sont : les comptables de deniers communaux et les agents salariés de la commune;

---

(1) L. 5 mai 1855, art. 8. — L. 14 avril 1871, art. 4, § 2. — L. B. 30 mars 1836, art. 47.

(2) Art. 15 et 16 décret organique 2 février 1852. — Art. 12 L. comm. belge mars 1836.

Les entrepreneurs de services communaux ;

Les domestiques attachés à la personne, etc. (1).

Des motifs d'un autre ordre font écarter du conseil les fonctionnaires chargés d'exercer, au nom du gouvernement, un contrôle sur l'administration municipale, ainsi que les agents de la force publique placés sous la direction de cette administration (2); les militaires et les employés des armées de terre et de mer en activité de service; les ministres des différents cultes, mais, en Belgique, seulement lorsqu'ils sont salariés par la commune (3).

Nul ne peut être membre de plusieurs conseils municipaux à la fois (4).

D'après la loi française, dans les villages de cinq cents habitants et au-dessus, les parents au degré de père, de fils, de frère et les alliés au même degré ne sont pas admis à siéger simultanément au conseil.

La prohibition, chez nos voisins, comprend un degré de plus (5).

---

(1) Conf. L. F. 5 mai 1855, art. 9. — L. comm. belge, art. 48, n° 6.

(2) Conf. L. F. 5 mai 1855, art. 10. — L. comm. belge, art. 48, n° 1, 2, 3, 4. — L. F. 14 avril 1871, art. 5.

(3) Conf. L. F. 5 mai 1855, art. 10, n° 3 et 4. — L. comm. belge, art. 48, n° 5 et 6.

(4) Conf. L. F. 5 mai 1855, art. 10, dernier §. — L. comm. belge 31 mars 1848, art. 8.

(5) Conf. L. F. 5 mai 1855, art. 4. — L. comm. belge, art. 51.

## SECTION II.

### Les opérations électorales.

Les listes d'après lesquelles il est procédé aux élections municipales sont permanentes ; elles forment l'objet d'une révision annuelle. Elles sont dressées par une commission composée du maire, d'un délégué de l'administration choisi par le préfet et d'un délégué choisi par le conseil municipal. La révision a lieu du 1ᵉʳ au 10 janvier de chaque année. Les mutations sont consignées sur un tableau qui est porté à la connaissance des électeurs le 15 janvier au plus tard. Si le préfet estime que les formalités et délais n'ont pas été observés, dans les deux jours de l'envoi du tableau, il défère le travail au conseil de préfecture, qui, dans les trois jours, statue et, en cas d'annulation, fixe le délai dans lequel les opérations devront être refaites.

Tout électeur inscrit, ainsi que le préfet et le sous-préfet, ont le droit de réclamer contre les inscriptions ou radiations qui leur paraissent indûment faites. Ces réclamations sont jugées par la commission ci-dessus désignée, à laquelle s'adjoignent deux autres délégués du conseil municipal. Dans un délai de cinq jours, la commission statue ; trois jours lui sont impartis pour notifier sa décision aux parties intéressées. Celles-ci ont cinq jours pour en appeler au juge de paix, qui prononce dans les dix jours. La décision du juge de paix peut, dans le même délai, être déférée à la Cour de cassation pour excès de pouvoirs, violation des formes ou de la loi. La chambre des requêtes statue définitivement. En matière électorale, tous les actes judiciaires sont dispensés du timbre et enregistrés gratis. Au 31 mars, le maire procède à la clôture définitive de la liste (1).

A cette manière de procéder la loi belge du 5 mai 1869 en oppose une autre. Chaque année, du 1er au 14 août, le collége des bourgmestre et échevins procède à la révision des listes électorales. Les listes, arrêtées le 14 août, sont affichées du 15 au 30, avec invitation aux citoyens de présenter leurs observations avant le 31. Le collége échevinal prononce sur ces observations par décisions motivées. Tout individu rayé est prévenu par écrit, à domicile et sans frais. Les noms des citoyens inscrits sur la liste définitive ou rayés de cette liste sont affichés du 4 au 12 septembre. Dans les vingt-quatre heures de la clôture, les listes avec les pièces à l'appui sont envoyées au commissariat d'arrondissement. Un double reste déposé au secrétariat de la commune. Il est loisible à tous de prendre communication de ces pièces. Le droit de réclamer contre les décisions motivées du conseil échevinal appartient à ceux qui se prétendraient à tort inscrits, omis ou rayés sur la liste, ou lésés de quelque façon, à tous les habitants jouissant de leurs droits civils et politiques, et au commissaire d'arrondissement agissant d'office. Le juge de premier ressort est un juge de l'ordre administratif, c'est la députation permanente, du conseil provincial. Le juge de second ressort fait partie de l'ordre judiciaire, c'est la Cour d'appel. Enfin le recours en cassation est ouvert au procureur général et aux parties en cause. Tout individu domicilié dans la commune et jouissant de ses droits civils et politiques est recevable à déférer à la Cour d'appel la décision de la députation permanente, même

(1) D. organique et D. réglementaire 2 février 1852. — L. 7 juillet 1874.

lorsqu'il n'était pas partie au procès en première instance, et la Cour a le droit d'évoquer l'affaire en tout état de cause. Elle peut ordonner une enquête par le juge de paix, même lorsque ce moyen d'instruction a été déjà employé devant la députation permanente. La loi accorde dispense des droits de timbre et d'enregistrement, et les juges ont la faculté de mettre tout ou partie des autres frais à la charge de l'État.

A dater du 1ᵉʳ mai de l'année suivante, les élections se font d'après les listes ainsi revisées. Il n'y est apporté de changements qu'en vertu d'arrêts qui n'auraient pas été mis à exécution avant cette époque.

Nous avons indiqué d'après quelles règles se formait le corps électoral, c'est-à-dire qui était électeur et qui était éligible. Nous avons montré comment se constatait le droit de vote et comment il se sauvegardait. Il nous reste à examiner de quelle manière fonctionnent les colléges électoraux et quelle voie de recours est ouverte lorsque leurs opérations sont irrégulières. Nous trouvons ici, dès l'abord, entre l'organisation belge et l'organisation française une notable différence. Aux termes de la loi du 5 mai 1855, le préfet détermine l'époque de la convocation des électeurs. En exécution des instructions de ce fonctionnaire, le maire fixe le lieu et l'heure de l'assemblée. Le corps électoral attend ainsi, pour entrer en mouvement, l'impulsion des agents du pouvoir central. Chez nos voisins, au contraire, les électeurs se réunissent spontanément. Leur assemblée pour le renouvellement périodique du conseil a lieu de plein droit, de trois ans en trois ans, le dernier mardi d'octobre, à dix heures du matin. (1) Si, dans l'intervalle des élections trien-

(1) L. C. B., art. 20.

nales, des vacances se produisent, c'est le conseil communal qui prescrit la convocation.

La convocation à domicile est impérativement prescrite par la loi belge (1). Quoique les élections aient lieu au scrutin de liste, l'assemblée électorale est souvent divisée en sections. Ce fractionnement a un double motif : donner satisfaction à des considérations de police, en évitant les réunions trop nombreuses et facilitant les opérations du scrutin ; assurer la représentation au sein du conseil des hameaux ou des quartiers d'une ville qui auraient des intérêts distincts. Cette division est exécutée, suivant des règles différentes, selon que l'on se trouve dans la première ou la seconde hypothèse. Dans le premier cas, le partage par sections est fait par l'autorité préfectorale, en France, et, en Belgique, par l'autorité municipale.

Dans le second, en vertu de notre loi du 14 avril 1871, le fractionnement est fait par le conseil général, sur l'initiative soit du préfet, soit d'un membre du conseil général, ou enfin du conseil municipal de la commune intéressée. Chaque année, le conseil général procède, par un travail d'ensemble comprenant toutes les communes du département, à la révision des sections et en dresse un tableau qui est permanent pour les élections municipales à faire dans l'année. Chaque section nomme un nombre de candidats proportionné au chiffre de sa population. La loi belge, pour satisfaire à ce besoin de représentations d'intérêts particuliers à certaines portions de la commune, tout en maintenant le fusionnement dans un même vote de tous les habitants, a adopté un système plus compliqué. La députation permanente détermine, d'après la population, le

(1) L. C. B., art. 21.

nombre de conseillers à élire parmi les éligibles de chaque section ou hameau. Tous les électeurs de la commune concourent ensemble à l'élection. Il y a néanmoins un scrutin séparé pour chaque section ou hameau. Les députations permanentes, juges de l'opportunité de cette mesure, n'y recourent guère et s'en remettent à la sagesse des électeurs du soin d'assurer au sein du conseil la défense de tous les intérêts (1).

Pour empêcher les réunions électorales de dégénérer en clubs politiques et pour assurer la police de l'assemblée, les lois des deux peuples ont pris des précautions qui, inspirées par le même esprit, ne diffèrent que par des détails secondaires. La présidence des bureaux est confiée aux autorités municipales. Les scrutateurs sont pris parmi les électeurs communaux ; la loi française choisit les deux plus jeunes et les deux plus âgés des électeurs présents à l'ouverture du scrutin et sachant lire et écrire, la loi belge les plus imposés. Le conseil communal belge ne se renouvelant que par moitié tous les trois ans, la loi, pour éviter tout soupçon contre la sincérité des opérations électorales, décide que, dans aucun cas, les membres sortants ne font partie du bureau. Elle autorise la députation permanente à dépouiller, dans des circonstances extraordinaires dont il sera fait mention au procès-verbal, les bourgmestre, échevins et conseillers de la surveillance du scrutin, pour confier cette mission à des personnes choisies par elle (2).

Dans notre système électoral, nul n'est élu au premier tour de scrutin, s'il n'a réuni : 1° la majorité absolue des suffrages exprimés ; 2° un nombre de suffrages égal au

(1) L. C. B., art. 5.
(2) L. C. B., art. 24 et 25.

quart de celui des électeurs inscrits; au second tour, la majorité relative suffit, quel que soit le nombre des votants. Chez nos voisins, pour être élu au premier tour de scrutin, il faut avoir plus de la moitié des voix des électeurs inscrits. Si un nombre de candidats égal à celui des conseillers à élire n'a pas obtenu la majorité requise, ou s'il y a doute sur cette question, le bureau fait immédiatement procéder à un scrutin de ballottage. A cet effet, une liste est dressée des personnes qui ont obtenu le plus de voix. Cette liste contient deux fois autant de noms qu'il y a encore de conseillers à élire. Les suffrages ne sont donnés qu'à ces candidats. La nomination a lieu à la pluralité des votes. En cas de parité de suffrages, le plus âgé est préféré.

Les difficultés qui surgissent au cours des opérations électorales sont tranchées à titre provisoire par le bureau, mais aucun des deux législateurs n'a cherché dans la commune le juge des élections communales, ils ont reconnu qu'ils n'y trouveraient pas un appréciateur impartial. En France, tout électeur a le droit d'arguer de nullité les opérations de l'assemblée dont il fait partie. Les réclamations sont consignées au procès-verbal, sinon, à peine de nullité, déposées au secrétariat de la mairie, à la sous-préfecture ou à la préfecture dans le délai de cinq jours à dater du jour de l'élection. Il est statué par le conseil de préfecture, sauf recours au Conseil d'Etat. Si le juge de premier ressort n'a pas prononcé dans le délai d'un mois, le pourvoi au Conseil d'Etat est immédiatement ouvert. Le préfet, s'il estime que les conditions et les formes légalement prescrites n'ont pas été remplies, dans le délai de quinze jours à dater de la réception du procès-verbal, défère les opérations au conseil de préfecture. Dans ce cas comme dans le précédent, le recours au Conseil d'Etat est ouvert à toutes les parties en cause

Il est jugé sans frais. Lorsque la réclamation implique la solution préjudicielle d'une question d'Etat, le juge administratif renvoie devant les tribunaux civils et fixe un bref délai dans lequel la partie qui aura élevé la question préjudicielle justifiera de ses diligences.

En Belgique, la députation permanente peut, soit sur la réclamation des intéressés, soit sur l'opposition du gouverneur, soit d'office, annuler tout ou partie des opérations électorales. Sa décision motivée doit être prononcée dans le délai de trente jours. Passé ce délai, l'élection est réputée valide. Tel est le seul degré de juridiction accessible aux électeurs et aux élus. Le gouverneur, dans les huit jours qui suivent celui de la décision, a le droit de former un recours; mais ce droit n'appartient qu'à lui et, s'il préfère garder le silence, nul n'est recevable à suppléer à son inaction. Auprès de qui ce recours est-il ouvert? Auprès du roi, c'est-à-dire des bureaux du ministère de l'intérieur, qui statuent dans le délai de quinzaine à dater du pourvoi. En accordant aux bureaucrates belges tout le zèle imaginable, lorsque beaucoup de pourvois arrivent en même temps, à raison d'un renouvellement triennal des conseils municipaux, comment s'éclairent-ils en un si bref délai ? Comment la députation elle-même s'éclaire-t-elle ?

Le délai de trente jours, passé lequel l'élection est réputée valide et, constituant un droit acquis en faveur du candidat élu, ne peut plus être remise en question, date non du jour de la réception des pièces au greffe, mais du jour de l'élection; ainsi il se trouve réduit de huit jours lorsque la députation prononce d'office, car l'autorité a huit jours pour lui transmettre les procès-verbaux et les pièces à l'appui; de dix jours, lorsqu'elle prononce sur la réclamation d'un intéressé et que cet intéressé a déposé sa réclamation au greffe provincial; de trois jours en sus, si elle a été remise au bourgmestre; enfin d'une manière indéfinie, si l'opposition vient du gouverneur : aucun délai n'est, en effet, fixé au gouverneur pour l'exercice de son droit d'opposition. La loi néglige de dire si le ou les conseillers proclamés sont avertis de la demande présentée contre leur élection, s'ils ont le droit de présenter des défenses, de quelle manière et dans quel délai ils le font. Quand il se présente une question d'État, la jurisprudence admet que les tribunaux civils sont seuls compétents pour la trancher. Mais qu'arrivera-t-il si leur décision n'est rendue qu'après le mois écoulé? Ces questions si importantes pour la dignité du scrutin sont abandonnées à l'arbitraire. Après avoir pris un soin minutieux de sauvegarder la sincérité des listes et la régularité des opérations, nos voisins ont laissé leur œuvre inachevée en négligeant d'établir la sanction d'un recours, largement exercé et publiquement jugé avec les garanties juridiques nécessaires, contre les résultats mêmes du vote.

# CHAPITRE III

—

## SECTION PREMIÈRE

### Le conseil municipal.

Le pivot de l'organisation communale est l'assemblée municipale. Emanation directe du suffrage des habitants, elle doit avoir le libre gouvernement de leurs affaires et la souveraineté dans la cité. Sans doute, en vue d'un intérêt général, certaines de ses décisions sont soumises au contrôle d'une autorité placée dans une sphère supérieure, mais, dans le cercle de l'administration municipale, la haute surveillance et la direction doivent lui appartenir. Là où le conseil fonctionne librement et sans avoir besoin d'attendre l'impulsion des agents du pouvoir central, où il se réunit, sur la convocation de son bureau, quand l'expédition des affaires le réclame, où les intérets publics sont discutés publiquement, où il nomme et révoque les employés salariés par lui, où il contrôle directement les administrations qu'il subventionne, où tout naît et se développe par son initiative spontanée, où le mandat qu'il tient de ses électeurs ne peut ui être ravi par le gouvernement, le principe de la liberté communale est sauvegardé.

En Belgique, les réunions du conseil ne sont pas périodiques, il s'assemble quand les affaires l'exigent. Le soin de le convoquer appartient au collége échevinal. La convocation devient obligatoire quand elle est requise par un tiers des membres du conseil (1).

La publicité est une des bases des institutions communales. Néanmoins, le législateur a apporté des restrictions à ce principe et reconnu que la publicité des séances présentait parfois des inconvénients.

Aussi est-elle tantôt obligatoire, tantôt prohibée et tantôt facultative.

Elle est obligatoire quand les délibérations ont pour objet : les budgets et les comptes, le principe de toute dépense qui n'est pas couverte par les revenus de l'année, les moyens d'y faire face, la création d'établissements d'utilité publique, l'ouverture des emprunts, l'aliénation totale ou partielle des biens ou des droits immobiliers de la commune, la démolition des édifices ou monuments anciens. Dans ces circonstances mêmes, la loi admet que, par des motifs d'ordre public, le huis clos soit prononcé et laisse le conseil souverain appréciateur de ces considérations.

Est aussi nécessairement publique la séance dans laquelle, avant la discussion du budget, le collége échevinal fait son rapport annuel sur l'administration et la situation des affaires de la commune. Les habitants sont avertis, par des affiches apposées au moins trois jours à l'avance, du jour et de l'heure de cette réunion.

Par contre, la publicité est interdite lorsque les questions traitées sont des questions personnelles, telles que la nomination ou la révocation des officiers communaux. Dans les autres cas, elle est facultative.

(1) L. C. B., art. 62.

Le scrutin secret n'est autorisé que dans les cas spécialement déterminés où des intérêts personnels sont mis en jeu ; la règle est le vote à haute voix, consigné au procès-verbal de la séance. Les procès-verbaux et les délibérations qu'ils constatent sont communiqués sans déplacement aux habitants de la commune et aux fonctionnaires délégués par l'autorité administrative supérieure. Le conseil peut néanmoins décider que les résolutions prises à huis clos seront tenues secrètes pendant un temps déterminé.

Le conseil fait lui-même son règlement d'ordre et de service intérieur; il décide, s'il le juge opportun, que des jetons de présence seront alloués à ses membres. Il est présidé par le bourgmestre, quoique ce fonctionnaire ne soit pas nommé par lui et qu'il puisse être choisi hors de son sein. Dans cette dernière hypothèse, le bourgmestre n'a que voix consultative, en aucun cas il n'a voix prépondérante. Comme président, il a la police de l'assemblée ; après avoir donné un avertissement, il fait expulser de l'auditoire tout individu qui donne des signes publics soit d'approbation, soit d'improbation, ou excite du tumulte. Il dresse procès-verbal à charge du contrevenant, et le renvoie devant le tribunal de simple police.

Sauf les cas d'urgence, les conseillers sont convoqués par écrit et à domicile, au moins deux jours francs avant celui de la réunion. La convocation contient l'ordre du jour. Le président ne laisse discuter aucun objet étranger à cet ordre du jour, excepté lorsqu'il y a péril en la demeure.

Le conseil ne peut prendre de résolution en l'absence de la majorité de ses membres. Cependant, si l'assemblée a été convoquée deux fois sans s'être trouvée en nombre suffisant, après un nouvel et dernier appel, elle délibère, quel que soit le chiffre des assistants. Les résolutions sont prises .

à la majorité absolue. En cas de partage, la proposition est
rejetée.

A l'ouverture de chaque séance, il est donné lecture du
procès-verbal de la séance précédente, qui, après approbation, est signé par le bourgmestre et le secrétaire. Les
fonctions de rédacteur de ces procès-verbaux, le soin d'en-
registrer les décisions de l'assemblée, d'en délivrer et
contre-signer les expéditions, est confié à un employé de la
commune, dont le rôle est considérable, surtout dans les
municipalités rurales. Cet employé est désigné sous le titre
de secrétaire communal, et la loi a spécifié, pour sa nomination et sa révocation, des garanties spéciales. Ces actes
ne sont valables que sur l'approbation de la députation
permanente. La suspension est exécutée provisoirement,
à la condition de ne pas dépasser trois mois. Le législateur
stipule, en outre, que la première nomination des secrétaires est laissée au gouvernement, que leurs traitements
antérieurs sont maintenus et ne seront, à l'avenir, modifiés
que par la députation, sur la proposition du conseil. En
présence des mutations fréquentes qu'éprouve le corps
communal, le secrétaire est, en effet, la cheville ouvrière
de l'administration : il possède les connaissances spéciales
nécessaires pour l'expédition des affaires courantes, et donne
de la cohésion aux travaux des autorités locales. Dans les
communes de moins de mille habitants, les fonctions de
secrétaire sont compatibles avec celles de membre du corps
communal, même à titre de bourgmestre et d'échevin.

Pour remédier à ce manque de suite dans la gestion des
affaires publiques, qui se manifeste dans les pays où les
fonctions, étant électives, changent souvent de titulaires, la
loi repousse le renouvellement intégral du conseil. Elle veut
que les conseillers, nommés pour six ans, sortent par moitié

tous les trois ans, le sort décidant, lors de la première élection, ceux qui verront leur mandat réduit à trois années.
Elle s'efforce de rattacher ainsi le présent au passé, d'empêcher les nouveaux élus de s'écarter de la voie ouverte par
leurs prédécesseurs et de rompre la chaîne des traditions.
Dans l'intervalle des six années, le conseiller qui perd une
des conditions d'éligibilité est exclu de droit; celui qui veut
donner sa démission doit l'adresser par écrit et la faire
accepter à ses collègues. Sortants ou démissionnaires, les
membres restent en fonctions jusqu'à l'installation de leurs
successeurs, afin qu'aucune interruption ne se produise
dans la marche des services publics. En dehors de ces hypothèses, dépositaires indépendants d'un pouvoir autonome,
les conseillers conservent leurs fonctions jusqu'à l'expiration
du terme fixé par la loi. Il n'appartient à aucun pouvoir de
révoquer leur mandat, ni de dissoudre l'assemblée dont ils
font partie.

Le nombre des conseillers municipaux est calculé d'après
une échelle graduée suivant le chiffre de la population. Sur
ce point, la législation française s'accorde avec la législation
belge; elle en diffère sur plusieurs autres.

Chez nous, la question du renouvellement partiel ou
intégral n'est pas tranchée d'une manière définitive. La loi
du 14 avril 1871 se borne à dire que les conseils municipaux
nommés en exécution de ses prescriptions resteront en
fonctions jusqu'à la promulgation de la loi organique sur
les municipalités. Elle ajoute toutefois que la durée de ce
mandat ne pourra excéder trois ans.

Les fonctions municipales sont en France essentiellement
gratuites.

Le conseil a quatre sessions par an, fixées au commencement de février, mai, août et novembre; chacune d'elles

dure dix jours, qui se comptent à partir du jour d'ouverture de la session, et à l'expiration de ce délai la session est close, qu'il y ait eu dix séances ou non. Lorsque, dans l'intervalle des sessions, des affaires urgentes exigent la réunion immédiate du conseil, le sous-préfet autorise le maire à recourir à cette mesure. Une convocation extraordinaire peut avoir lieu pour un objet spécial et déterminé, sur la demande du tiers des membres du conseil. Le préfet statue sur l'admission ou le rejet de cette requête. En cas de rejet, son arrêté doit être motivé et notifié aux demandeurs. Ceux-ci ont un recours devant le ministre de l'intérieur.

Les convocations sont faites par écrit et à domicile trois jours avant la réunion, pour les sessions ordinaires, cinq jours, pour les sessions extraordinaires; dans ces dernières le conseil ne s'occupe que du point spécial en vue duquel il a été convoqué; dans les autres, il traite toutes les questions qui rentrent dans sa compétence.

Les séances du conseil ne sont pas publiques, mais ses délibérations sont communiquées à tous intéressés, et sont publiées avec l'autorisation de l'administration supérieure. Il est présidé par le maire, qui a voix prépondérante en cas de partage, et il élit son secrétaire pour chaque session. Les résolutions sont prises à la majorité absolue des suffrages.

Tout conseiller qui, sans motifs légitimes, a manqué à trois convocations successives, est déclaré démissionnaire par le préfet; dix jours lui sont donnés pour réclamer devant le conseil de préfecture contre la décision qui l'atteint.

Si le conseil sortait de ses attributions, s'il tenait des séances hors de ses réunions légales, ses décisions seraient nulles. Le préfet en conseil de préfecture prononcerait la nullité, déclarerait illégales les réunions non autorisées et renverrait les conseillers qui y auraient pris part devant les tribunaux pour l'application des peines édictées par l'article 258 du *Code pénal*. Dans le cas où la délibération est cassée, simplement pour incompétence, le conseil a un recours contre l'arrêté préfectoral devant le conseil d'État.

Le préfet a le droit de suspendre le conseil pendant deux mois. Cette suspension peut être étendue à une année par le ministre de l'intérieur. La dissolution est prononcée par le chef de l'État.

La suspension est obligatoire lorsque le conseil s'est mis en correspondance avec un ou plusieurs autres conseils, lorsqu'il a publié des proclamations ou adresses. Il est fait application aux conseillers qui ont participé à ces actes des dispositions de l'article 258 du *Code pénal*.

L'administration supérieure peut, en France, mettre sa volonté au lieu et place de celle des électeurs communaux, en substituant à l'assemblée de leurs mandataires une commission choisie par elle. Les membres de cette commission, en cas de suspension du conseil, sont désignés par le préfet ; en cas de dissolution, par le chef de l'État dans les chefs-lieux de département, d'arrondissement et de canton, et dans les communes de 3,000 habitants et au-dessus ; dans celles d'une population inférieure, par le préfet. Ils sont nommés pour trois ans. Leur nombre ne peut être inférieur à la moitié de celui des conseillers municipaux. Les attributions de l'assemblée municipale passent tout entières à la commission qui est mise en son lieu et place, et qui fonctionne suivant les mêmes règles.

Si un particulier se prétend lésé par des allégations diffamatoires ou des expressions injurieuses contenues dans une délibération d'un conseil municipal, c'est devant le préfet qu'il doit porter sa plainte. Ce fonctionnaire, après vérification des faits (1), censure, s'il le juge convenable, les énonciations qui lui sont déférées et ordonne la transcription de l'arrêté qui contient l'expression de son blâme sur le registre des délibérations du conseil municipal. Si le maire refuse d'opérer cette transcription, elle est exécutée d'office par un délégué spécial du préfet (2).

En Belgique, les tribunaux judiciaires sont valablement saisis de l'appréciation de pareils faits (3). Le juge qui réprime le délit laisse subsister l'acte administratif qui le renferme sans se confondre avec lui.

La loi française de 1837 a divisé en quatre classes les délibérations prises par les conseils municipaux.

Les délibérations de la première classe sont celles qui n'ont pas besoin d'être homologuées par l'autorité supérieure pour devenir exécutoires. Elles portent sur des matières qui intéressent le présent plus que l'avenir, et la jouissance plus que le fonds de la propriété communale. Le nombre en est limitativement déterminé ; il était restreint à quatre par la loi de 1837. La loi du 24 juillet 1867 étend cet ordre de délibérations, mais elle exige une nouvelle condition pour leur validité : elle veut qu'elles aient été adoptées d'un commun consentement par le maire et le conseil. En cas de désaccord, la délibération ne devient exécutoire qu'après l'approbation préfectorale.

Dans la seconde classe de délibérations, le conseil municipal conserve l'initiative et l'examen, mais la décision, pour être exécutée, doit recevoir l'approbation des représentants du pouvoir central. L'autorité supérieure peut opposer un

(1) Art. 60 L. 14 déc. 1790.
(2) Arr. du C. 29 juin 1858.
(3) C. cass. de Bruxelles, arr. 14 août 1844, 25 janvier 1854, 5 septembre 1856.

véto absolu aux résolutions municipales ; mais elle n'a pas le droit de substituer sa volonté à celle du conseil. En dehors des matières rangées dans ces deux classes, les résolutions du conseil n'ont pas le caractère de délibérations proprement dites.

Ce sont des avis que l'administration est quelquefois tenue de prendre, mais qui jamais ne la lient. Ce sont des vœux sur des objets d'intérêt local.

Ainsi, droit de régler l'administration et la jouissance des biens communaux, certaines acquisitions d'immeuble et certains tarifs de perception, de délibérer sur les recettes de la commune et l'emploi de ses deniers, de donner son avis sur certains actes intéressant les établissements publics communaux qui se gèrent sans son contrôle, voilà où s'arrêtent les pouvoirs du conseil municipal français. Au delà de ce cercle étroit, quand même les objets sont d'intérêt exclusivement local, il n'émet que de timides souhaits. Il est écarté de l'administration intérieure de la commune qui s'exécute par les mains du maire sous la direction du préfet ; il ne nomme ni ne révoque les agents qu'il salarie ; il n'a aucune action sur la police municipale.

Le conseil communal belge exerce des attributions plus étendues avec une indépendance plus réelle. Il est le souverain du municipe. Il fait les règlements communaux d'administration intérieure et les ordonnances de police locale. Il établit des peines contre ceux qui violent ses ordonnances. Les budgets et les comptes des administrations des hospices, des bureaux de bienfaisance et des monts-de-piété sont soumis à son approbation ; il les règle et les apure. Il nomme les membres des administrations des hospices et des bureaux de bienfaisance, les architectes chargés de la construction et de l'entretien des bâtiments communaux, les fonctionnaires des services d'hygiène et de salubrité, les professeurs et instituteurs attachés aux établissements d'instruction publique, enfin tous les titulaires ressortissant à l'administration municipale. Il révoque et suspend les employés qu'il choisit. Tous les ans, il reçoit, en séance publique, le compte rendu général de l'administration de la commune qui lui est présenté par le collége échevinal et, en séance publique, il prononce son approbation ou son blâme. Sans doute ses décisions ont quelquefois besoin de l'homologation de l'autorité supérieure, mais les rôles sont ici intervertis, ce qui est la règle chez nous devient l'exception. Le législateur belge pose en principe général que le conseil tranche définitivement tout ce qui est d'intérêt communal. Il énumère ensuite et fixe limitativement les cas où sa délibération a besoin d'une approbation supérieure. Il s'occupe de restreindre l'intervention dans les affaires communales d'un pouvoir étranger à la commune, non de contenir la libre expansion de la vie municipale, en enfermant l'action du conseil par qui elle se manifeste, dans des barrières trop étroites.

---

## SECTION II.

Le maire et ses adjoints. — Le bourgmestre et le collége des bourgmestre et échevins.

Le pouvoir exécutif, au sein de la commune, est organisé sur des principes différents chez les deux peuples. En

France, il est confié à un fonctionnaire unique qui concentre
en ses mains toute l'autorité; en Belgique, il est remis à un
collége qui administre collectivement. En France, le maire
a, dans la sphère des questions communales, l'initiative toujours et souvent la décision. Quand des intérêts économiques et financiers sont mis en jeu, il recourt au conseil
municipal; en matière de police locale, il agit en dehors de
lui; il réunit, en sa seule personne, le triple pouvoir de réglementation générale, de décision particulière et d'exécution
directe. Le rôle du collége échevinal est plus modeste, ses
attributions sont renfermées dans un cercle plus étroit. Il se
borne à procurer l'exécution des délibérations votées par
l'assemblée communale, à faire l'application aux cas particuliers des règlements adoptés par elle, à suivre l'impulsion
qu'elle imprime à la marche des affaires. Le maire nomme,
suspend et révoque les employés salariés par la commune.
Le collége n'a sur ces employés qu'un pouvoir de surveillance et un droit de suspension. Sous le contrôle de l'administration préfectorale, le maire gouverne la commune ;
sous la direction de l'assemblée investie de la confiance des
électeurs, le collége gère les intérêts communaux. La France
a admis pour maxime l'axiome posé par Rœderer : « Si
délibérer est le fait de plusieurs, agir est le fait d'un seul. »
Pour avoir une autorité prompte dans la décision, énergique
dans l'action, elle a centralisé tous les pouvoirs en une
même main et toute la responsabilité sur une seule tête. La
Belgique est revenue à la pratique de ses anciennes magistratures communales, elle a adopté une marche suivie par
plusieurs peuples libres, par l'Angleterre, par l'Amérique,
qui, en éparpillant les fonctions municipales sur plusieurs
têtes, s'efforcent de rendre l'exercice de cette autorité, qui
atteint directement les citoyens, plus paternel et en même

temps d'intéresser plus de monde à la chose publique.

Le maire a auprès de lui des adjoints, mais ces adjoints ne gèrent pas les affaires concurremment avec lui. En dehors de quelques attributions qui leur sont confiées par des lois spéciales (1), ils n'ont, en propre, aucun pouvoir. Leur seule prérogative est d'être appelés de préférence à suppléer le maire quand il est absent ou empêché, ou à exercer les délégations qu'il juge opportun de leur confièr. Les échevins ont, au contraire, une part dans l'administration. Leur nombre varie de deux à quatre, suivant la population de la commune. Ils se forment en collége sous la présidence du bourgmestre; ce collége fixe le règlement de ses travaux intérieurs, les jours et heures de ses séances. Il se réunit aussi souvent que l'exige la prompte expédition des affaires. Ses résolutions sont prises à la majorité des voix ; en cas de partage, l'affaire est remise à une autre séance; au besoin, un membre du conseil, d'après l'ordre d'inscription au tableau, est appelé pour départager. Si, cependant, la majorité du collége a, préalablement à la discussion, reconnu l'urgence, la voix du président est décisive. C'est dans ce seul cas que le bourgmestre a voix prépondérante; en dehors de cette hypothèse, il n'a pas d'influence déterminante sur les résolutions du collége échevinal.

Il existe tout un ordre d'attributions que le bourgmestre exerce en dehors de la participation de ce collége. Il est chargé seul de procurer l'exécution des règlements de police. Il lui est permis de déléguer ces attributions, en tout ou en partie, à l'un des échevins; mais cette délégation ne dégage pas sa responsabilité, même pour la partie déléguée. Le législateur a voulu que le chef de

_____

(1) C. d'Instr. crim., art. 167. — L. 3 frimaire an VII. — D. 6. mai 1811.

l'administration municipale fût toujours personnellement tenu de toute atteinte portée à l'ordre public dans sa commune, sans pouvoir se couvrir soit par le vote d'un collége, soit par l'impéritie d'un subordonné.

Dans l'exercice de ces fonctions de police, le bourgmestre peut se trouver en présence d'événements graves et imprévus, qui nécessitent des mesures réglementaires immédiates. Dans ce cas, la loi permet au bourgmestre d'usurper momentanément un pouvoir réservé à l'assemblée communale. Elle lui donne le droit de faire des ordonnances de police, mais elle subordonne l'exercice de ce droit à des conditions qui doivent être scrupuleusement observées pour que l'acte soit valable. Communication immédiate de l'arrêté est donnée au conseil, et copie envoyée sur-le-champ au gouverneur. Le gouverneur peut suspendre l'exécution de l'arrêté. Il appartient au conseil seul de le confirmer. Si, à sa première réunion, il ne se l'approprie pas par un vote approbatif, l'ordonnance cesse d'avoir effet.

Ce qui n'est permis au bourgmestre qu'en présence d'une nécessité urgente, le maire peut le faire en tout état de cause. Il a la plénitude du pouvoir réglementaire sur tous les objets qui sont confiés, par les lois, à sa vigilance et à son autorité. Il est investi du droit de prendre deux ordres d'arrêtés. Les uns, ayant un caractère temporaire et seulement susceptibles d'une application individuelle et momentanée, sont immédiatement exécutoires par eux-mêmes; les autres, revêtus d'un caractère permanent, n'ont de force qu'un mois après l'expédition adressée au sous-préfet et constatée par récépissé signé de ce fonctionnaire. Ce délai est accordé à l'administration pour examiner le règlement et s'assurer qu'il n'est en contradiction ni avec la loi ni avec l'intérêt public.

La commune n'est pas seulement une personne morale ayant une existence distincte de l'État, c'est aussi une division territoriale pour l'application des lois et l'exécution des services publics, c'est le dernier anneau de la chaîne qui relie le citoyen au gouvernement de son pays. C'est là qu'il exerce ses droits civiques, c'est là aussi qu'il doit accomplir les charges qui lui incombent. C'est dans cette sphère plus restreinte que les lois et règlements qui statuent d'une manière générale et théorique, se transforment en injonctions personnelles et s'individualisent pour obliger chaque particulier. Aussi les fonctions des magistrats municipaux ne se bornent pas à sauvegarder les intérêts privés de la cité. Ils ont un autre genre d'attributions d'une importance plus générale; ils sont les agents de l'administration pour la publication et l'exécution des lois et règlements, pour certaines fonctions qui leur sont spécialement attribuées et pour l'application des mesures de sûreté générale. Dans l'accomplissement de ce nouvel ordre de devoirs, ils n'ont d'autre mission que de se conformer aux prescriptions de l'autorité supérieure. C'est ainsi que leur concours est requis pour le recensement de la population, pour le recrutement de l'armée, pour l'établissement et le recouvrement des contributions directes et indirectes, pour la confection des listes et l'accomplissement des opérations électorales, pour la conservation et l'ouverture de la grande viabilité, pour la réalisation des mesures intéressant la sûreté générale, la police des subsistances et de l'industrie, enfin pour le développement de tous les services publics. Ils interviennent dans ces diverses matières avec un rôle différent : tantôt ils sont investis d'un pouvoir de commandement, devant, suivant les termes de la loi, ordonner aux citoyens de faire, les contraindre à faire, leur interdire de faire; tantôt ils ont le

contrôle et la surveillance; tantôt ils ont un pouvoir de transmission, de notification et de publication.

Certains publicistes ont prétendu que l'on devait séparer
ces fonctions de celles qui sont remplies par les officiers
municipaux comme représentant le pouvoir communal. Ils
ont proposé de faire deux lots ; de mettre, dans le premier,
les attributions de leur essence municipale et de les laisser
aux maires, bourgmestres et échevins ; de placer, dans le
second, les fonctions relatives à l'application des lois générales et de les remettre à un agent du gouvernement. Cette
distinction difficile à faire dans la théorie serait, dans la
pratique, une source de conflits perpétuels. Aussi nulle part
ne la voyons-nous réalisée. Les peuples ont adopté l'un ou
l'autre de ces deux systèmes. Ou bien la commune prête à
l'État, pour l'accomplissement des lois et règlements, les
fonctionnaires qu'elle a investis du mandat exécutif, ou
l'État fait gérer les affaires municipales par des agents choisis par lui. La France et la Belgique n'ont pas réalisé d'une
manière absolue l'une ou l'autre de ces deux organisations :
elles ont établi des systèmes mixtes qui diffèrent entre eux.

Le bourgmestre et les échevins sont nommés par le roi.
En principe, ils sont choisis dans le sein du conseil. Néanmoins, sur l'avis conforme de la députation permanente, ils
peuvent être pris en dehors, parmi les électeurs de la commune âgés de vingt-cinq ans. Même choisis hors du conseil,
ils conservent voix délibérative dans le collége échevinal,
émanation du pouvoir exécutif, mais non dans le conseil
communal, émanation du corps électoral (1).

Le bourgmestre et les échevins sont, comme le conseil,
nommés pour six ans. Le sort désigne deux échevins qui

(1) L. 30 juin 1842 et 1er mars 1848.

sortent avec la première série (1); le bourgmestre et les deux autres se retirent avec la seconde. Au droit de nomination, le roi joint ceux de suspension et de révocation. Mais l'application de ces mesures disciplinaires n'est autorisée qu'en cas d'inconduite notoire ou de négligence grave, et après que l'intéressé a été entendu. La suspension ne peut excéder trois mois. A l'égard des échevins, le droit de suspension et de révocation est exercé par le gouverneur de la province, sur l'avis conforme et motivé de la députation permanente. Il est entouré des mêmes restrictions.

Le mode de nomination du maire a, dans la commune française, une importance capitale; en Belgique, il n'offre qu'un intérêt secondaire. Là où la souveraineté réelle et le pouvoir de réglementation générale sont placés entre les mains du conseil, où le bourgmestre et le collége n'ont d'autre mission que de réaliser les délibérations de cette assemblée, où, responsables devant elle, ils sont tenus de lui rendre compte de leur gestion, peu importe aux libertés locales que ces agents d'exécution tiennent leur pouvoir de l'autorité centrale. La direction des intérêts de la cité n'en reste pas moins entre les mains des mandataires choisis par elle. Cependant le gouvernement conserve, sur des agents administratifs dont le concours dévoué lui est indispensable, une action assez efficace pour sauvegarder l'ordre public.

En établissant ce mode de nomination pour les officiers du pouvoir exécutif communal, la Belgique relevait la tradition de ses anciens *magistrats* ou *lois*, sorte d'agences administratives qui, chargées de la direction des affaires urbaines dans les diverses cités, étaient toujours choisies par le gou-

(1) L. 13 avril 1848.

14

verneur général au nom de l'Empereur. C'est pourtant sous
le gouvernement de ces magistrats d'origine royale que
l'indépendance communale a pris le développement le plus
étendu dont l'histoire nous ait tracé l'exemple.

En reconstituant ses libertés locales, la Belgique n'a pas
voulu porter atteinte aux prérogatives naturelles du pouvoir
central; cette sagesse politique n'a pas été étrangère à
l'ordre et à la prospérité dont elle a joui depuis la fondation
de son autonomie.

En France, c'est le conseil municipal qui élit le maire et
les adjoints parmi ses membres, au scrutin secret, et à la
majorité absolue. Si, après deux scrutins, aucun candidat
n'a obtenu la majorité, il est procédé à un tour de ballottage
entre les deux candidats qui ont obtenu le plus de suffrages.
En cas d'égalité de suffrages, le plus âgé est nommé. Ainsi
le pouvoir exécutif se trouve dépouillé de toute participation
dans le choix de ses subordonnés directs. Il est vrai que, par
une heureuse inconséquence, la loi lui maintient le droit de
révoquer des agents qu'il ne nomme plus. Elle prend même
la précaution de statuer que les maires destitués ne seront
pas rééligibles pendant un an. Ils n'en resteront pas moins
au sein du conseil, où ils ne faciliteront pas l'administration
de leurs successeurs. A titre provisoire, le gouvernement
conserve le droit de nommer les maires et adjoints dans les
villes de plus de vingt mille âmes et dans les chefs-lieux de
département et d'arrondissement, quelle qu'en soit la population. Les maires sont pris dans le conseil municipal.

L'avenir nous apprendra quelles doivent être les conséquences de cette expérience, déjà tentée en 1848. Nous ne
voulons pas préjuger ses arrêts. Nous nous bornerons à
rappeler cet axiome posé par Montesquieu : « Tout serait
perdu, dit-il, si le même homme exerçait ces trois pouvoirs :

celui de faire des lois, celui d'exécuter les résolutions publiques, et celui de juger les crimes ou les différends des particuliers. » Or, le maire fait des ordonnances de police, qui sont de véritables lois municipales; il exécute lui-même le règlement qu'il a rendu, et parfois aussi, à titre de juge de simple police, il prononce sur les contraventions à ses édits. Si cette redoutable concentration de pouvoirs n'a pas encore choqué l'esprit public, c'est que la personnalité de ce magistrat était absorbée dans l'administration générale qui guidait et dirigeait ses mouvements. Mais aujourd'hui où il va puiser dans son origine élective une plus grande spontanéité d'action, on s'apercevra peut-être que l'indépendance individuelle des citoyens, non moins que l'action gouvernementale, ont besoin de recevoir de nouvelles et plus efficaces garanties (1).

En France, les fonctions municipales sont gratuites. La Belgique admet, au contraire, que ces magistratures qui, par l'étendue des attributions et la gravité de la responsabilité, exigent tout le temps et toute l'intelligence de ceux qui en sont revêtus, donnent lieu à l'allocation d'un traitement. Ce traitement est réglé par la députation permanente, sur la proposition du conseil. Une partie, dont la quotité est fixée par la députation permanente, sert à former des jetons de présence.

Mais, si les municipalités belges reçoivent un traitement, elles sont exposées à payer les dépens de leur négligence. Toutes les fois qu'elles apportent des retards non justifiés à

(1) Depuis que ces lignes ont été écrites, deux lois ont modifié la situation que nous signalons. La première, en date du 27 février 1873, a supprimé le tribunal de simple police des maires. La seconde, en date du 20 janvier 1874, a rendu au gouvernement la nomination du maire et des adjoints et l'a autorisé à les prendre en dehors du conseil municipal.

l'application des lois et règlements généraux, des ordonnances du conseil provincial ou de sa députation permanente, l'administration supérieure envoie un ou plusieurs
commissaires chargés de les mettre à exécution aux frais des
fonctionnaires négligents. La rentrée de ces frais est poursuivie, comme en matière de contributions directes, par le
receveur de l'État, sur l'exécutoire de la députation ou du
gouverneur. Le développement de la liberté exige, comme
conséquence nécessaire, l'extension de la responsabilité.

# CHAPITRE IV

—

La loi du 14 décembre 1789 impose aux municipalités le devoir de faire jouir les habitants des avantages d'une bonne police, notamment de la propreté, de la salubrité, de la sûreté et de la tranquillité dans les rues, lieux et édifices publics. La loi du 6 octobre 1791, dans l'article 9 de son titre XI, porte : « Les officiers municipaux veilleront à la tranquillité, à la salubrité et à la sûreté des campagnes. »

Les principes posés par ces lois sont toujours en vigueur. La compétence des corps communaux embrasse donc le territoire de la commune tout entier, la partie où se trouvent les habitations agglomérées, comme les campagnes qui en dépendent, la police municipale comme la police rurale.

Le maintien du bon ordre exige deux sortes de mesures. Les unes ont un caractère préventif. Ce sont des injonctions adressées aux habitants soit d'une manière générale, permanente et réglementaire, soit d'une manière temporaire et individuelle; ce sont des permissions et autorisations, des interdictions, des instructions sur la manière de se servir des choses d'un usage commun, des enquêtes, inspections et vérifications préalables. L'ensemble des précautions de cette nature constitue la police administrative. Les mesures de la seconde catégorie ont pour but de

rechercher les crimes, les délits et les contraventions, d'en
rassembler les preuves et d'en livrer les auteurs aux tribunaux chargés de les punir. Cette dernière police a reçu le
nom de police judiciaire. Les autorités municipales cumu-
lent la qualité d'agents de la police administrative avec celle
d'officiers de police judiciaire. Nous n'avons à parler ici que
de la première de ces deux polices.

Lorsque l'autorité municipale fait un règlement de police,
exerce-t-elle un droit qui lui soit propre et que les pouvoirs
placés au-dessus d'elle dans la hiérarchie administrative ne
sauraient usurper? Ou bien, en présence de l'abstention
du corps communal, le gouvernement est-il en droit de substituer son action à l'action locale et de réglementer les matières que les lois ou la nature des choses font rentrer dans
le domaine de la police municipale? A cette question, la
jurisprudence française répond par l'affirmative. Le préfet,
mandataire de la puissance exécutive, a le droit et le devoir
d'ordonner, dès qu'il le juge opportun, toutes les mesures
de sûreté générale énoncées dans les lois où le maire trouve
la source de son pouvoir (1). Mais si les arrêtés du préfet
régissent, sans difficulté, les diverses communes du département ou d'une fraction du département, en est-il de même
quand leur effet est réduit au territoire d'une seule commune? En principe, ce pouvoir de réglementation ainsi restreint est réservé au maire (2). Toutefois, si ce magistrat
refuse d'obéir à la réquisition du préfet, celui-ci puise
dans l'article 15 de la loi du 18 juillet 1837 le droit d'agir
en son lieu et place, et l'arrêté qu'il prend dans ces conditions est légal et obligatoire pour les citoyens, comme l'aurait
été l'arrêté municipal qu'il remplace.

(1) C. cass., ch. réunies, 12 septembre 1845.
(2) Inst. du ministre de l'intérieur du 1er juillet 1840.

La Cour de cassation de Bruxelles admet un système contraire. Suivant elle, non-seulement l'administration supérieure ne peut substituer son action à l'action du pouvoir local pour édicter une ordonnance concernant une commune en particulier, mais il lui est encore interdit de s'immiscer dans les matières du domaine municipal et d'y intervenir par voie de prescriptions générales. Pour réglementer ces objets, le corps communal a une compétence spéciale que le gouvernement ne saurait confisquer sous prétexte d'établir l'uniformité dans les prescriptions de police. Par un arrêt, en date du 16 juin 1841, cette Cour a décidé qu'une ordonnance royale réglant la police des maisons de prostitution dans tout l'Etat était illégale. Nous rapportons les principaux motifs de cet arrêt important :

« Vu les articles 67, 78 et 109 de la Constitution et l'article 96 de la loi communale du 30 mars 1836 ;

« Attendu que le roi n'a d'autres pouvoirs que ceux que lui attribuent formellement la Constitution et les lois portées en vertu de la Constitution même ;

« Attendu que le pouvoir conféré au roi par l'article 67 de la Constitution consiste dans le droit de faire les règlements et arrêtés nécessaires pour l'exécution des lois ;

« Attendu que l'arrêté du 20 août 1838, relatif aux maisons de débauche, ne se rattache sous aucun rapport à l'exécution d'une loi ; qu'à la vérité l'article 96 de la loi communale se trouve visé dans le préambule de cet arrêté ;

« Mais attendu que les dispositions de cet article, loin de nécessiter pour leur exécution l'intervention du pouvoir exécutif, excluent par elles-mêmes cette intervention, puisqu'elles ont pour objet de placer dans les attributions spéciales du collége des bourgmestre et échevins la surveillance

des maisons de débauche, et dans celle des conseils communaux le droit, de faire à ce sujet les règlements nécessaires, etc.... »

Les règlements de police municipale ne deviennent obligatoires pour les citoyens qu'après avoir été portés à leur
connaissance par voie de publication et d'affiches dûment
constatées (1).

Il n'appartient pas, en France, à l'autorité municipale
d'attacher une sanction pénale aux règlements de police
qu'elle édicte ; la législation générale a déterminé la pénalité
commune applicable à toutes les infractions aux injonctions
de l'autorité administrative (2). Ce droit appartient, au contraire, au conseil communal belge qui, dans chacune de ses
ordonnances, fixe le châtiment encouru par les contrevenants. Ces peines ne sauraient dépasser celles de simple
police, et si elles excédaient cette limite, le juge appelé à
prononcer devrait les réduire d'office dans les bornes de ce
maximum.

Pour l'exercice de leurs fonctions de police administrative,
les autorités communales ont sous leur dépendance divers
ordres d'agents. Parmi ces agents, les uns ont une compétence générale, les autres n'ont qu'une mission restreinte à
une matière spéciale. Tous ne sont que des auxiliaires de
l'administration, non des fonctionnaires investis du pouvoir
exécutif ; ils n'ont, en conséquence, aucune autorité propre
sur les habitants, mais ils ont qualité pour transmettre,
notifier et faire exécuter, même par la force, les ordres des
magistrats municipaux. La plupart d'entre eux ont pour prin-
cipale mission de constater les contraventions et d'en dresser

(1) Voir c. cass., F., 5 juillet 1845, 28 février 1847. — O. min. int. F.,
13 décembre 1849. — L. C. B., arrêté royal du 12 novembre 1849.
(2) C. P., art. 471 et suiv.

procès-verbal. Par ce côté de leurs attributions, ils appartiennent à la police judiciaire.

Pour énumérer les agents qui contribuent à l'exercice de la police municipale, et comparer l'organisation de ces services en France et en Belgique, il faudrait un traité spécial. Chacun des objets confiés par la loi à la vigilance des municipalités (1) a nécessité l'établissement d'agents spéciaux : le corps des ponts et chaussées, pour l'application des règlements sur la voirie; le service des vérificateurs des poids et mesures, pour l'inspection sur la fidélité du débit des denrées; les conseils d'hygiène et de salubrité, pour la police sanitaire, etc... De même, pour chaque branche de la police rurale : les gardes forestiers, les gardes-pêche, les gardes-chasse, les gardes de halage et de rivière, etc... Nous nous occuperons seulement de ceux de ces agents qui ont compétence générale, les commissaires de police et les gardes champêtres.

En France, quoique placé sous les ordres du maire, le commissaire de police n'est pas un agent communal. Non-seulement l'autorité municipale n'intervient ni dans sa nomination, ni dans sa révocation, mais encore sa compétence excède les limites de la commune et s'étend sur tout le canton où est fixée sa résidence. Dans les communes de 6,000 âmes et au-dessous, il est nommé par le préfet; dans celles d'une population supérieure, par le chef de l'État (2).·

Dans les villes où il y a plusieurs commissaires, ils sont placés sous la direction d'un commissaire central. Les dépenses des commissariats sont obligatoires et réparties entre les communes intéressées, par le préfet en conseil de préfecture.

(1) L. 16-24 août 1790, tit. XI, art. 3.
(2) D. 28 mars 1852.

Les sergents de ville, appariteurs, inspecteurs, brigadiers et agents de police sont placés sous les ordres des
commissaires. Ils sont nommés ou agréés par le préfet, sur
la présentation du maire. Dans les villes, chefs-lieux de
département, ayant plus de quarante mille âmes de population, l'organisation du personnel chargé des services de
police est réglée, sur l'avis du conseil municipal, par
décret (1).

Chaque commune est tenue d'avoir un garde champêtre (2), et le traitement de cet agent constitue une dépense
obligatoire. Néanmoins, l'absence de ressources suffisantes
contraint parfois les communes à se soustraire à cette obligation ; parfois aussi elles se cotisent à plusieurs pour supporter la charge de ce traitement. Le garde champêtre est
nommé par le préfet, sur la présentation du maire (3); il
n'exerce ses fonctions que dans les limites du territoire pour
lequel il est assermenté. Son rôle, restreint d'abord à la
surveillance des propriétés rurales, a été étendu au service
de la police municipale tout entière (4). Il est sous les ordres
du maire qui peut le suspendre; il n'est révoqué que par le
préfet.

En Belgique, toute nomination ou révocation d'un officier
de police judiciaire émane du chef de l'Etat ou de ses représentants directs ; en cette qualité, les commissaires de police
ainsi que les gardes champêtres sont institués par le pouvoir exécutif. L'assemblée communale présente une liste de
deux candidats auxquels le bourgmestre peut en ajouter un

(1) L. 29 juin 1873, art. 3, et 27 juillet 1867, art. 23.
(2) L. 25 octobre 1795. — C. 3 brumaire an IV.
(3) D. 25 mars 1852, art. 25.
(4) L. 27 juillet 1867.

troisième. Si elle néglige l'exercice de cette faculté, la liste des candidats est formée par la députation permanente.

Aucune création ou suppression de commissariat de police n'est faite qu'avec le consentement du conseil communal. Ce conseil a le droit d'établir des places d'adjoint au commissaire de police et de nommer les titulaires de ces places. Les adjoints exercent, sous l'autorité du commissaire, celles de ses attributions qu'il juge opportun de leur déléguer.

Le bourgmestre a sous ses ordres tous les commissaires de police exerçant dans la commune. Il a le droit de les suspendre de leurs fonctions. Cette suspension ne peut excéder quinze jours et doit être immédiatement portée à la connaissance du gouverneur de la province. La suspension prononcée par le gouverneur se prolonge pendant un mois; elle doit être signalée dans les vingt-quatre heures aux ministres de la justice et de l'intérieur.

Aucun corps armé d'agents de la police urbaine, de soldats de ville, de sapeurs-pompiers, etc., n'est établi que du consentement du conseil et avec l'autorisation du roi. Le roi nomme les officiers sur une liste de trois candidats présentés par le conseil.

Les gardes champêtres sont nommés par le gouverneur, sur une liste double de candidats présentés par le conseil communal. Le gouverneur les révoque ou les suspend de leurs fonctions. Le conseil exerce ces mêmes droits, seulement, dans les communes rurales, la suspension prononcée par le conseil ne peut excéder un mois, et la révocation doit être approuvée par la députation permanente.

Tandis que la police urbaine recevait dans notre siècle, chez les deux peuples dont nous nous occupons, de si remarquables développements et arrivait, par l'assainissement des villes, à prolonger la vie de leurs habitants, la police rurale est restée en arrière. Sur plusieurs portions du territoire des deux pays, certaines natures de culture, soumises à des ravages incessants, n'acquièrent jamais leur pleine valeur. Les propriétaires se dégoûtent de créer des améliorations dont les fruits leur sont ravis, ou sont contraints de supporter des frais considérables pour se clore et se protéger. Plusieurs conseils provinciaux chez nos voisins, départementaux chez nous, ont tenté de remédier au mal que nous signalons en embrigadant les gardes champêtres et en leur donnant ainsi la force qu'assure l'esprit de corps et l'organisation hiérarchique. Nous croyons que, partout où elle a été poursuivie avec suite, cette mesure a donné de bons résultats et a ajouté à la prospérité de la propriété agricole.

# CHAPITRE V

—

Toute société contracte envers ses membres certaines obligations auxquelles elle ne peut se soustraire sans perdre sa
raison d'être. C'est la source pour elle de dépenses forcées.
Chez les peuples où la grande individualité de l'Etat se
décompose en individualités secondaires, comme le département ou la province et la commune, certaines de ces charges
sont revendiquées par l'Etat, d'autres incombent aux corps
intermédiaires, d'autres enfin restent propres au municipe :
tels sont les frais d'entretien de la maison commune, des
édifices des cultes, les dépenses de la police municipale, etc.
Les lois française et belge contiennent chacune une liste de
ces dépenses. Ces deux énumérations ne diffèrent guère
entre elles.

Les dépenses de cette nature ont reçu le nom de dépenses
obligatoires, et la sanction de ce caractère se trouve dans le
droit, accordé au gouvernement, de vaincre la résistance des
corps communaux, pour l'allocation des sommes nécessaires
à leur acquittement. Deux hypothèses se présentent : ou le
budget communal offre des ressources suffisantes pour le
payement de la totalité des dépenses obligatoires, et le conseil a néanmoins refusé les fonds nécessaires ; ou les recettes
communales sont insuffisantes. La première hypothèse a été

prévue dans les deux législations. Après avoir appelé le conseil à se prononcer sur la difficulté, l'administration inscrit d'office la dépense au budget. Chez nous, la seconde hypothèse est ainsi résolue : si les ressources de la commune sont insuffisantes pour subvenir aux dépenses obligatoires inscrites d'office, il y est pourvu par le conseil ou, en cas de refus de sa part, au moyen d'une contribution extraordinaire établie par ordonnance du roi, dans les limites du maximum fixé annuellement par la loi de finances, et par une loi spéciale, si la contribution excède ce maximum (1). La loi belge a omis de s'expliquer sur cette difficulté. En présence de son silence, certains auteurs s'appuient sur l'article 170 de la Constitution, qui ne permet d'établir aucune imposition communale sans le consentement du conseil, pour soutenir que la loi n'a pas admis, pour le cas qui nous occupe, une dérogation à ce principe, et que le gouvernement reste désarmé (2). Les autres prétendent que, l'article 88 de la loi communale autorisant l'administration supérieure à envoyer des commissaires dans les communes pour y faire exécuter ses ordonnances, ces commissaires, substitués au lieu et place du conseil, font ce qu'il aurait dû faire et créent une taxe locale, puis en opèrent la répartition et le recouvrement (3). Contrairement à cette opinion, une décision ministérielle du 30 mai 1845 a refusé aux commissaires délégués le droit d'établir aucune taxe nouvelle ou d'augmenter les existantes, tandis qu'une autre décision du 18 mai 1857 paraît reconnaître à la députation permanente le droit d'élever, dans une certaine mesure, les cotisations

(1) Art. 39 L. 18 juillet 1837.
(2) Giron, *Essai sur le droit communal*, p. 249.
(3) De Fooz, t. IV, p. 138.

communales, lorsque cette élévation est justifiée par la nécessité d'acquitter les dépenses obligatoires.

Les autres dépenses n'ont qu'un caractère facultatif; l'autorité supérieure peut les rejeter du budget ou les réduire; elle ne peut substituer son initiative à celle du conseil pour les augmenter ou en introduire de nouvelles. La loi française du 24 juillet 1867 va plus loin, et, dans un cas déterminé, elle refuse au gouvernement le droit de modifier en aucune façon les dépenses facultatives régulièrement votées. C'est celui où le budget communal pourvoit à toutes les dépenses obligatoires et n'applique aucune recette extraordinaire aux dépenses soit obligatoires, soit facultatives.

L'administration communale se trouve souvent placée en face de dépenses qui n'étaient pas prévues au moment où le budget a été voté, et qui présentent un caractère d'urgence. Pour parer à ces nécessités, le conseil est autorisé à porter au budget un crédit pour dépenses imprévues. La somme inscrite pour ce crédit ne peut être réduite ou rejetée qu'autant que les revenus ordinaires, après avoir satisfait à toutes les dépenses obligatoires, ne permettraient pas d'y faire face, ou qu'elle excéderait le dixième des ressources ordinaires. Le crédit pour dépenses imprévues est employé par le maire, avec l'approbation du sous-préfet et du préfet.

Après le règlement du budget, les crédits supplémentaires sont ouverts par une délibération du conseil approuvée par l'autorité supérieure.

En Belgique, lorsque, par suite de circonstances inattendues, une administration communale reconnaît la nécessité de faire une dépense qui n'est pas allouée à son budget, elle en fait l'objet d'une demande spéciale à la députation permanente. Si les exigences de la situation sont impérieuses, le conseil pourvoit au plus pressé, à charge d'adresser sans délai, à la députation, sa résolution avec les motifs à l'appui. Si, enfin, le moindre retard était de nature à occasionner un préjudice évident, le collège des bourgmestre et échevins ordonnerait la dépense, sous sa responsabilité et à la condition de donner connaissance immédiate de sa décision au conseil et à la députation.

Les recettes des communes sont ordinaires ou extraordinaires. Elles se composent du produit des biens mobiliers et immobiliers leur appartenant, et des impositions directes ou indirectes perçues à leur profit sur leurs habitants. Ici s'élève une question de principe qui n'a pas reçu la même solution dans les deux pays. Les conseils communaux ont-ils le droit illimité de fixer l'assiette aussi bien que le montant des taxes municipales, ou bien est-ce une prérogative exclusivement attachée au pouvoir législatif de déterminer la matière imposable, et les contributions locales ne peuvent-elles frapper que les objets désignés par la loi ?

En France, le droit d'assujettir à l'impôt des matières qui en étaient exemptes, ou d'ajouter aux charges existantes au delà d'une limite préfixe, même lorsque ce droit est borné au territoire d'une commune, est considéré comme réservé à l'Assemblée nationale. L'abandon aux autorités locales d'un tel pouvoir a paru un acte de nature à compromettre la situation économique du pays. Contributions générales, départementales ou communales sont, en effet, puisées à la même source. Ce sont toujours des prélèvements sur le revenu des particuliers. Il est donc essentiel que toutes les taxes générales ou locales soient combinées d'après une méthode d'ensemble qui permette d'atteindre les diverses manifestations de la richesse privée, sans l'épuiser sur aucun des points du territoire national. Le pouvoir législatif seul a compétence pour remplir cette mission.

Le rôle de l'assemblée municipale est borné à fixer la quotité de la taxe qu'elle fait peser sur les objets et dans les limites déterminés par la loi, pour l'acquittement des charges locales.

La Cour de cassation de Bruxelles a décidé, au contraire, qu'à moins d'une prohibition expresse du législateur, le conseil communal était fondé à établir l'impôt sur n'importe quel objet et dans n'importe quelle mesure. Elle a réservé seulement l'approbation du gouvernement, qui devient alors le gardien de la fortune publique. Cette jurisprudence est consacrée par de nombreux arrêts (7 mars 1836, 26 avril 1841, 28 juillet 1842, 5 mai 1859). Nous citerons l'exposé des principes contenus dans le dernier de ces arrêts :

« Considérant que l'arrêté royal du 4 octobre 1816, en prescrivant aux autorités communales les règles à suivre dans l'établissement de leurs impôts, énumérait limitativement les objets imposables, fixait le maximum de l'impôt communal à percevoir sur ceux de ces objets qui auraient déjà été assujettis à l'impôt public, et traçait ainsi à ces autorités un cadre dans lequel elles devaient se renfermer en matière de finances ; mais qu'il appert des débats qui ont eu lieu au Congrès national, tant dans la section centrale qu'à la séance publique du 26 janvier 1831, sur le titre V de la Constitution mis en rapport avec les articles 31, 108, n° 2, et 110, n° 3, que le système restrictif que consacrait l'arrêté de 1816 a été complétement abrogé ;

« Qu'en effet, quelques membres du Congrès, qui étaient pénétrés de l'esprit de ce système, ne voulaient accorder aux autorités communales le droit d'établir leurs propres impôts que dans la latitude et dans la forme qui seraient fixées d'avance par la loi organique ; mais qu'une proposition, faite dans ce but, fut rejetée, par le motif surtout que

15

ces autorités sont les meilleurs juges des besoins et des intérêts exclusivement locaux, et que leurs actes en cette matière seraient soumis au contrôle de l'autorité supérieure ;

« Qu'en conséquence, la loi communale se borne (art. 76, n° 5) à soumettre à l'avis de la députation permanente et à l'approbation du roi les délibérations des conseils communaux sur l'établissement, le changement ou la suppression des impositions communales et les règlements y relatifs ;

« Qu'il est incontestable que le Congrès national, en donnant à ces autorités la liberté qu'elles n'avaient pas auparavant d'asseoir, sur des bases qu'elles déterminent elles-mêmes, les impôts qui n'affectent que les intérêts exclusivement communaux, n'a voulu porter aucune atteinte au droit qui appartient essentiellement au pouvoir législatif d'intervenir par des mesures préventives, chaque fois que la création d'impôts locaux touche à l'intérêt général ;

« Que c'est ainsi que le législateur, en attribuant, par l'article 82, § 2, de la loi du 30 avril 1836, au conseil provincial le droit de prononcer sur les demandes des conseils communaux, ayant pour objet l'établissement, la suppression, les changements de foires et de marchés dans la province, lui ordonne de veiller à ce qu'il ne soit mis à l'importation, à l'exportation et au transit d'autres restrictions que celles établies en vertu des lois;

« Mais que, sauf ces restrictions particulières et d'autres semblables, introduites ou à introduire par des lois spéciales, les autorités communales ont, en vertu de la Constitution, le pouvoir illimité de fixer, sous l'approbation royale, l'assiette aussi bien que le montant de leurs propres taxes, sans devoir s'arrêter à la quotité de l'impôt public, dont seraient déjà passibles des objets qu'elles se proposeraient d'imposer, et sans être obligées d'avoir égard à l'exemption temporaire de la contribution foncière au profit de l'État, accordée pour la construction ou reconstruction de bâtiments. »

Examinons les principaux revenus des communes françaises.

Elles profitent du prix des baux à ferme ou à loyer de leurs biens. Elles touchent les intérêts de leurs capitaux et arrérages de leurs rentes, ainsi que les cotisations sur les fruits communaux, perçus en nature. Les lois qui portent fixation annuelle des recettes les autorisent à s'imposer un certain nombre de centimes additionnels aux contributions directes, avec ou sans affectation spéciale.

Elles ont, pour le service des chemins vicinaux, les prestations en nature et les subventions industrielles.

Elles reçoivent une portion dans l'impôt des patentes. Elles touchent des droits de location de places dans les halles, foires et marchés, de stationnement sur la voie publique, les ports et les rivières; le prix des concessions dans les cimetières, les redevances dues par les concessionnaires des services communaux susceptibles d'être affermés, le coût des expéditions des actes administratifs et des actes de l'état civil, une portion dans le produit des amendes de simple police et de police correctionnelle et des permis de chasse. La loi du 2 mai 1855 a établi en leur faveur une taxe sur les chiens. Elles recueillent le produit des péages communaux, des taxes de pavage, des droits de voirie; de pesage, mesurage et jaugeage; de magasinage; de conditionnement de marque et autres menus droits qui sont la compensation de services rendus au commerce ou à l'industrie.

Pour les communes importantes, la plus féconde ressource du budget est l'octroi. L'établissement des taxes d'octroi est

voté par le conseil municipal, ainsi que les règlements relatifs à leur perception. L'autorisation est accordée par décret
rendu sur l'avis du Conseil d'État, qui a reçu, en cette matière,
une délégation spéciale du pouvoir législatif. En vertu de
cette délégation, le Conseil d'État a établi un tarif général
des objets susceptibles d'être soumis à la taxe et du maximum de la contribution qui peut peser sur chacun d'eux.
Le principe est que les objets destinés à la consommation
locale sont seuls imposables. Dans les limites déterminées
par le tarif général, le conseil municipal règle par ses délibérations la suppression ou la diminution des taxes d'octroi,
leur prorogation et leur augmentation. Il lui faut recourir
au Conseil d'État pour établir ou renouveler une taxe non
comprise au tarif général, ou modifier les périmètres exis-
tants.

En Belgique, la loi du 18 juillet 1860 a aboli les octrois
et a interdit leur rétablissement. Il est devenu nécessaire
d'offrir un dédommagement aux villes privées de ce revenu.
La loi a prétendu le leur donner en constituant, par
l'augmentation des contributions indirectes, un fonds dit
communal. Elle fait entrer dans ce fonds : 1° une part
de quarante pour cent dans le produit brut des recettes du
service des postes ; 2° soixante-quinze pour cent dans le produit du droit d'entrée sur le café ; 3° trente-quatre pour cent
dans le produit des droits d'accise que l'État perçoit sur les
vins et eaux-de-vie provenant de l'étranger, sur les sucres,
les bières et vinaigres.

Le revenu que la loi attribue aux communes se répartit
chaque année, entre elles, d'après les rôles de l'année précédente, au prorata de la contribution foncière sur les propriétés bâties, du principal de la contribution personnelle
et des cotisations de patente.

La quote-part assignée à une commune par cette répartition ne peut être inférieure au revenu qu'elle a tiré de son octroi pendant l'année 1859.

Ainsi l'économie de la loi du 18 juillet 1860 consiste à augmenter les contributions indirectes supportées par l'universalité des citoyens pour dégrever certaines communes et à faire payer les charges locales par le trésor de l'État. Ce système ne viole pas seulement le principe constitutionnel qui veut que les recettes d'ordre général soient dépensées dans l'intérêt du pays tout entier et la règle de justice qui défend de prendre l'argent de tous pour payer les dettes de quelques-uns, il présente, en outre, le grave inconvénient de ne pas laisser les ressources des villes s'accroître avec le développement de leur activité commerciale.

Pour remédier au désordre que cette innovation a jeté dans l'économie de leur budget, les conseils communaux ont inventé force impôts. Outre les diverses taxes locales que nous avons énumérées en parlant des communes françaises, nous voyons figurer dans le budget des communes belges une série de contributions dont plusieurs font double emploi avec les impôts perçus pour le compte de l'État.

En sus des centimes additionnels au principal des contributions directes, dont le maximum n'est pas déterminé, les administrations communales imposent aux habitants des cotisations personnelles qui ont pour base la fortune présumée combinée, soit avec la consommation présumée, soit avec la valeur locative des appartements occupés ou le montant des contributions payées au trésor de l'État. Elles perçoivent des centimes additionnels au principal des droits sur les débits de tabac et de boissons alcooliques. Elles frappent de taxes spéciales les maisons, fabriques, usines et

magasins habités; les exploitations industrielles ou commerciales; pour les maisons et magasins, la taxe est calcu-
lée à raison de tant pour cent du prix de location; pour les
entreprises commerciales, à raison du genre de commerce
ou d'industrie exercé combiné avec le chiffre présumé des
bénéfices réalisés et avec le nombre d'ouvriers et d'employés occupés dans l'établissement. Elles se font rembour-
ser, à l'aide de diverses taxes, les frais qu'elles avancent :
1° pour l'acquisition à l'amiable ou l'expropriation des ter-
rains destinés à l'ouverture des rues nouvelles; 2° pour le pro-
longement ou l'élargissement des rues anciennes; 3° pour le
nivellement et le pavage des rues, la construction et l'entretien des trottoirs et des égouts. Elles n'autorisent les constructions, reconstructions et réparations qu'autant qu'elles
sont rendues entièrement indemnes. Si elles obtiennent
un excédant, il sert à constituer un fonds de réserve pour
les travaux de voirie. L'impôt est fixé à raison de tant par
mètre superficiel de la voie publique prise au droit de
l'immeuble, combiné avec le cube de la construction et la
valeur relative des propriétés en raison de leur emplace-
ment (1). Quelquefois ceux qui construisent ont à payer, en
outre, une taxe de participation à la dépense de création des

---

(1) Ixelles (Brabant), délib. 16 novembre 1862; app. R. 11 mars 1862.—
Lacken (*ibid.*), délib. 13 octobre 1864; app. R. 30 janvier 1865. — Schaerbeek (*ibid.*), délib. 3 novembre 1863, 7 avril 1864; app. R. 1er mars,
1er juin 1864. — Saint-Gilles (*ibid.*), app. R. 30 janvier 1865. — Etterbeck
(*ibid.*), délib. 24 décembre 1864; app. R. 4 février 1865. — Molenbeek-
Saint-Jean (*ibid.*), délib. 17 janvier 1865; app. R. 20 février 1865. —
Kœkelberg(*ibid.*), délib. 12 mai 1865; app. R. 7 juillet1865. — Saint-Josse-
ten-Noode (*ibid.*), délib. 27 janvier 1865; app. R. 2 mars 1865. — Gand
(Flandre orientale), délib. 28 janvier 1865; app. R. 18 mai 1865. — Ber-
ghem (prov. d'Anvers), délib. 7 décembre 1860; app. R. 27 août 1861·
— Ville d'Anvers (*ibid.*), délib. 19 juin 1852; app. R. 2 août 1852. —
Borgerhout (*ibid.*), délib. 19 février 1861; app. R. 4 octobre 1861. —
Lokeren (*ibid.*), délib. 16 décembre 1858; app. R. 23 juin 1862. — Saint.

établissements et travaux d'utilité publique et aux frais d'extension des services communaux (1).

On se demande, en présence de toutes ces charges qui frappent les constructions nouvelles, à quoi sert l'exonération de la contribution foncière édictée par le législateur en faveur de ces constructions.

C'est ainsi que d'autres impositions communales atteignent toutes les propriétés immobilières, sans excepter celles que la loi déclare exemptes (2).

Nous ne parlons pas des taxes sur les glaces-espions, les balcons, les ouvertures des caves, les lieux d'aisance, les houillères, carrières, mines et minières, les fours à briques, ni de la taxe sur les chiens, sur les chevaux de luxe et mixtes, sur les voitures, sur les divertissements publics, etc... Nous ne comptons pas les droits établis pour payer les agents communaux, pour le traitement du garde champêtre, l'entretien du corps des pompiers, pour celui des veilleurs de nuit, etc., etc... Nous omettons les impôts qui représentent une prestation de service faite par la commune, taxes pour le balayage, l'éclairage de la voie publique, pour les pompes funèbres, droits exigés des étrangers pour obtenir d'être inhumés, droits d'abattoir, de minque, etc., etc...

En France, dans les communes dont les revenus sont inférieurs à cent mille francs, toutes les fois qu'il s'agit de contributions extraordinaires ou d'emprunts, les plus im-

---

Gilles (Brabant), délib. 22 avril 1862; app. R. 12 septembre 1862. — Molenbeek-Saint-Jean (*ibid.*), délib. 16 août 1864; app. R. 3 septembre 1864. — Saint-Josse-ten-Noode (*ibid.*), délib. 13 novembre 1863; app. R. 30 janvier 1864. — Bruxelles (*ibid.*), délib. 18 juin 1864; app. R. 7 juillet 1864.

(1) Schaerbeek (Brabant), 28 décembre 1864; app. R. 11 mars 1864, etc.

(2) Contribution de 1% du revenu cadastral à Bruxelles, 2% à Gand, 3% à Spa. — A Saint-Nicolas (Flandre orientale), 2% ; à Alost (*ibid.*), 2%, etc.

posés aux rôles de la commune sont appelés à délibérer avec
le conseil municipal, en nombre égal à celui de ses membres.
Cette formalité n'existe pas en Belgique.

Le mode de recouvrement des impositions communales
est le même dans les deux pays. Les taxes locales directes
sont perçues suivant un rôle nominatif de la même manière
que les contributions de l'Etat. Les autres font l'objet d'une
régie simple ou intéressée, d'un bail à ferme ou d'un abon-
nement.

Les règles de la comptabilité ne diffèrent guère.

En France le maire, en Belgique le collége des bourgmestre et échevins sont les liquidateurs et ordonnateurs des
dépenses communales ; le comptable a le titre de receveur.
Chez nos voisins, ce fonctionnaire est nommé, suspendu ou
révoqué par le conseil, sous l'approbation de la députation
permanente. Chez nous, c'est, en général, le percepteur qui
remplit les fonctions de receveur municipal. Toutefois, dans
les communes dont le revenu excède 80,000 francs, le conseil
peut demander la nomination d'un receveur spécial. Lorsque
les recettes annuelles ne dépassent pas 300,000 francs, ce
comptable est nommé par le préfet; dans le cas contraire,
par le chef de l'Etat. Le maire, le bourgmestre et les échevins exercent une surveillance sur la gestion des deniers
communaux ; le premier rend compte des résultats de son
examen au sous-préfet, les seconds au conseil.

Le compte d'administration est présenté au conseil par
l'ordonnateur et débattu en son absence, il est arrêté par
l'autorité administrative supérieure. Les budgets et les
comptes sont déposés à la maison commune, où chaque
contribuable a la faculté d'en prendre connaissance sans
déplacement. La loi belge veut, en outre, qu'ils soient affichés pendant dix jours. La loi française ne contient pas de

prescription analogue ; l'usage, cependant, s'est établi dans nos grandes villes de donner à ces actes une certaine publicité officielle.

Dans les deux pays, le compte de deniers du receveur est jugé administrativement. En France, le tribunal administratif compétent est le conseil de préfecture en premier ressort, lorsque le revenu communal ne dépasse pas 30,000 francs, et la Cour des comptes en appel ; la Cour des comptes en premier et dernier ressort dans les autres cas. En Belgique, la députation permanente apure définitivement les comptes des receveurs communaux, quel que soit le chiffre des recettes.

Les deux juridictions ne jugent que sur pièces et en l'absence du comptable.

Les ordonnances de la députation permanente, comme les arrêts de la Cour des comptes et les arrêtés des conseils de préfecture, sont exécutoires par eux-mêmes et sans qu'il soit besoin de recourir à l'intervention des tribunaux judiciaires. En effet, les trois avis du Conseil d'Etat français, en date 25 des thermidor an xii, 12 novembre 1811 et 24 mars 1812 ont toujours force de loi en Belgique. Ainsi l'ordonnance de la députation permanente qui prononce le débet est exécutée sur les biens et, à l'aide de contrainte par corps, sur la personne du comptable. La commune a privilège sur le cautionnement et hypothèque légale sur les biens.

# CHAPITRE VI

Les rapports nécessaires qui rattachent l'homme à son Créateur, les besoins de développement moral et intellectuel qui se manifestent chez tous les peuples civilisés, les misères de l'humanité et les devoirs qu'elles imposent à la charité expliquent, dans les communes même les plus modestes, l'existence d'un certain nombre d'établissements publics dont l'organisation est liée plus ou moins intimement à l'administration communale, sans néanmoins se confondre avec elle. Les fondations pieuses et philanthropiques constituent un patrimoine distinct à certains de ces établissements revêtus par la loi du caractère de personnes civiles ; les autres n'ont pas d'individualité propre, les dons qui leur sont faits sont acceptés par l'autorité communale avec affectation spéciale au service auquel le bienfaiteur les destine. Les principaux de ces établissements sont : pour les cultes, les fabriques ; pour l'instruction, les écoles ; pour la charité, les hospices et bureaux de bienfaisance.

Les fabriques sont des agences administratives chargées de la gestion des biens et revenus affectés à l'entretien du culte et des édifices religieux. Elles ont, comme personnes morales, une existence distincte. Le même décret du 30 dé-

cembre 1809 les régit en France et en Belgique. En
vertu de ce décret, la commune n'intervient dans leurs
affaires qu'au cas où le conseil de fabrique, impuissant
à établir l'équilibre entre les dépenses et les recettes,
réclame un concours pécuniaire. Alors il adresse son
budget et ses comptes, avec les pièces justificatives, au conseil municipal, qui, après les avoir contrôlés, vote ou re-
jette la subvention demandée. Si l'autorité supérieure estime
que la dépense, repoussée par le conseil municipal, est obligatoire et que les ressources de la fabrique ne lui permettent réellement pas d'y satisfaire, elle l'inscrit d'office au
budget.

En raison de l'obligation imposée aux communes de venir
en aide aux fabriques, les conseils municipaux sont toujours
appelés à donner leur avis sur les actes de ces établissements
de nature à diminuer leurs ressources, tels que les demandes en autorisation d'emprunter, d'aliéner, de plaider, etc.
Le chef de l'administration communale fait de droit partie
du conseil de fabrique.

Les établissements communaux dont le but est de satisfaire aux prescriptions de l'humanité appartiennent à deux
ordres distincts. Les uns sont des asiles ouverts à l'indi-
gence. Ils portent le nom d'hospices quand ils recueillent
les enfants abandonnés, les vieillards, les infirmes; d'hôpitaux, lorsque leur destination est de soigner les malades.
Les autres ont mission de distribuer les secours à domicile,
ils sont appelés bureaux de bienfaisance. Le vœu de la loi
française est qu'il y ait un bureau de bienfaisance dans chaque commune. Les administrations municipales sont chargées de tenir la main à l'exécution de ce vœu, et un arrêté
du ministre de l'intérieur recommande aux préfets de sti-
muler sur ce point leur activité. Néanmoins, dans beaucoup

de nos communes, les secours à domicile ne sont pas encore organisés.

La loi belge est d'accord avec la loi française pour prescrire l'établissement d'un service de cette nature dans toutes les communes; elle impose au collège des bourg-mestre et échevins le devoir de veiller au strict accomplis-sement de cette injonction, et ses ordres sont mieux exé-cutés. Les quelques bourgs, au nombre de deux cents environ, où il n'existe aucune dotation spéciale en faveur des pauvres, pourvoient à ce besoin à l'aide de leurs res-sources générales ou des subsides qui leur sont alloués par l'État.

La gestion des bureaux de bienfaisance et celle des hospices sont confiées à des commissions administratives. Les mem-bres de ces agences sont, en Belgique, au nombre de cinq, plus le bourgmestre qui préside leurs réunions avec voix délibérative. Ces commissions exercent leurs fonctions gratuitement, sous la surveillance du collége échevinal; elles se renouvellent par cinquième chaque année. Leurs membres sont nommés par le conseil communal sur la présentation de la commission et du collége; ils sont révocables par la députation permanente, sur la proposition de ces adminis-trations elles-mêmes ou des conseils communaux.

En France, une ordonnance du 6 juin 1830 donne aux préfets la nomination des membres et du comptable des administrations hospitalières. Ce même fonctionnaire sus-pend les commissaires de bienfaisance et provoque auprès du ministre de l'intérieur leur révocation.

Sur un autre point encore, la loi reçoit une application plus conforme à son texte et à son esprit en Belgique qu'en France. Chez nous, en présence du grand nombre d'indi-gents à assister, beaucoup de commissions de bienfaisance

ont renoncé à porter les secours au domicile du pauvre,
elles ont établi des distributions périodiques et publiques,
et la foule des malheureux qui se presse, tous les mois, devant
leurs bureaux, rappelle trop le temps où les distributions
d'aliments et d'argent faites aux portes des monastères constituaient des encouragements à la mendicité. La loi belge
remédie à cet inconvénient. Elle ordonne l'établissement,
dans toutes les communes dont la population agglomérée
dépasse 2,000 habitants, de comités de charité. L'organisation de ces comités est confiée aux soins du bureau de bienfaisance. Les bourgmestres et échevins veillent à ce qu'il
soit sur ce point satisfait aux injonctions légales. Les membres de ces comités ne sont pas, comme ceux des bureaux de
bienfaisance, les administrateurs officiels du bien des pauvres, leur mission est plus modeste, elle se borne à porter
au domicile de l'indigent le secours qui lui est alloué et à
s'assurer de la légitimité de ses demandes. Par là, la dignité
du pauvre est sauvegardée, ses besoins sont mieux connus,
et les secours, plus sagement ménagés, deviennent plus efficaces. Il est créé de ces comités de secours autant que les
nécessités du service l'exigent.

La France et la Belgique ayant admis, comme règle générale, ce principe que la charité publique était une obligation
communale, il s'agit de savoir quelle commune supportera
en définitive les frais d'entretien de l'indigent dans une maison hospitalière. Les législations dont nous nous occupons
ne reconnaissent pas le droit au secours, mais elles consacrent, à la charge des finances municipales, le devoir de
secourir. L'intérêt de cette question n'existe donc pas dans
les rapports entre le malheureux et l'administration locale,
puisque cette administration vient à son aide, non en vertu
d'une revendication juridique, mais en vertu des pres-

criptions de l'humanité; il surgit dans les relations des communes entre elles, celles qui sont pourvues d'établissements charitables ayant à exercer ce devoir au lieu et place de celles qui n'en ont pas. La loi de 1851 porte que le malade privé de ressources est soigné dans le lieu où l'atteint la maladie, sans condition d'admission. Pour rendre hommage au principe de la localisation des secours, elle décide que les malades et incurables indigents des communes privées de maisons hospitalières pourront être admis dans les hôpitaux du département, désignés par le conseil général, sur la proposition du préfet, suivant un prix de journée fixé par ce fonctionnaire d'accord avec la commission des hospices et des hôpitaux. Les communes qui veulent profiter du bénéfice de cette disposition supportent la dépense du traitement de leurs malades ou incurables. Au besoin le département vient à leur aide. Quant aux hospices, la loi ajoute, en finissant, que les conditions de domicile et d'âge requises pour y être admis seront déterminées par un règlement ultérieur; c'est par une loi qu'il aurait fallu dire. En effet les questions relatives à l'acquisition du domicile de secours sont tranchées par la loi du 24 vendémiaire an II, qui n'a pas été abrogée, mais dont les dispositions sont tombées en désuétude. Les bureaux de bienfaisance sont créés par décrets, les communes sont seulement appelées à donner leur avis sur les circonscriptions relatives à la distribution des secours.

En Belgique, la loi du 18 février 1845 décide que chaque commune doit supporter les frais d'entretien des indigents nés dans son sein, jusqu'à ce qu'ils aient acquis un nouveau domicile de secours par une résidence de huit années consécutives dans une autre ville. La femme mariée a pour domicile de secours celui de son mari; l'enfant mineur, celui de ses parents. Tout indigent, en cas de nécessité, est secouru provisoirement par la commune où il se trouve, sauf recours à la commune du domicile de secours. Les différends sont tranchés, entre institutions de bienfaisance d'une même commune, par le conseil communal, sauf appel à la députation; entre communes ou institutions d'une même province, par la députation, sauf recours au roi; entre communes ou institutions appartenant à diverses provinces, par le roi sur l'avis des députations permanentes.

Les ressources des établissements de bienfaisance consistent dans le revenu des biens confisqués par les lois révolutionnaires sur les anciennes institutions charitables et qui ont été ultérieurement rendus à leur destination primitive, dans le revenu des biens révélés, dans les dons et les legs faits aux pauvres, dans les subventions allouées par la commune, le département où la province et l'État, dans les produits des collectes régulièrement autorisées, enfin dans un impôt spécial perçu à leur profit sur certains divertissements publics et qui a reçu le nom de droit des pauvres.

En France comme en Belgique, l'instruction primaire et l'instruction secondaire sont libres. L'instruction primaire constitue une dette de chaque commune envers ses habitants. La fréquentation des écoles n'est pas obligatoire; son ouverture l'est. Celui qui est dans l'impossibilité de supporter les frais de cet enseignement élémentaire bénéficie de la gratuité. La commune peut-elle aller plus loin et accorder la gratuité absolue à tous les enfants qui suivent ses cours primaires? En France, elle a cette faculté, et la loi du 10 avril 1867 l'incite à en faire usage. Elle l'autorise, à cet effet, à s'imposer des centimes extraordinaires et lui promet les subventions du département et de l'État. La loi belge, au contraire, repousse le principe de la gratuité absolue de

l'enseignement (1). En 1864, le conseil municipal de Tui-
tigny (Luxembourg) ayant voté la gratuité absolue, le gouvernement a refusé son approbation à cette décision qu'il
considérait comme illégale (2).

En cas d'insuffisance des ressources, les communes s'asso-
cient pour supporter les frais d'une école. Elles peuvent se
dispenser de subvenir à cette dépense, pourvu qu'elles assurent l'enseignement primaire gratuit, dans une école libre,
des enfants indigents (3). Mais cette situation, qui n'a jamais été considérée chez nous que comme exceptionnelle et
transitoire, est, dans l'esprit de la loi belge, la situation
normale.

En Belgique, on rencontre quatre espèces d'écoles :

1° Les écoles publiques entretenues par les communes ;

2° Les écoles privées adoptées pour tenir lieu d'écoles
communales et qui, moyennant une rétribution, se chargent
de l'instruction des enfants pauvres ;

3° Les écoles privées qui, admettant gratuitement tous les
enfants pauvres, dispensent par là les communes d'établir
des écoles à leurs frais et sont inspectées au moins une fois
par an ;

4° Les écoles libres.

La création d'une école publique n'est obligatoire que là
où les cours privés font défaut ou refusent de traiter avec la
commune pour assurer l'enseignement gratuit de ses enfants
indigents, en se soumettant à la surveillance de l'administration communale et à l'inspection de l'État.

L'enseignement primaire revêt trois formes successives :

(1) L. 23 septembre 1842. Voir aussi arrêté R. 26 mai 1843.
(2) Dépêche au gouverneur de la province de Luxembourg du 9 janvier 1865.
(3) D. 15 mars 1850.

salle d'asile pour les enfants au-dessous de sept ans, école
proprement dite pour leurs ainés, cours d'adultes pour ceux
dont la journée est déjà occupée. Une partie des subsides
accordés à l'instruction primaire est allouée aux salles d'a-
sile (1) et aux cours d'adulte. Ces cours ont reçu, chez nous,
dans ces dernières années, une vive impulsion.

La sollicitude du législateur français s'est portée aussi
sur l'enseignement des filles. Il a exigé la fondation d'une
école spéciale pour elles dans les communes de 500 âmes et
au-dessus; il a voulu que, dans toute école mixte tenue par
un instituteur, une femme désignée par le préfet, sur la proposition du maire, fût chargée de diriger les travaux à l'ai-
guille.

En Belgique, le conseil communal nomme l'instituteur
public. Il le choisit parmi les candidats qui justifient avoir
fréquenté avec fruit, pendant deux ans au moins, les cours
de l'une des écoles normales de l'État. Il a le droit de le suspendre pendant trois mois, avec ou sans privation de traitement. Le gouvernement statue définitivement sur son maintien ou sa révocation, après avoir pris l'avis des inspecteurs,
le conseil communal et l'instituteur entendus. En cas de
vacance, le conseil est tenu de procéder au remplacement
dans un délai de quarante jours; passé ce délai, le gouvernement, à moins qu'il n'ait accordé un sursis, opère d'office
la nomination.

La surveillance des écoles publiques est confiée à l'autorité communale, sous le contrôle du pouvoir provincial et
la direction de l'État, avec le concours, pour l'enseignement
religieux, des ministres des cultes reconnus. L'action de
la commune s'exerce par le collège des bourgmestre et éche-

(1) D. 21 mars 1855.

vins et par des inspecteurs municipaux, elle s'étend à la fixation de la rétribution due par les élèves payants, des jours et heures de travail, des vacances, du mode de punition ou de récompense. L'action de l'État s'exerce par la commission centrale de l'instruction primaire nommée par le roi ; par les inspecteurs provinciaux et par les inspecteurs cantonaux ; elle comprend le choix des méthodes, des livres, des matières de l'enseignement. L'action des représentants des cultes reconnus s'exerce, pour le culte catholique, par des inspecteurs diocésains et des inspecteurs ecclésiastiques cantonaux ; par des inspecteurs généraux pour les protestants et les israélites. Elle regarde l'enseignement de la morale et de la religion et l'approbation des livres employés pour ce enseignement.

La direction de l'enseignement primaire, en France, est confiée à deux ordres distincts de fonctionnaires : pour l partie *pédagogique* aux recteurs, pour la partie administrative au préfet. Aux recteurs, la direction des études, le contrôle des méthodes, le choix des livres ; aux préfets, le recrutement, la nomination et la révocation des instituteurs, institutrices et directrices d'asile, le régime disciplinaire de ce personnel, la création des écoles, et la gestion financière de l'enseignement.

Pour éclairer ces deux pouvoirs distincts dans l'exercice de leurs devoirs respectifs, sont institués les inspecteurs d'académie et, sous les ordres des inspecteurs d'académie, les inspecteurs de l'instruction primaire, à raison d'un par arrondissement.

Auprès du préfet est placé le conseil départemental de l'instruction publique, investi d'un triple rôle et statuant tantôt par voie administrative, tantôt par voie contentieuse, tantôt par voie disciplinaire. — En matière disciplinaire, il frappe d'interdiction absolue, sans appel devant le conseil supérieur de l'instruction publique, pour cause de fautes graves dans l'exercice de leurs fonctions, inconduite ou immoralité, les instituteurs ou institutrices, les directeurs ou directrices des salles d'asile, des pensionnats primaires, des écoles d'adultes, des ateliers d'apprentissage, que ces différentes personnes soient à la tête d'établissements publics ou privés. Il prononce, toujours sans appel et contre les mêmes personnes, la censure, la suspension ou l'interdiction de l'exercice de leur profession.

En pendant à l'inspection officielle, la loi a constitué la surveillance locale; elle l'a confiée à des délégués cantonaux, aux maires, aux ministres des cultes reconnus. Le maire, en cas d'urgence, suspend l'instituteur public (1). Tout ce qui se rapporte à la tenue matérielle, aux conditions hygiéniques, à la police de l'école, est spécialement de son ressort.

Le conseil municipal n'intervient, dans ce qui concerne l'organisation du personnel enseignant des écoles primaires publiques, que pour décider, lorsqu'une vacance vient à se produire, s'il convient de faire choix d'un laïque ou s'il est opportun de nommer un membre d'une congrégation religieuse. Une circulaire ministérielle du 31 octobre 1854 déclare qu'il est dans l'esprit de la loi, comme dans la pratique de l'administration, qu'à cet égard le vœu de la commune soit toujours respecté.

(1) L. 15 mars 1850, art. 33.

# CHAPITRE VII

De l'action du gouvernement sur les affaires municipales.

—

Nul esprit sérieux ne conteste au gouvernement le droit d'exercer une certaine surveillance sur l'administration des communes; mais dans quelles limites cette surveillance doit-elle être circonscrite? C'est une question qui, de nos jours, est souvent agitée.

Examinons quel est, sur ce point, l'état des deux législations qui nous occupent. Voyons de quelle manière le gouvernement intervient dans les affaires municipales, de quelles garanties ce droit d'intervention est entouré, dans quels actes il se manifeste et à quel pouvoir il est remis?

Le mode d'intervention le plus général et le plus important pour l'unité législative du pays, c'est le droit de suspension et d'annulation. L'autorité locale prend la décision dans sa pleine indépendance, la décision est valable par elle-même. Le gouvernement se réserve seulement la faculté d'interdire, dans certains cas, sa mise à exécution. L'exercice de ce droit est assujetti à des garanties de deux sortes. Les unes sont stipulées au profit de la liberté communale, les autres ont pour but d'assurer le contrôle de l'État.

Prenons un exemple dans le système français. Le conseil municipal règle le mode d'administration des biens communaux. La délibération est valable par elle-même, mais elle ne devient exécutoire qu'un mois après la date du récépissé délivré par le sous-préfet. Ainsi l'envoi de la délibération permet à l'administration d'exercer son contrôle, le délai lui laisse le temps de prononcer l'annulation avant que des droits acquis à des tiers entravent l'exercice de son pouvoir.

Voilà les garanties imaginées dans l'intérêt de la suprématie de l'État, voyons celles qui sont établies en faveur de l'indépendance municipale. La faculté d'annulation est restreinte à certaines hypothèses. Le préfet annule, soit d'office, pour la violation d'une disposition de loi ou d'un règlement d'administration publique, soit sur la réclamation de toute partie intéressée. Ceci implique pour le conseil le droit de soutenir devant le supérieur hiérarchique du préfet que la violation n'existe pas, que la réclamation n'est pas fondée.

En Belgique, les stipulations sont, au profit des franchises communales, plus larges ; dans l'intérêt du pouvoir supérieur, plus restreintes. La délibération du conseil communal est immédiatement exécutoire. Le gouverneur estime-t-il qu'elle sort des attributions de ce conseil, qu'elle est contraire aux lois, ou blesse l'intérêt général? il en suspend l'exécution. La suspension ne se prolonge qu'à la condition d'être approuvée par la députation permanente, et encore, dans cette hypothèse, elle ne saurait excéder quarante jours. Les motifs en sont immédiatement communiqués au conseil, qui peut en appeler au roi ; le même droit appartient au gouverneur si la suspension n'est pas approuvée par la députation permanente.

Si l'annulation n'intervient pas dans les quarante jours à partir de la communication au conseil, la suspension est levée. Le législateur a craint que le gouvernement, en face de la nécessité de donner publiquement tort à un de ses agents, ne gardât un silence qui deviendrait un déni de justice.

Le roi possède donc seul la faculté d'annulation. Il ne la possède que dans trois cas : excès de pouvoirs, violation d'une loi, lésion d'un intérêt général, non, comme en France, d'un simple intérêt privé ; les intérêts privés ont, pour se faire respecter, le recours aux tribunaux. Il ne la possède que pendant quarante jours. Il doit en motiver l'exercice.

Telles sont les garanties qui sauvegardent l'indépendance communale ; considérons celles qui empêchent d'annihiler le contrôle du pouvoir central.

Le délai de quarante jours, passé lequel l'acte ne peut plus être infirmé par l'administration supérieure, ne commence à courir que du jour de la réception de cet acte au gouvernement provincial ou au commissariat d'arrondissement. L'acte qui n'a pas été communiqué à l'autorité compétente est toujours annulable. Après le délai de quarante jours, le droit d'infirmer l'acte irrégulier existe encore, mais du pouvoir exécutif il passe au pouvoir législatif.

Le second mode d'intervention est l'approbation. L'approbation suppose l'incapacité partielle chez celui qui doit la requérir. Sa personne n'est pas complète ; pour agir valablement, elle a besoin du concours d'une autre personne. Elle conserve l'initiative, non la décision. Le nombre d'actes pour lesquels l'approbation est exigée est limité. Les lois françaises de 1837 et de 1867, les lois belges de 1836 et de 1865, en présentent une énumération qu'il faut compléter à l'aide des lois spéciales sur les diverses branches de l'administration communale.

Le troisième mode est la substitution de l'action gouvernementale à l'action communale. L'autorité municipale, mise en demeure par l'administration supérieure de procéder à tel ou tel acte prescrit par la loi, répond par un refus ou par une inaction volontaire. Le pouvoir supérieur agit alors au lieu et place du pouvoir municipal par des délégués commis à cet effet.

La loi française permet au gouvernement de se substituer non-seulement au corps communal, mais au corps électoral lui-même. Elle l'autorise à choisir une commission qui, pendant une période de plusieurs années, exerce toutes les attributions du conseil municipal.

Le contrôle sur les municipalités est, chez nous, réparti entre diverses autorités. En matière d'instruction primaire, il appartient au conseil départemental de l'instruction publique, au recteur, au préfet; en matière de comptabilité, au conseil de préfecture et à la Cour des comptes; en matière litigieuse, au conseil de préfecture et au conseil d'Etat; en matière économique et financière, à l'Assemblée nationale et, sur sa délégation, dans certains cas, au Conseil d'Etat et, dans certains cas, aux conseils généraux.

Dans la plupart des hypothèses, ce pouvoir est remis au préfet, qui agit à l'aide de ses sous-préfets et sous les ordres du ministre de l'intérieur. Quelquefois, mais très-rarement, le ministre statue directement; un recours, par la voie administrative gracieuse, contre la décision du préfet est toujours ouvert devant lui. Dans certains cas, pour donner plus de solennité à la résolution préfectorale, la loi exige qu'elle soit prononcée en conseil de préfecture.

Les décrets des 25 mars 1852 et 13 avril 1861, ainsi que la loi du 24 juillet 1867, ont fort restreint les cas où les actes des municipalités sont soumis à l'approbation du chef de l'Etat. Par là, elles ont simplifié la procédure administrative plus que développé l'indépendance communale. Avant de statuer, le chef du gouvernement est tenu, dans certaines hypothèses, de prendre l'avis du Conseil d'Etat.

Cette surveillance sur l'administration communale, divisée, en France, entre tant d'autorités distinctes, est concentrée, chez nos voisins, entre les mains de la députation permanente du conseil provincial. Apurement de comptes, autorisation de plaider, questions administratives, questions financières, économiques, scolaires, tout est remis à ce corps qui, parfois, donne un simple avis, laissant la décision au gouvernement; le plus souvent, prononce, sauf recours au roi. L'origine de la députation permanente lui permet de jouer un double rôle : elle est une garantie pour le gouvernement contre la gestion imprudente des communes; elle est une garantie pour la commune contre l'intervention inopportune du gouvernement.

Les affaires dont la solution nécessite l'approbation de l'autorité souveraine sont peu nombreuses en Belgique, et, à quelques détails près, les mêmes qu'en France.

Le pouvoir législatif n'intervient pas, comme chez nous, pour la fixation de l'assiette des contributions communales ; mais c'est à lui qu'il appartient d'annuler les actes irréguliers des administrateurs locaux, lorsque le gouvernement a négligé de remplir ce devoir dans le délai qui lui était imparti à cet effet.

# TITRE II

ORGANISATION DÉPARTEMENTALE ET PROVINCIALE.

---

## CHAPITRE PRÉLIMINAIRE.

HISTOIRE DE L'ORGANISATION DÉPARTEMENTALE ET PROVINCIALE.

---

### SECTION PREMIÈRE.

Le département en 1814.

### SECTION II.

Organisation des provinces belges pendant leur union à la Hollande.

## SECTION III.

Organisation du pouvoir provincial après la constitution de la Belgique en royaume indépendant.

## SECTION IV.

Développement de l'organisation départementale depuis 1814 jusqu'à 1870.

# TITRE II

---

## CHAPITRE PRÉLIMINAIRE

HISTOIRE DE L'ORGANISATION DÉPARTEMENTALE ET PROVINCIALE

---

### SECTION PREMIÈRE.

Le département en 1814.

En 1814, le département ne constituait encore ni une personne civile, ni un pouvoir politique. Les biens immobiliers et mobiliers qui appartenaient aux anciennes provinces françaises ou belges avaient été confisqués en vertu des lois révolutionnaires, joiŋts au domaine de l'État ou vendus nationalement.

Les fonctionnaires, placés au chef-lieu du département, n'exerçaient donc pas une autorité propre comme représentants d'intérêts spéciaux et autonomes. Ils n'agissaient que pour l'application des mesures de police et d'administration

générale, pour assurer la répartition et le recouvrement
des impôts, le recrutement militaire, l'exécution des travaux
publics nationaux, la direction des magistrats municipaux.

Les attributions des conseils généraux n'étaient pas alors
plus étendues que ne le sont aujourd'hui les attributions
des conseils d'arrondissement. La nouvelle Constitution les
excluait du domaine des questions d'administration et de
politique générales, sur lesquelles, en vertu de la loi du
22 décembre 1790, ils étaient appelés à se prononcer, et ils
n'avaient pas encore à délibérer sur des intérêts spéciaux
au département, puisque le département n'avait pas de
personnalité distincte.

Il est vrai qu'une loi du 24 messidor an VI avait mis à la
charge du département un certain nombre de dépenses
relatives à la justice et à l'instruction publique, auxquelles
il était tenu de faire face au moyen de sous additionnels au
principal de la contribution foncière, et que cet expédient
financier, plusieurs fois renouvelé sous le Directoire, sous
le Consulat et sous l'Empire, avait créé une apparence de
budget départemental. Mais les allocations portées à ce
budget, outre qu'elles étaient obligatoires, ne servaient
point à satisfaire aux exigences de services locaux, mais à
soulager le trésor public. C'est en vain que, dans l'article 34
d'une loi de ventôse an XIII, on a cru trouver l'origine
première de l'autonomie financière du département. Il suffit
de se reporter au texte de cette loi pour se convaincre que
le rôle assigné par elle au conseil général ne consiste toujours qu'à opérer la répartition des charges de l'impôt établi
au profit de l'État. Elle consacre seulement, pour la première
fois, une distinction commandée par la nature des choses
entre certaines catégories de dépenses, dont les unes sont
fixes et prévues, et les autres ont un caractère variable et

imprévu. Pour les premières, le nombre de centimes est exactement déterminé par la loi ; pour les secondes, le montant de la surimposition, dans les limites d'un maximum également fixé par la loi, est réglé par le conseil général. C'est également en vain qu'on a cherché la source de la propriété départementale dans le décret du 9 avril 1811. Ce décret, qui, pour donner une nouvelle marque de la munificence impériale, concédait gratuitement aux départements, arrondissements et communes, la pleine propriété de certains édifices et bâtiments nationaux, n'avait d'autre but que d'absorber les ressources locales au profit du budget général. La jurisprudence du Conseil d'État s'est refusée, avec raison, à reconnaître au département, comme à l'arrondissement, la qualité de propriétaire, tant que le législateur ne les avait pas, par une disposition expresse, érigés en personnes morales capables d'acquérir et de posséder (1). Cette qualité n'a été formellement reconnue en faveur du département que par la loi du 10 mai 1838. Elle n'a jamais été concédée à l'arrondissement, qui n'a, en conséquence, aucune propriété.

Les conseils de département et d'arrondissement n'avaient conservé du système représentatif et électif qu'une apparence mensongère. Ils se renouvelaient par tiers tous les cinq ans. Pour chaque vacance au conseil d'arrondissement, le collége électoral de l'arrondissement présentait deux citoyens y domiciliés ; un au moins de ces candidats devait être pris hors du collége électoral qui les désignait. Le collége électoral du département présentait de même deux citoyens domiciliés dans le département pour chaque place vacante

---

(1) Voir *Avis du Conseil d'État*, 20 novembre 1818 et 15 octobre 1819 ; voir aussi *Instr. du min. de l'int.*, 17 février 1832.

au conseil général, et de même, un de ces candidats au moins devait être pris hors du collége électoral. L'Empereur choisissait le conseiller parmi ces candidats. Les colléges électoraux d'arrondissement se composaient d'un membre pour cinq cents habitants domiciliés dans l'arrondissement, le nombre des membres ne devant néanmoins jamais excéder deux cents, ni être au-dessous de cent vingt. Les colléges électoraux de département comptaient un membre par mille habitants domiciliés dans le département, sans que leur nombre néanmoins excédât trois cents ou fût au-dessous de deux cents.

Les colléges électoraux étaient présidés par un citoyen désigné pour chaque session par un décret impérial. Leurs membres étaient nommés à vie par l'assemblée de canton d'après les règles suivantes. Il était dressé dans chaque département, sous les ordres du ministre des finances, une liste des six cents citoyens les plus imposés aux rôles des contributions foncière, mobilière, somptuaire et des patentes. On ajoutait à la somme de la contribution soldée dans le département du domicile, celle qui était payée dans les autres parties du territoire de la France et de ses colonies. Cette liste était imprimée, et c'était sur ce tableau que l'assemblée de canton prenait les membres qu'elle nommait au collége électoral du département. Pour le collége électoral d'arrondissement, elle choisissait parmi ses membres le nombre d'électeurs qui lui était assigné. L'Empereur, quand il le trouvait opportun, ajoutait aux colléges électoraux ainsi composés un certain nombre de membres pris parmi les citoyens appartenant à la Légion d'honneur ou qui avaient rendu des services.

L'assemblée de canton était convoquée par le gouvernement, qui fixait le temps de sa durée, l'objet de sa réunion et nommait son président ; elle comprenait tous les citoyens domiciliés dans le canton.

Pour parer aux velléités d'indépendance d'un corps électoral ainsi composé, un règlement pour l'exécution des constitutions de l'empire statue que les présentations des colléges électoraux pour les conseils généraux et pour les conseils d'arrondissement cesseront d'avoir leur effet lorsqu'il aura été pourvu par l'Empereur aux places pour lesquelles elles auront été faites. Dans l'intervalle d'une convocation à l'autre, l'Empereur nomme directement aux places vacantes : ces nominations étaient faites dans la classe où les colléges auraient choisi. On le voit, cette manière d'exécuter les constitutions de l'Empire paralysait le droit illusoire, il est vrai, de présentation qu'elles laissaient encore aux colléges électoraux.

Les conseils généraux comptaient, suivant l'importance du département, vingt-quatre, vingt ou seize membres ; le conseil d'arrondissement en comptait onze. Ces conseils nommaient un de leurs membres pour président, un autre pour secrétaire.

Le préfet avait en sa main la direction de toutes les affaires administratives, que ces affaires fussent communales, générales ou départementales, la distinction entre ces diverses classes d'intérêts n'était pas encore réalisée. Il n'était, la plupart du temps, que l'agent d'instruction et de transmission des décisions du chef de l'État ou de ses ministres, les affaires qu'il tranchait personnellement étant d'importance minime.

Le sous-préfet n'était, à plus forte raison, qu'un simple rouage d'expédition. La loi du 28 pluviôse an VIII semble en faire l'ordonnateur d'un budget d'arrondissement, comme elle érige le préfet en ordonnateur d'un budget du département. Mais, en s'exprimant ainsi, elle obéissait simplement à un besoin de symétrie absolue entre les trois circonscriptions administratives de la commune, de l'arrondissement et du département. En réalité, la commune avait seule alors un budget, le département n'en a eu un que plus tard, l'arrondissement n'en a jamais eu.

La compétence du conseil de préfecture n'était pas nettement définie. Aucune restriction n'était imposée aux choix du chef de l'État pour les places de conseiller de préfecture; ces conseils statuaient, en matière contentieuse, à huis clos, en l'absence des parties ou de leurs mandataires, et sans l'intervention d'un ministère public. Leurs décisions n'étaient pas motivées. Ils n'étaient astreints à aucune règle de procédure.

## SECTION II.

### Organisation des provinces belges pendant leur union au royaume néerlandais.

Le roi de Hollande savait qu'il ne pouvait mieux répondre aux aspirations de ses nouveaux sujets qu'en faisant renaître leurs anciennes franchises, et les Belges n'étaient pas moins jaloux de leurs libertés provinciales que de leur indépendance communale. Ils les considéraient avec raison comme intimement unies, et faisaient des premières la sanction et la garantie des secondes.

La province belge n'était pas, comme le département

français, une fiction de la loi, suivant l'expression si juste de M. de Martignac. Elle avait ses racines dans les antiques usages, dans les mœurs, dans les coutumes du pays non moins que la commune elle-même. Elle était la résultante de l'affranchissement des cités, le symbole de leur union pour défendre les franchises conquises au prix de leurs communs efforts.

La révolution de 1789 n'avait pas surpris la Belgique comme la France, écrasée sous la centralisation excessive créée par les Richelieu et les Louis XIV, et ayant vainement tenté par les mains de Turgot de faire renaître quelques libertés locales.

Au moment où les armes triomphantes de notre première république annexèrent à la France la Belgique, les provinces belges formaient des corps politiques indépendants, de petits États presque souverains, possédant des institutions, des lois particulières, leurs officiers, leurs chartes, usages et privilèges, et vivant dans une sorte de fédération sous le gouvernement central de Bruxelles.

Les états des provinces des Pays-Bas autrichiens jouissaient d'une indépendance très-large au point de vue politique, et absolue au point de vue administratif.

Ils veillaient à la conservation des lois fondamentales du pays, des privilèges qui lui avaient été octroyés, de ses franchises et coutumes.

Ils votaient des aides et subsides, et les impôts ne pouvaient être levés, à la demande du souverain, que sur leur autorisation.

Dans plusieurs provinces, les délibérations sur les subsides devaient être unanimes ; « deux états, disait-on, pas d'état ; » ou bien, « à condition que le troisième état suive, ou autrement pas. »

17

Par contre, ils ne pouvaient établir aucun impôt nouveau
à la charge de la province sans le consentement du gouvernement. Le pouvoir législatif résidait donc à la fois dans
les états et dans le prince.

Ils avaient l'initiative en matière d'administration. Ainsi,
ils ordonnaient la création des routes, des canaux, des établissements publics.

Le pouvoir exécutif des états résidait dans les mains
d'une députation dont les membres étaient choisis par eux
dans leur sein.

Ce collége, qu'on appelait *députation des états*, répar-
tissait les subsides, contrôlait les recettes, régularisait les
comptes, dirigeait les travaux publics, veillait à l'entretien
des édifices et à toutes les autres affaires de l'administration
journalière. Cette députation s'assemblait de deux à trois
fois la semaine. Elle rendait compte de sa gestion à l'assemblée générale des états.

Les fonctions des membres députés cessaient au bout de
trois ans ; ils pouvaient être réélus.

Le secrétaire greffier ou référendaire était nommé tous
les trois ans par l'assemblée générale des états.

Les trois états étaient : l'état primaire, c'est-à-dire
sacerdotal ; l'état noble, et l'état tiers, où figuraient les
bourgmestres des villes qui formaient la confédération.

Le souverain avait un représentant à la tête de chaque
province : c'était un officier général nommé par lui et qui
portait le titre de gouverneur. Cet officier était chargé de
défendre les intérêts du prince contre les empiétements des
autorités locales, de maintenir la tranquillité publique et
d'assurer la défense du territoire. A cet effet, il veillait à
l'entretien des places fortes, inspectait et dirigeait les troupes
cantonnées dans son ressort. Mais il ne se mêlait guère des

affaires provinciales, et l'administration municipale échappait à son contrôle.

Il avait la présidence des états de la province et leur demandait les subsides au nom du gouvernement (1).

La réunion d'un certain nombre de communes rurales formait un district. Les districts étaient administrés par des collèges en chef (2).

Le collège en chef était une sorte d'agence, dans les mains de laquelle se trouvait centralisée l'administration des villages du ressort, et qui ne doit pas être confondue avec les échevinages particuliers de ces mêmes villages.

Les collèges en chef, quoiqu'ils fussent établis dans les villes chefs-lieux des ressorts ruraux, n'avaient sur les habitants ni sur les territoires de ces villes aucune juridiction ni autorité quelconque. Leurs attributions ne s'étendaient que sur la banlieue.

Ils étaient composés d'un nombre variable d'échevins, choisis par le gouverneur parmi les notables domiciliés dans le ressort, et, en outre, d'un officier qui représentait le souverain et qui portait le titre de bailli.

Ils avaient pour fonctions principales d'effectuer la répartition des aides et subsides assis sur le ressort, d'en surveiller le recouvrement, et de juger, sans frais, les contestations que soulevait la perception de ces impôts.

Ils surveillaient aussi la gestion financière des communes de leur ressort, envoyaient annuellement des commissaires pour assister à la reddition de leurs comptes.

Ils exerçaient enfin l'administration de la voirie et des

(1) Steur, *Précis de l'administration des Pays-Bas autrichiens sous Charles VI et sous Marie-Thérèse.*
(2) Edit 1er septembre 1749.

cours d'eau, faisaient sur ces matières tels règlements qu'ils jugeaient convenir, et punissaient les contraventions.

Il y avait, dans chaque ressort rural, un receveur en chef, nommé par le gouverneur général et chargé de centraliser les recettes publiques opérées par les receveurs des villages. Ces receveurs rendaient annuellement leurs comptes au collége en chef, en présence d'un commissaire impérial (1).

Le gouvernement néerlandais s'efforça de faire renaître ce régime tout entier, non-seulement dans ce qu'il avait de cher aux souvenirs des populations et de conforme à leurs aspirations vers la liberté, mais aussi dans ce qu'il avait de contraire aux mœurs et à l'esprit public d'un pays entièrement acquis aux principes de la Révolution française.

Les états provinciaux furent, comme autrefois, divisés en trois ordres : les délégués du corps équestre, ceux des villes et ceux des campagnes (2). La distinction en deux ordres distincts des représentants des villes et de ceux des campagnes avait été imaginée pour combler le vide qu'avait laissé la disparition de l'ordre du clergé. Quant à l'ordre équestre, c'était un ordre créé par les statuts du gouvernement néerlandais et exerçant certaines prérogatives politiques et administratives par droit de naissance. Le roi était allé jusqu'à rétablir, en Hollande, en faveur des membres de l'ordre équestre, les anciennes seigneuries. L'esprit public, en Belgique, ne lui permit pas de tenter ces essais.

En vertu de la loi fondamentale de 1815, les états provinciaux élisaient les membres de la seconde chambre des états généraux et administraient la province ; toutefois, pour les affaires importantes, leurs décisions n'étaient exécu-

(1) Voir le mém. de Steur sur l'administration générale des Pays-Bas, p. 54.
(2) L. fond., art. 129.

toires qu'après avoir été revêtues de l'approbation royale.
Le roi avait le droit d'annuler leurs délibérations pour
excès de pouvoir, violation de la loi ou atteinte à l'intérêt
général (1).

Un collége composé, sous le nom d'*états députés*, d'un
certain nombre de membres des états provinciaux assurait
l'exécution de leurs décisions et veillait aux mesures de
simple administration (2).

Près de chacun des états provinciaux, était placé un gouverneur chargé de représenter la personne du roi et les
intérêts de l'administration générale (3). Enfin, dans chaque
district du plat pays, on trouvait un commissaire délégué
par le roi et chargé, sous l'autorité du gouverneur et des
états, de surveiller l'exécution des dispositions légales et
réglementaires relatives à l'administration des communes
rurales (4).

On le voit, le système établi par le gouvernement néerlandais était la reproduction de l'ancienne organisation
provinciale des Pays-Bas autrichiens. Ce gouvernement
s'était attaché à faire renaître l'image d'un passé qui avait
laissé chez les populations tant de grands souvenirs, mais
sa copie était trop fidèle. Au lieu de vivifier ces anciennes
institutions en les appropriant à l'esprit moderne, il choqua
l'opinion publique par la prétention surannée de faire revivre des abus définitivement condamnés; faute de faire
appel à la confiance de la nation, il ne créa que des corps
sans influence réelle.

Une opposition chaque jour croissante en force et en éten-

(1) L. fond., art. 129, 130, 139, 144, 145, 146, 148, 149 et 150.
(2) *Ibid.*, art. 153. — Règl. 30 mai 1825, art. 76 et suiv.
(3) Instructions 23 juin 1814 et 15 décembre 1820.
(4) Règl. du 23 juillet 1825, art. 1, 118 et suiv.

due lui reprochait de n'avoir donné aux pays qu'une image trompeuse de ses franchises passées et d'avoir caché, sous une apparente restauration des anciens ordres, l'introduction d'un système qui manquait de tout caractère sincèrement représentatif. En effet, les délégués des villes étaient élus, par qui? Par les conseils de régence (1), dont les membres étaient nommés à vie par le roi. Et les délégués des campagnes, par qui? Par un collége de notables désignés par les conseils communaux nommés aussi par le roi (2). Enfin la composition de l'ordre équestre était abandonnée à la faveur royale. On retrouvait donc partout la main du souverain, et c'était lui, en réalité, qui nommait aux états provinciaux, comme aux conseils de régence, comme aux conseils communaux.

D'un autre côté, ces prétendues libertés provinciales, sur quel fondement reposaient-elles? Sur le bon plaisir du roi. Il s'était réservé par la loi fondamentale la prérogative d'établir, de supprimer ou de modifier les institutions provinciales comme les institutions communales. Une liberté fondée sur une base aussi mobile n'était qu'une tolérance (3). Un semblable octroi des franchises indispensables à la vie communale et provinciale équivalait à la négation du droit des populations. La méfiance du souverain irritait la nation et faisait lever les ferments de division semés par les événements.

(1) Art. 67 règl. 19 janvier 1824.
(2) *Ibid.*, art. 44.
(3) L. fond., art. 130, 132, 152 et 154; arrêté royal du 30 mai 1825.

## SECTION III.

Réorganisation du pouvoir provincial après la constitution de la Belgique
en royaume indépendant.

La loi fondamentale de 1815 n'avait fait que ressusciter
les institutions provinciales des Pays-Bas autrichiens. Toutefois, en reproduisant, aussi fidèlement que les circonstances
le permettaient, les formes du passé dans l'organisation des
états, elle s'était, dans la fixation de leurs attributions, con-
formée aux principes modernes. Elle avait renfermé leurs
pouvoirs dans le cercle de l'administration locale. Elle ne
leur avait plus permis d'empiéter sur le domaine législatif
par le vote de l'impôt, de s'ingérer dans la direction de la
politique générale par l'octroi de subsides en hommes ou en
argent. Même pour les affaires administratives confiées à
leur vigilance, elle avait distingué entre les questions qui
concernaient les intérêts généraux de l'État et celles qui ne
regardaient que les intérêts locaux de la province ; et, tandis
que, pour les secondes, elle leur accordait l'initiative et, sauf
dans les affaires les plus graves, la décision ; pour les premières, elle les réduisait au rôle de simples agents d'exécution. Par là, elle maintenait le principe sur lequel repose
l'unité de l'État moderne, et au lieu de reconstituer la Belgique en confédération de provinces unies sous le sceptre
d'un même prince, elle faisait des habitants de toutes ces
provinces les citoyens d'une seule et même nation.

Ce nouveau principe était absent de la législation comme
des mœurs et coutumes des Pays-Bas autrichiens. Où la loi

fondamentales de 1815 l'avait-elle donc puisé? Dans la législation française. Ce sera l'éternel honneur de l'Assemblée constituante d'avoir, la première, compris l'unité nationale moderne, celle qui courbe toutes les têtes sous un même joug, mais supprime les distinctions de races et de priviléges et appelle tous les citoyens, quelque fraction du territoire qu'ils habitent, à jouir des bienfaits d'une liberté commune sous l'empire d'une seule loi. Elle avait supprimé les anciennes provinces, craignant de trouver, dans leurs traditions de politique locale indépendante, des obstacles à la transformation de tous les groupes distincts qui existaient encore sur le sol de la France en un peuple français. Mais elle avait compris la nécessité d'établir, entre l'unité nationale et l'unité communale, un pouvoir pondérateur destiné à leur servir de lien. Elle avait senti que ces deux autorités étaient trop séparées pour pouvoir agir directement l'une sur l'autre, sans de nombreux froissements, et qu'il fallait établir entre elles une autorité intermédiaire pour faire subir aux injonctions générales et, pour ainsi dire, théoriques de la loi ou de l'ordonnance une première individualisation, non pas entre les citoyens encore, mais entre les communes. Elle avait voulu que le corps électoral fût représenté, à ce point intermédiaire de la hiérarchie des pouvoirs publics, par le conseil départemental comme il l'était, au sommet, par l'Assemblée législative et, à la base, par le conseil communal. Mais elle avait calculé les attributions de ces nouvelles assemblées de telle façon qu'elles ne pussent ni opprimer l'indépendance municipale ni entraver l'action du pouvoir central. Sur ce point, les auteurs de la loi fondamentale de 1815 ont respecté l'œuvre de l'Assemblée constituante, ils ne sont pas revenus aux traditions fédératives des Pays-Bas autrichiens; mais, s'inspirant du décret du 22 décembre 1789, janvier 1790, ils ont subordonné entièrement les états provinciaux à l'autorité du roi, chef de l'administration, en tant qu'il s'agissait de l'application des lois et des mesures d'intérêt national, ils ont ainsi préparé l'autonomie et fondé l'unité de la Belgique. Ce ne sont pas les seuls services qu'ils aient rendus à ce pays. L'œuvre de l'Assemblée constituante était incomplète, elle ne tranchait qu'un côté du problème, ils ont résolu l'autre avec une grande sagesse. Ils ont doué la Belgique de l'indépendance provinciale, permis l'affranchissement de ses communes et établi un système de décentralisation aussi bienfaisante que sincère.

L'Assemblée constituante sentait qu'il manquait quelque chose à sa création. Mais, après avoir brisé la province, il lui était difficile de donner à ces départements, pures expressions géographiques, sans traditions et sans passé, une vie propre, et puis, elle craignait d'établir des centres de résistance locale à ses mesures d'unification. La loi fondamentale de 1815, au contraire, faisant renaître les anciennes provinces, trouvait tous les éléments nécessaires à la constitution d'un être plein de vie et d'indépendance. Parmi les attributions des anciennes représentations de cet être moral, elle a distingué, à l'aide des lumières puisées dans les travaux de l'Assemblée constituante, ce qui était contraire à la subordination hiérarchique des pouvoirs qu'exige l'unité nationale, ce qui devait continuer à ressortir de l'initiative locale. Elle a retranché les premières, scrupuleusement maintenu les secondes, et constitué ainsi ce pouvoir local intermédiaire, dont l'Assemblée constituante n'avait développé qu'un des côtés, sur sa véritable base et dans sa complète extension.

Lorsque la Belgique, après s'être rendue maîtresse de ses

destinées, a eu à réorganiser ses institutions, elle a donc
trouvé les attributions des pouvoirs provinciaux parfaitement
définis. Subordonnés dans le domaine de l'administration
générale, elle les a vus en possession de régler avec une
entière liberté leur police, leurs travaux, leurs établissements
publics, leurs finances, et de servir de contrôle et de protection à l'indépendance communale. Elle n'avait donc, sur ce
point, qu'à sauvegarder les progrès accomplis, sans chercher
au delà de ce qui était la vérité. C'est ce qu'elle a fait, donnant un exemple que devraient méditer les réformateurs
français, qui, pour des améliorations douteuses, ont tant de
fois compromis les résultats obtenus.

Au point de vue de l'organisation, elle comprit qu'elle
devait mettre ses institutions d'accord avec les exigences de
l'esprit moderne, et faire disparaître des dénominations et
des distinctions qui rappelaient un passé définitivement
condamné. Il n'y eut plus de distinction entre les députés
des villes et ceux des campagnes, et quant à l'ordre équestre,
il disparut tout entier. A leur place siégèrent les mandataires d'un corps électoral, unique comme la nation dont il
était l'expression. A un simulacre d'élections qui, sous une
hiérarchie trompeuse de suffrages, cachait la main toute-
puissante de l'autorité royale, on vit succéder la représentation sincère de la province. Dès lors, tout fut changé, et les
populations, rejetant toute méfiance vis-à-vis de l'administration, s'attachèrent à des institutions qui consacraient
loyalement leur indépendance. Les états provinciaux devinrent le conseil provincial, les états députés la députation
permanente ; les gouverneurs et les commissaires d'arrondissement conservèrent seuls leurs titres comme leurs fonctions.

Cette organisation provinciale ainsi transformée rappelle,

à s'y méprendre, l'organisation des administrations de
département créées par l'Assemblée constituante. Le con
seil de département du décret du 22 décembre 1789 est
devenu le conseil provincial; le directoire de département
s'est changé en députation permanente; enfin, le gouverneur se rapproche plus, par ses attributions, du procureur
général syndic que du préfet de l'an viii. Toutefois, les
deux organisations diffèrent en un point, et cette seule
différence suffirait à expliquer la courte durée de la première
et la stabilité de la seconde. La législation belge donne
au pouvoir central la nomination d'un commissaire pour
assurer l'obéissance aux lois et aux actes du gouvernement, pour contrôler les autorités locales, diriger les agents
d'exécution, maintenir l'ordre et requérir la force armée,
tandis que l'Assemblée constituante, attribuant à l'élection
le choix de tous les agents des pouvoirs locaux, laissait le
gouvernement désarmé.

## SECTION IV.

### Développement de l'organisation départementale depuis 1814 jusqu'à 1870.

S'il est une partie de notre législation administrative qui
ait suivi un développement continu, c'est, sans contredit,
celle qui est relative à l'organisation départementale. Depuis
1814, les pouvoirs des conseils généraux ont grandi, en vertu
d'une progression non interrompue, et à laquelle chaque
gouvernement a voulu contribuer,

La Restauration, qui avait trouvé dans l'omnipotence préfectorale établie par le premier empire un instrument commode pour triompher des résistances de ses adversaires, se décida tardivement à essayer une réforme qui aurait pu lui ramener quelque popularité, et qui était réclamée par les exigences d'une bonne administration non moins que par la voix de l'opinion libérale. Ce n'est qu'en 1829 que la Chambre des députés fut saisie d'un projet d'organisation départementale. Une discussion ardente s'éleva sur le maintien ou la suppression des conseils d'arrondissement. Le ministère proposait le maintien, la commission la suppression. L'opposition fit prévaloir cette dernière opinion, et le gouvernement retira son projet. La lutte, qui devait se terminer par la chute de la branche aînée des Bourbons, commençait entre la Chambre et la dynastie; les conseils d'arrondissement n'étaient qu'un prétexte.

Le gouvernement de Juillet se hâta de réaliser ce que son prédécesseur avait vainement essayé. Par les deux lois des 22 juin 1833 et 10 mai 1838, il a posé les principes de l'indépendance départementale, dont les lois ultérieures n'ont fait que développer les conséquences.

Pour rendre la vie à cette partie de notre administration, il fallait donner aux conseils généraux une puissance réelle, et ces corps ne pouvaient recevoir une autorité indépendante que du corps électoral. C'est ce que comprit le législateur. Il commença par rendre électives les fonctions de conseiller général. Pour former le corps électoral, il eut recours au cens, qui constituait alors la base des institutions représentatives. Il fit du conseiller général, non le mandataire d'une quote-part de la population, mais le représentant d'une circonscription administrative, le canton, en fixant toutefois à trente le maximum des membres à élire.

Enfin, il compléta ces dispositions libérales en laissant au conseil général la nomination de son bureau. C'était là la condition essentielle pour établir un pouvoir départemental. Restait à déterminer les attributions de ce nouveau pouvoir : c'est ce qu'a fait la loi du 10 mai 1838.

La loi de 1838 a suivi, dans la fixation des attributions du conseil général, une marche analogue à celle qu'avait suivie la loi du 18 juillet 1837 dans la détermination des attributions du conseil municipal. Pour quelques cas fort restreints, elle lui donne un droit de décision souveraine ; dans la plupart des affaires départementales, elle lui accorde l'initiative, mais refuse tout effet à sa délibération, si elle n'est revêtue de l'approbation de l'administration supérieure. Sur les autres questions locales, elle ne l'autorise à intervenir que pour présenter un avis ou émettre un simple vœu.

Le législateur de 1838 devait-il faire plus? Devait-il faire autrement? La première question n'a aujourd'hui qu'un intérêt rétrospectif. Nous montrerons, en effet, dans le cours de ce travail, que le pouvoir départemental jouit actuellement d'une indépendance telle qu'on ne saurait l'accroître sans rompre les liens de l'unité nationale et faire de la France une confédération de départements. Mais on peut encore soutenir, et cette thèse a été récemment défendue devant l'Assemblée nationale, que le législateur de 1838 nous a engagés dans une voie fausse lorsqu'il n'a pas supprimé le département pour reconstituer les anciennes provinces. Cette opinion a de nombreux partisans. Elle mérite d'être examinée.

Pour la soutenir, on a dit : Les circonscriptions, en vue desquelles sont créés les conseils généraux, manquent de vérité et n'ont d'autre raison d'être que le caprice du légis-

lateur. La force des choses résiste à ce fractionnement du
territoire en plus de quatre-vingts parcelles. Il y aurait, au
contraire, le plus grand avantage sous le rapport administratif, comme au point de vue économique, industriel et
même politique, à revenir à la vérité des faits, aux traditions
toujours vivantes dans les souvenirs des populations, et à
faire renaître les anciennes divisions provinciales fondées
sur de réelles communautés d'origine, sur la similitude des
intérêts et des coutumes. Vainement on pourvoira des
mêmes institutions, on régira par les mêmes autorités, on
investira des mêmes droits Bordeaux et Mont-de-Marsan,
Toulouse et Tarbes, Marseille et Draguignan. La nature des
choses répugne à ce que ces villes jouent un même rôle et
jouissent d'une égale influence. Tandis que les premières
seront toujours des capitales, des centres de vie, d'action et
de commerce ; dans les autres, préfet, conseil de préfecture,
conseil général, ne trouveront ni l'emploi de leur activité,
ni la justification de leur existence. N'y aurait-il pas un progrès incontestable, une économie sérieuse à supprimer
cette armée de fonctionnaires inoccupés et à concentrer
l'action administrative entre les mains de quelques agents
supérieurs, qui imprimeraient à la direction des affaires
l'ampleur de vues, l'indépendance d'esprit, l'étendue d'autorité indispensables pour créer des œuvres utiles et durables ? A la vérité, certaines villes acquerraient comme
chefs-lieux de province une influence plus considérable, et
le pouvoir central perdrait ainsi une partie de son omnipotence. Mais ce serait un bien. Le gouvernement trouverait
contre les assauts des révolutions ou les attaques de l'étranger un appui précieux et un secours nécessaire dans ces
grands centres fortement constitués, assez puissants pour
tenir tête à l'émeute et pour répudier la servilité coupable

avec laquelle les départements ont trop souvent suivi les mouvements de la capitale.

Il nous est impossible d'adopter ce système et de nous joindre aux critiques que ses partisans adressent aux auteurs de la loi de 1838. Sans doute, on peut regretter que l'Assemblée constituante ait cru devoir renverser si complétement l'ancien système provincial, qu'elle en ait brisé tous les ressorts, arraché la racine et détruit le bon comme le mauvais. On peut dire qu'elle a rendu, par là, l'œuvre de ses successeurs plus difficile et retardé l'avénement de nos libertés locales. Mais, alors que sur la nouvelle base fondée en 1789 on a commencé à édifier un pouvoir indépendant, renverser ce pouvoir, pour essayer un retour vers des traditions oubliées; éveiller les justes susceptibilités des populations dans la mémoire desquelles, quoi que l'on en puisse dire, le passé a laissé plus de mauvais que de bons souvenirs; ébranler leur confiance dans les institutions au fonctionnement desquelles elles sont habituées, au développement desquelles elles ont contribué par la constante sagesse de leurs suffrages, pour se donner le plaisir puéril de faire revivre des souvenirs historiques, c'eût été, à nos yeux, moins faire l'œuvre de législateurs soucieux de l'avenir de la nation que d'enfants jaloux de briser les jouets qu'on leur donne et de demander ceux qu'on leur ôte.

Est-on sûr d'ailleurs que la restauration des anciennes provinces servirait les idées conservatrices dont les partisans de ce système se font les paladins? Il est permis d'en douter. Sans doute l'autorité de la capitale en serait amoindrie et une grande partie de son influence passerait aux cités chefs-lieux de province. Mais qu'est-ce que le gouvernement, qu'est-ce que l'ordre public gagneraient à accroître dans une proportion indéterminée l'action de cités comme

Lyon, Marseille ou Toulouse? Certes, le maintien de la paix publique et la répression des troubles ne seraient pas favorisés par cette sorte de décentralisation des éléments de désordre. Il y a injustice d'ailleurs à méconnaître les services que la forte organisation départementale de l'an VIII, stable au milieu des révolutions, a tant de fois rendus à la cause de l'ordre. Si elle n'a pas créé un obstacle à l'avénement des pouvoirs révolutionnaires, ce qui dépassait sa mission, elle a permis aux gouvernements animés du désir de faire obéir la loi de rétablir immédiatement son empire sur la totalité du territoire, ce qui vaut certes mieux pour le retour de la prospérité publique que les luttes intestines qu'aurait entraînées l'impuissante résistance de quelques centres provinciaux.

La division de la France en départements n'est pas aussi contraire à la nature des choses que ses adversaires le soutiennent ; ce qui le prouve, c'est qu'au moment où elle est intervenue, les anciennes provinces tendaient à se subdiviser en circonscriptions administratives moins étendues pour répondre aux besoins réels des populations. Sur certains points, l'Assemblée constituante a pu exagérer le fractionnement ; sur beaucoup, elle a adopté une division parfaitement en rapport avec les intérêts réels du pays et qui a été acceptée avec reconnaissance. Elle a, par là, facilité le développement de la prospérité agricole et du bien-être des populations rurales, oubliées jusqu'alors par des administrateurs trop éloignés ou préposés à des circonscriptions trop étendues. La loi fondamentale de 1815 a fait renaître les anciennes provinces des Pays-Bas autrichiens, mais ces provinces comprenaient un territoire beaucoup moins vaste que celui des provinces françaises.

La question du maintien ou de la suppression des con-

seils d'arrondissement avait été, en 1829, le signal de
cette lutte entre la Chambre et le ministère qui devait entraîner la chute d'une dynastie. En 1833, la même question
passa presque inaperçue, et l'on vit ceux qui, quatre ans plus
tôt, sous le règne de Charles X, avaient le plus ardemment
attaqué l'existence des conseils d'arrondissement voter sans
hésitation leur maintien sous le règne de Louis-Philippe.
Mais la suppression de ces conseils compte aujourd'hui de
nombreux partisans qui reprochent aux auteurs des lois de
1833 et de 1838 de ne leur avoir pas substitué des conseils
cantonaux.

Ils font observer que le conseil d'arrondissement n'a que
des attributions peu importantes, réduites à la répartition
de l'impôt entre les communes, à la présentation d'avis
motivés sur les demandes en décharges des villes et villages,
à l'audition du compte annuel du sous-préfet sur l'emploi
des centimes additionnels destinés aux dépenses locales, à
l'émission enfin d'une opinion sur l'état et les besoins de
la circonscription. Ils ajoutent que, si l'on peut distinguer
des intérêts de département et de commune, il n'y a point
d'intérêt d'arrondissement, tandis qu'il y a et qu'il serait
aisé de développer des intérêts de canton. C'est au canton
que se centralisent naturellement les affaires communales.
C'est là que les maires s'assemblent pour préparer les listes
électorales et pour les opérations du recrutement. Les
membres des conseils cantonaux seraient mieux instruits
des besoins des communes et ne seraient pas obligés à des
déplacements onéreux.

Le plus fort argument contre le maintien des conseils
d'arrondissement est l'état stationnaire où sont restées leurs
attributions comparé à la grande extension qu'ont reçue les
pouvoirs des conseils généraux. Ce parallèle semble suffire

18

à démontrer que cette institution sans avenir est condamnée à végéter dans le rôle effacé où elle a été reléguée
jusqu'à présent. Mais, à supposer qu'il faille tirer cette
conclusion du peu de développement qu'ont pris les attributions de ces conseils, il en résulte qu'il convient de
les supprimer, non qu'il y a lieu de créer des conseils
plus nombreux encore sous le nom de conseils cantonaux.

Quoi ! vous déclarez que le chef-lieu de l'arrondissement n'est pas un centre d'action administrative assez puissant pour occuper l'activité d'un corps délibérant, et vous
prétendez transférer ce centre au chef-lieu de canton? Il
est pourtant incontestable que le conseil d'arrondissement présente des garanties de lumières et d'indépendance qu'il serait imprudent d'attendre d'un conseil cantonal. Nous avons des villes qui comprennent plusieurs
cantons. Quel sera dans ces villes le rôle des conseils cantonaux vis-à-vis du conseil municipal? Dans la plupart des
cantons, il y a une ou deux communes populeuses qui exer-
ceraient dans le conseil cantonal une influence tellement
prépondérante que la voix des autres serait étouffée et
que l'on ne pourrait donner à ce conseil aucune autorité sur
la gestion des administrations municipales sans soulever
les plus justes méfiances et les plus légitimes réclamations.

La substitution du conseil cantonal au conseil d'arrondissement, loin de constituer, à nos yeux, un progrès, ne
serait qu'une faute. Certes, le conseil d'arrondissement ne
rend pas actuellement de grands services, mais il y a exa-
gération et injustice à prétendre qu'il n'en rend aucun. En
tout cas, c'est une pierre d'attente. Dans les Pays-Bas autrichiens, les pouvoirs provinciaux n'étaient que l'expression

de la confédération des villes et des communes rurales unies pour sauvegarder leurs franchises. Aussi, grâce à cette tradition, les conseils provinciaux de la Belgique actuelle et les députations permanentes ont-ils hérité de ce pouvoir qui a reçu, chez nous, le nom impropre de tutelle des communes; le gouvernement n'intervient-il que fort rarement dans les affaires municipales, et alors seulement qu'un intérêt national évident ou la nécessité de faire respecter la loi l'y oblige. Plusieurs lois récentes ont essayé d'introduire chez nous un système analogue en faisant aboutir au conseil général la solution de plusieurs des affaires qui intéressent l'administration communale. Mais ces essais n'ont pas donné les bons résultats qu'on était en droit d'en espérer, et les conseils généraux se sont montrés plus jaloux de centraliser au profit de l'extension de leurs attributions que de favoriser l'indépendance municipale. Si, plus tard, les tendances s'amélioraient sur ce point et si le législateur croyait pouvoir confier aux assemblées départementales le contrôle ordinaire sur les actes du pouvoir communal qui, en Belgique, appartient aux autorités provinciales, les conseils d'arrondissement seraient d'un grand secours. Ils prépareraient, en effet, le travail des conseils généraux et trancheraient les affaires de faible importance intéressant les communes rurales. Ils rempliraient, enfin, le rôle que jouaient les collèges en chef dans l'administration des Pays-Bas autrichiens.

Le décret du 3 juillet 1848 n'apporta que deux modifications à l'organisation créée par les lois de 1833 et 1838. Il rendit publiques les séances des conseils généraux; il confia au suffrage universel les élections départementales.

De la première de ces deux innovations, nous ne dirons qu'un mot, c'est que si elle n'a pas offert de grands avan-

tages, au moins n'a-t-elle pas présenté les nombreux inconvénients dont on se plaisait à la dire entourée.

Nous ne ferons aussi qu'une remarque relativement à la
seconde. Pendant toute la durée du second Empire le suffrage universel a été maintenu dans les élections départementales comme dans les élections politiques. Cependant
le gouvernement a rivalisé avec le Corps législatif et le Sénat pour adresser aux conseils généraux les plus pompeux
éloges sur la sagesse de leurs décisions et la prudence de
leur conduite. La loi de 1866 a été un éclatant témoignage
de la confiance sans cesse croissante que le souverain et les
Chambres plaçaient dans les lumières et le patriotisme de
ces corps. L'Assemblée nationale a voulu aller plus loin encore. Une des premières lois qu'elle ait votée a eu pour but
de développer leur indépendance et, aujourd'hui encore, elle
ne paraît pas disposée à revenir sur les concessions qu'elle
leur a octroyées. Enfin, une loi récente, en cas de disper-
sion de l'Assemblée nationale, a constitué les conseils généraux suprêmes gardiens de nos institutions et des libertés publiques. Or, la sagesse des représentants d'un corps
électoral ne prouve-t-elle pas la sagesse et le discernement
du corps électoral lui-même qui les a choisis? Ainsi, au
moins, en ce qui touche les désignations des représentants
des intérêts départementaux, le suffrage universel n'a pas
donné les résultats fâcheux que certains publicistes se
plaisent à lui attribuer.

Si, sous le second Empire, le législateur a prodigué des
témoignages de confiance aux conseils généraux, il avait
débuté par montrer peu de sympathie pour leur indépendance. La loi du 7 juillet 1852 avait supprimé la publicité
de leurs séances et, en leur enlevant la nomination des
membres de leur bureau pour la donner au chef de l'État,

les avait privés de la première garantie de la liberté de leurs discussions. Ce n'est qu'à la fin de l'Empire qu'une loi du 23 juillet 1870 leur a restitué ce droit essentiel à leur dignité.

Nous analyserons plus loin les dispositions de la loi du 18 juillet 1866, une des meilleures qui aient été votées sous l'Empire, si l'on en croit le rapport de la commission qui a préparé la loi du 10 août 1871, et nous comparerons en détail le système qu'elle avait inauguré avec celui qui est actuellement en vigueur.

# ORGANISATION DÉPARTEMENTALE

## ET PROVINCIALE

ACTUELLEMENT EN VIGUEUR EN FRANCE ET EN BELGIQUE.

---

# CHAPITRE PREMIER.

### L'arrondissement.

---

### SECTION PREMIÈRE.

Le conseil d'arrondissement.

### SECTION II.

Le sous-préfet, le commissaire d'arrondissement.

---

# CHAPITRE II.

### Le conseil général ou provincial.

---

# CHAPITRE III.

La commission départementale, la députation permanente du conseil provincial.

---

# CHAPITRE IV.

Le préfet, le gouverneur

---

# CHAPITRE V.

Le secrétaire général, le greffier provincial.

---

# CHAPITRE VI.

Le conseil de préfecture

---

# CHAPITRE PREMIER

—

Pour relier la commune au département ou à la province, il a été établi une circonscription territoriale intermédiaire ; cette circonscription a reçu le nom d'arrondissement communal.

L'arrondissement n'est ni une personne civile, ni un pouvoir politique, c'est un simple rouage administratif.

En France, il est représenté par un corps délibérant électif : le conseil d'arrondissement, et par un agent du pouvoir exécutif, le sous-préfet.

En Belgique, il n'est représenté que par un fonctionnaire administratif, le commissaire d'arrondissement.

## SECTION PREMIÈRE.

### Le conseil d'arrondissement.

Le conseil d'arrondissement est composé d'autant de membres qu'il y a de cantons dans l'arrondissement. Toutefois, si le nombre des cantons est inférieur à neuf, un acte du pouvoir exécutif répartit entre les cantons les plus peuplés le nombre des conseillers à élire pour atteindre ce chiffre.

Les conseillers sont élus pour six ans et renouvelés par moitié tous les trois ans.

Le conseil est chargé de la répartition entre les communes du contingent, dans chaque contribution directe assigné à l'arrondissement Au besoin, il réclame contre ce contingent devant le conseil général, et est appelé à donner son avis sur les demandes en réduction, présentées par les communes. En opérant la répartition, il est tenu de se conformer aux décisions prises par le conseil général.

A cet effet, sa session annuelle se divise en deux parties. Dans la première qui précède la réunion du conseil général, il délibère sur les demandes en réduction de contingent. Dans la seconde qui suit cette réunion, il fait l'application des décisions du conseil départemental.

Le préfet lui communique l'emploi des fonds de non-valeur pour l'arrondissement.

En dehors du concours qu'il prête à la répartition des contributions directes, le conseil d'arrondissement ne joue qu'un rôle consultatif. Tantôt son avis est obligatoire pour l'administration, tantôt il n'est que facultatif. Il peut adresser directement au préfet, par l'intermédiaire de son président, son opinion ou ses vœux sur l'état et les besoins des différents services publics, en ce qui concerne l'arrondissement (1).

(1) L. 22 juin 1833 et 10 mai 1838.

## SECTION II.

Le sous-préfet. — Le commissaire d'arrondissement.

Le sous-préfet et le commissaire d'arrondissement sont des agens de transmission, d'information, de surveillance et quelquefois d'exécution, chargés de relier l'organisation communale à l'organisation administrative supérieure.

Ils résident au chef-lieu de l'arrondissement, sont nommés par le chef de l'État, sans qu'aucune restriction soit apportée à la liberté de ses choix.

Ils sont les subordonnés directs du chef de l'administration dans le département ou dans la province; ils ont les magistrats municipaux sous leurs ordres, pour tout ce qui concerne l'exécution des lois et règlements généraux; et sous leur surveillance immédiate, pour les affaires communales.

L'autorité du commissaire d'arrondissement s'exerce plus spécialement sur les communes rurales et sur les villes dont la population est inférieure à 5,000 âmes, quand ces villes ne sont pas chefs-lieux d'arrondissement. Le sous-préfet exerce également son action sur toutes les communes de son ressort, et sur les établissements publics communaux.

Ils sont officiers de police administrative. En cette qualité, ils requièrent la force armée (1) et assurent le maintien de la sécurité publique. Le sous-préfet, lorsque les communi-

(1) Art. 117, D. 1ᵉʳ mars 1854,

cations sont interrompues par un fait de guerre ou d'insurrection entre son arrondissement et le chef-lieu du département, exerce l'autorité préfectorale.

En principe, ils n'ont pas de pouvoir propre. Cependant la
loi a délégué certaines attributions spéciales au commissaire
d'arrondissement en matière électorale (1) et en matière
de milice (2).

Les délégations analogues faites au sous-préfet sont plus
nombreuses et plus importantes; il préside aux opérations
du tirage au sort et assiste aux séances du conseil de révision (3). Il surveille la confection des listes électorales (4),
il désigne les répartiteurs (5), vise les récépissés délivrés
par les comptables (6), rend exécutoires les états de recouvrement des recettes municipales ou des recettes des établissements de bienfaisance (7); homologue certains tarifs
communaux (8). Il nomme les préposés d'octroi (9).

Les décrets de décentralisation lui ont octroyé le droit de
décision sur quelques-unes des affaires des communes et
des établissements de bienfaisance qu'il était chargé auparavant de soumettre à l'approbation préfectorale.

Un des modes les plus recommandés à ces fonctionnaires
pour l'accomplissement de leur mission sont les tournées
d'inspection. Le commissaire d'arrondissement visite au

---

(1) L. élect. 3 mars 1841, art. 10, 13, §§ 3, 15, 19, 37 et 39; et 1er avril
1843, art. 6 et 7, § 1er.
(2) L. 8 janvier 1847, art. 5.
(3) L. 21 mars 1832, art. 10, 15. — L. 10 mars 1818, art. 12.
(4) D. 2 février 1852, art. 19. — L. 7 juillet 1852. — L. 5 mai 1855.
(5) L. 21 avril 1832, art. 17, 27.
(6) L. 24 avril 1833.
(7) L. 18 juillet 1837, art. 65, 44.
(8) D. 13 avril 1861, art. 6, 9 et 11.
(9) D. 13 avril 1861, art. 6, n° 19.

moins une fois par an toutes les communes et tous les établissements communaux de son ressort et vérifie leurs caisses chaque fois qu'il le juge convenable.

Il avertit le gouverneur de tout événement imprévu qui arrive à sa connaissance, et adresse annuellement à la députation, un mois avant la réunion du conseil général, un rapport sur les améliorations à introduire dans l'arrondissement.

Il fait au mois de janvier à la députation permanente un rapport général sur l'état de l'arrondissement pendant le cours de l'année précédente. Ce rapport est accompagné d'un tableau statistique dont le modèle lui est indiqué (1).

Le territoire des provinces flamandes et vallonnes est moins étendu que celui de nos départements, cependant un des plus savants interprètes du droit administratif belge dit avec raison : « Si la province n'avait pas été subdivisée, et si, au centre des subdivisions de la province, on n'avait pas établi des agents auxiliaires du gouverneur et de la députation, l'exécution des lois qui appartient au premier, la tutelle des communes et des établissements publics qui appartient à celle-ci, seraient devenues difficiles, pour ne pas dire impossibles (2). »

L'institution des sous-préfectures a été critiquée comme inutile. En instruisant sur place les affaires administratives, en adressant aux magistrats municipaux des explications claires et méthodiques, le sous-préfet est l'instrument indispensable d'une bonne administration.

(1) L. C. B., art. 136, 137, 138.
(2) De Fooz, *le Droit administratif belge*, t. I, p. 86.

# CHAPITRE II

—

Au temps de M. de Martignac, le département était une fiction de la loi ; aujourd'hui cette fiction a pris une réalité incontestable. Lorsque l'Assemblée constituante brisait les anciennes provinces pour former de leurs tronçons des circonscriptions territoriales sans personnalité distincte ; elle ne s'attendait guère que ces circonscriptions deviendraient des États dans l'État. Le département actuel se rapproche plus de la province belge que du département de 1789.

Aussi la récente loi du 10 août 1871, qui consomme l'affranchissement du département, n'est-elle, sur beaucoup de points, qu'une imitation de la loi belge. Pour trouver dans notre histoire nationale l'équivalent du système qu'elle a organisé, il faudrait remonter à nos anciens pays d'état.

Au point de vue de l'organisation administrative, le département et la province présentent un quadruple aspect : ce sont des circonscriptions territoriales pour la répartition des contributions directes, l'application des lois et des mesures d'administration générale ; ce sont des personnes morales capables de tous les actes de la vie civile ; ce sont des corps politiques qui possèdent, dans les limites tracées par la loi, une part de la souveraineté nationale; ce sont enfin les agences intermédiaires du contrôle qui est exercé par le gouvernement sur l'administration communale.

Cette circonscription administrative est représentée par une assemblée qui délibère, le conseil général ou provincial; par une délégation de cette assemblée qui administre, la députation permanente ou la commission départementale; par un agent qui exécute, le gouverneur ou le préfet; par un autre agent qui authentique, le greffier provincial ou le secrétaire général; par un juge du contentieux administratif, la députation permanente ou le conseil de préfecture.

Nous étudierons successivement les divers éléments de cette organisation. La circonscription du collége électoral chargé de nommer les conseils généraux et provinciaux, est le canton judiciaire; chaque canton en France a son représentant. L'élection se fait, au suffrage universel, dans la commune, sur les listes dressées pour les élections municipales. En Belgique, elle se fait au chef-lieu de canton. Chaque canton élit le nombre de conseillers fixé par la loi. Pour prendre part au scrutin il faut payer le cens requis pour concourir à la formation des Chambres. Dans les cantons où le nombre d'individus acquittant le cens exigé est inférieur à soixante-dix, des listes supplémentaires sont dressées. Les contribuables payant au trésor de l'État les quatre cinquièmes ou même les trois cinquièmes de ce cens y sont inscrits.

La réunion ordinaire du collége électoral a lieu de plein droit le quatrième lundi du mois de mai. En cas de vacance accidentelle, le gouverneur convoque le collége en vertu d'une décision du conseil ou de la députation. Les chefs des administrations communales adressent à chaque électeur une invitation personnelle à prendre part au vote. — Chez nous, les colléges électoraux sont convoqués par le pouvoir exécutif. En cas de vacance partielle, la commission départementale veille à ce que les électeurs soient réunis dans un délai de trois mois. A cet effet, elle adresse ses réquisitions au préfet, et, s'il y a lieu, au ministre de l'intérieur.

Outre la jouissance des droits civils et politiques, la loi belge et la loi française exigent trois conditions pour accorder l'éligibilité. Être âgé de vingt-cinq ans, n'être frappé d'aucune interdiction judiciaire, être domicilié dans la circonscription administrative. Cependant, chez nous, un quart des membres du conseil peuvent n'être pas domiciliés dans le département s'ils y sont inscrits au rôle de l'une des quatre contributions directes.

La loi de 1871 édicte deux ordres d'incompatibilités. Le premier s'étend à tout le territoire national. Il atteint les agents de l'ordre administratif. En vertu du second, le fonctionnaire n'est inéligible que dans le ressort où il exerce ses attributions. Sont compris dans cette catégorie les membres de l'ordre judiciaire et de l'instruction publique, les officiers supérieurs de l'armée de terre et de mer, les ingénieurs des ponts et chaussées et des mines, les ministres des différents cultes, les agents et comptables employés à l'assiette de l'impôt et au maniement des deniers publics, les employés salariés sur les fonds du département, les entrepreneurs de ses services publics.

En Belgique, l'inéligibilité n'est jamais circonscrite au ressort où les fonctions s'accomplissent, elle frappe les députés et les sénateurs. Le motif de cette nouvelle exclusion est la crainte que les membres des Chambres n'apportent dans le sein du conseil cette tendance à discuter les questions politiques qui domine dans les assemblées législatives.

Nul n'est admis à siéger à la fois dans plusieurs assemblées départementales ou provinciales.

Le conseil statue, soit d'office, soit sur la réclamation des électeurs, sur la validité des opérations électorales et vérifie les pouvoirs de ses membres. Il tranche sans recours les questions civiles comme les questions politiques. C'est un privilége des assemblées souveraines qui n'avait jusqu'ici appartenu, en France, qu'aux représentants du pouvoir législatif.

Les conseillers généraux sont nommés pour six ans ; ils sont renouvelés par moitié tous les trois ans ; les conseillers provinciaux sont élus pour quatre ans et renouvelés par moitié tous les deux ans, les uns et les autres sont indéfiniment rééligibles.

La loi réserve au conseil le droit de déclarer ses membres démissionnaires lorsqu'ils se trouvent atteints par une incapacité quelconque, et, en cas de renouvellement intégral, de diviser les cantons en deux séries, de manière à répartir, autant que possible dans une proportion égale, les cantons de chaque arrondissement dans chacune des séries, puis de procéder au tirage au sort pour régler l'ordre du renouvellement des séries.

Le conseil provincial s'assemble de plein droit au chef-lieu de la province une fois par an, en session ordinaire. La durée de cette session est de quinze jours ; elle n'est diminuée que d'un commun accord entre le gouverneur et le conseil. Par une décision spéciale, le conseil a le droit de la prolonger de huit jours. Au delà de ce terme, elle ne peut être étendue qu'avec le consentement du gouverneur et à la condition, pour le conseil, de s'occuper exclusivement du budget. Dans aucun cas, elle ne saurait excéder quatre semaines.

19

En dehors de cette réunion, le conseil provincial ne s'assemble en session extraordinaire que sur une convocation du chef de l'État. En cas de session extraordinaire ou de prorogation de la session ordinaire, l'acte de convocation mentionne les objets et l'ordre des délibérations. Le gouverneur prononce la clôture dès qu'il le juge opportun.

Le conseil général a, chaque année, deux sessions ordinaires. La première s'ouvre de plein droit le 15 août. Il faut une loi pour la retarder. La seconde commence au jour fixé par le conseil dans sa session d'août. Si le conseil s'était séparé sans avoir pris aucune décision à cet égard, le jour serait fixé et la convocation faite par la commission départementale, qui en donnerait avis au préfet.

La durée de la session d'août n'excède pas un mois, celle de la seconde session ordinaire, quinze jours.

Le conseil est réuni extraordinairement par décret du chef du pouvoir exécutif sur la demande adressée par les deux tiers de ses membres à son président. La durée des sessions extraordinaires est, au plus, de huit jours.

Les conseils généraux et provinciaux élisent, chaque année, leur bureau et font leur règlement intérieur. Leurs séances sont publiques, mais ils se forment en comité secret, sur la demande du président, de cinq membres, du gouverneur ou du préfet. Le président a la police de l'assemblée; le préfet et le gouverneur y ont entrée et sont entendus quand ils le demandent. Les conseils ont le droit de requérir leur présence, ainsi que celle de tous les chefs de service des administrations publiques; de prescrire des informations ou enquêtes à ces fonctionnaires, ou d'y faire procéder par certains de leurs membres, délégués à cet effet. La loi belge donne même au conseil la faculté de faire payer les frais de cette délégation aux agents administratifs en retard de fournir les renseignements demandés. Les délibérations ne sont valables que lorsque la moitié plus un des membres sont présents. Le vote a lieu au scrutin public ; néanmoins, lorsque les questions soulevées sont des questions de personnes, la loi prescrit le scrutin secret. En cas de partage, le système français donne au président voix prépondérante, et le système belge considère la proposition comme rejetée.

La loi belge stipule au profit des conseillers provinciaux le droit qui appartient aux membres des Assemblées législatives de diviser et d'amender toute proposition. Elle leur refuse l'allocation d'un traitement ; mais, à ceux qui sont domiciliés à un demi-myriamètre au moins du lieu de la réunion, elle accorde une indemnité de frais de route et de séjour. Ces fonctions sont, chez nous, complétement gratuites.

Toute personne intéressée est admise à prendre communication sans déplacement des procès-verbaux et délibérations, ainsi qu'à les publier. Toutefois, la loi française a entouré de certaines garanties la reproduction par la voie de la presse des débats des assemblées départementales. Le conseil établit, jour par jour, un compte rendu sommaire et officiel de ses séances, qui est tenu à la disposition de tous les journaux du département, dans les quarante-huit heures qui suivent la séance. Les journaux qui apprécient une discussion du conseil général sont tenus de reproduire, en même temps, la portion du compte rendu afférente à cette discussion. Toute contravention est punie d'une amende de 50 à 500 francs.

Les résolutions prises par le conseil général sont divisées par la loi en cinq classes : la première comprend les délibérations exécutoires par elles-mêmes ; la seconde, celles qui ne sont valables qu'en vertu d'une approbation supérieure ;

la troisième, les avis; la quatrième, les réclamations ; la cinquième, les vœux. Ses décisions s'appliquent à trois objets : aux intérêts de l'État, à ceux du département, à ceux des communes.

Les attributions du conseil provincial s'étendent aux mêmes objets.

Dans le domaine des intérêts généraux :

Le conseil général opère, entre les arrondissements, la répartition du contingent assigné au département dans les trois contributions : foncière, personnelle et mobilière et des portes et fenêtres.

_ Le conseil provincial exécutait autrefois, dans les mêmes conditions, la répartition, entre les communes, de l'impôt foncier, le seul impôt direct qui ne soit pas devenu, chez nos voisins, impôt de quotité.

Aujourd'hui, cette opération dérive de plein droit de la péréquation cadastrale et de la fixation, par le pouvoir législatif, du chiffre de la contribution foncière qui incombe à chaque province (1).

Les conseils généraux ou provinciaux sont consultés sur toutes les modifications à apporter aux circonscriptions administratives de leur ressort. Dans certains cas, le conseil général prononce définitivement.

Le conseil général procède, chaque année, à la révision des sections électorales, et en dresse le tableau. Ce pouvoir est confié à la députation permanente du conseil provincial.

Le conseil provincial présente des candidats à certaines places de judicature.

Dans le domaine des intérêts communaux :

(1) Lois 9 mars 1848 et 31 octobre 1853.

Ces conseils déterminent la part contributive des communes dans la dépense de leurs indigents, aliénés ou enfants assistés ; prononcent sur les travaux qui intéressent à la fois plusieurs communes, sur les changements de foires et marchés.

Le conseil général est consulté, en outre, sur les questions relatives aux octrois municipaux ; dans certaines hypothèses même, c'est à lui qu'appartient la décision. Il arrête, dans les limites fixées par la loi de finances, le maximum des centimes extraordinaires que les conseils municipaux sont appelés à voter. Il statue sur le classement et la direction des chemins vicinaux de grande communication et d'intérêt commun. Il est appelé à donner son avis sur la répartition des subventions accordées par l'État pour les édifices et les établissements communaux, sur le mode d'exploitation des propriétés communales forestières.

Les conseils généraux et provinciaux délibèrent sur tous les intérêts spéciaux à la personne morale qu'ils représentent. A quelques exceptions près, ils statuent définitivement sur ces questions.

Ces exceptions sont aujourd'hui plus rares en France qu'en Belgique.

Ainsi, en Belgique, l'approbation royale est requise pour toute acquisition, aliénation ou transaction dont la valeur dépasse dix mille francs, ainsi que pour les projets, plans et devis des travaux provinciaux dont le montant est supérieur à cinquante mille francs.

Chez nous, ces restrictions n'existent plus.

De même, le conseil général classe les routes départementales. Le classement d'une route provinciale n'est prononcé que par la loi.

Le conseil général statue sur la création des institutions

publiques départementales. Aucun établissement d'utilité publique n'est mis à la charge de la province sans que sa fondation ait été approuvée par arrêté royal.

Par contre, le conseil provincial exerce un ordre d'attributions inconnu à nos conseils généraux. Il fait des règlements d'administration intérieure et des ordonnances de police. La police provinciale a pour mission de veiller à ce qu'il ne soit pas apporté d'obstacle à l'importation, à l'exportation et au transit des marchandises; elle s'étend à la voirie, aux mines, au commerce, aux manufactures, à la mendicité, etc... Elle ne doit envahir ni le domaine de la loi, ni celui de la police générale qui appartient au roi, ni celui de la police communale qui appartient aux municipalités. Avec l'assentiment du gouverneur, le conseil provincial adresse des proclamations aux populations de son ressort.

Le conseil général adresse directement au ministre compétent les réclamations que lui inspirent l'état et les besoins des différents services publics au point de vue du développement de la prospérité départementale.

Il est appelé à émettre des vœux sur toutes les questions économiques et d'administration générale. Les vœux politiques lui sont interdits.

Nos lois ont organisé ainsi toute une hiérarchie de vœux en faveur des conseils municipaux d'abord, puis des conseils d'arrondissement, et enfin des conseils généraux. Nos voisins ont repoussé ce système. Ils donnent aux conseils locaux le droit de régler les intérêts locaux, mais ils ne les appellent pas à entrer dans le domaine de l'administration générale. Ils ont craint que ces vœux ne constituassent une cause de conflit entre les conseils électifs et le pouvoir central. La limite entre l'administration générale et l'économie politique d'une part, la politique de l'autre, est difficile à préciser. Si l'autorité locale veut la franchir, le gouvernement n'a aucune arme efficace pour réprimer ce désordre. On conçoit l'annulation d'une décision. L'annulation d'un vœu, en bonne logique, ne se comprend guère. Il est pourtant dangereux de laisser les esprits s'habituer à violer impunément les prescriptions de la loi.

Certaines affaires concernent à la fois plusieurs provinces ou plusieurs départements. Les conseils provinciaux correspondent entre eux librement pour le règlement de ces affaires ; en cas de désaccord, le gouvernement prononce. De même les conseils généraux provoquent entre eux, par l'entremise de leurs présidents, une entente sur ces points. Ils font des conventions à l'effet d'entreprendre et de conserver à frais communs les ouvrages et institutions d'utilité commune.

Le budget départemental ou provincial comprend des recettes ordinaires et extraordinaires, des dépenses obligatoires et facultatives. Les principales ressources qui alimentent ces budgets sont les centimes additionnels aux contributions directes, le produit des biens patrimoniaux, des taxes et péages régulièrement établies, les subventions des communes et les secours de l'État.

La loi française de 1871 n'admet comme dépenses obligatoires que celles concernant le loyer, mobilier et entretien des hôtels de préfecture et de sous-préfecture, des justices de paix, du local nécessaire à la réunion du conseil départemental d'instruction publique et du bureau de l'inspecteur d'académie ; les frais de casernement des brigades de gendarmerie, d'impression et de publication des listes pour les élections consulaires et des listes du jury. Aucune autre dépense n'est inscrite d'office au budget. La loi belge met le loyer de l'hôtel du gouvernement provincial, l'entretien et le renouvellement de son mobilier, les abonnements des commissaires d'arrondissement à la charge non de la province, mais de l'État. En revanche, elle fait figurer parmi les dépenses provinciales obligatoires beaucoup d'autres dépenses auxquelles il nous paraît difficile de refuser ce caractère. Nous citerons, à titre d'exemple, les pensions aux anciens employés, les frais d'entretien des aliénés indigents, les dépenses relatives aux églises cathédrales, palais épiscopaux et séminaires diocésains, l'entretien des routes, etc...

Si un conseil général omet d'inscrire au budget un crédit suffisant pour l'acquittement des dépenses obligatoires, il y est pourvu au moyen d'une contribution spéciale, établie par un décret, dans les limites d'un certain maximum et, au delà, par une loi.

A défaut par le conseil provincial d'allouer au budget des sommes nécessaires pour le payement des dépenses obligatoires, le gouvernement, la députation permanente préalablement entendue, y porte ces allocations dans la proportion des besoins; si les fonds provinciaux sont insuffisants, il est pourvu par une loi.

Le budget départemental est définitivement réglé par un décret, les allocations qui y sont inscrites ne peuvent être ni changées ni modifiées par le gouvernement. Le budget provincial est approuvé par arrêté royal, le roi a le droit de refuser son homologation à un ou plusieurs articles et d'adopter le surplus.

Le gouvernement est en possession d'un pouvoir de contrôle sur les actes des conseils généraux et provinciaux. Ce contrôle s'exerce sous diverses formes.

Certaines délibérations de ces conseils sont radicalement nulles, le gouvernement n'a donc pas à les annuler, mais, les circonstances de fait reconnues, il doit prononcer leur nullité préexistante. Telles sont les résolutions adoptées dans des réunions illégales. Le préfet et le gouverneur sont tenus de prendre les mesures nécessaires pour que l'assemblée se sépare immédiatement, de mettre le ministère public en état de poursuivre les contrevenants qui, outre les peines correctionnelles, sont frappés d'une inéligibilité plus ou moins prolongée.

D'autres décisions sont simplement annulables. Ce sont (1) celles qui contiennent un excès de pouvoir, une violation de la loi ou des règlements d'administration publique. Afin de permettre l'exercice de ce droit d'annulation, il est accordé au préfet, après chaque session du conseil général, un délai de vingt jours, pour déférer au chef du pouvoir exécutif, statuant en son Conseil d'État, tout acte de l'assemblée départementale qui lui paraît devoir être réformé. Le recours du préfet est notifié au président du conseil général et au président de la commission départementale. Si, dans le délai de deux mois, à partir de la notification, l'annulation n'a pas été prononcée, la délibération est exécutoire.

Le silence du préfet ou même celui du gouvernement ne sauraient avoir pour effet de paralyser entre les mains de tout intéressé le droit de porter, devant le Conseil d'État statuant au contentieux, une demande en cassation, pour excès de pouvoir et incompétence, de tout acte du conseil général qui lui fait grief.

Lorsque le conseil provincial a pris une résolution qui sort de ses attributions ou blesse l'intérêt général, le gouverneur est tenu de la déférer au· roi dans les dix jours, et

(1) Art. 47 L. 10 août 1871.

de notifier son recours au conseil ou à la députation, au
plus tard dans le jour qui le suit. Le recours est suspensif
pendant trente jours. Si, dans ce délai, le gouvernement
n'a pas prononcé, la résolution est exécutoire. — Le roi a le
choix d'annuler l'acte qui lui a été déféré, ou de proroger la
suspension prononcée, à charge de saisir les Chambres de la
question dans leur prochaine session.

Nous avons vu qu'en France, comme en Belgique, certaines délibérations ne sont valables qu'après avoir reçu
l'approbation du gouvernement. Mais les lois des deux pays
n'ont pas voulu que le simple silence du pouvoir central
arrêtât indéfiniment l'exécution de ces résolutions. Elles ont
exigé que le refus fût formulé et motivé, et ont considéré
comme une approbation tacite le silence gardé pendant un
délai déterminé. — Le délai fixé par la loi française est de
trois mois; celui qui est spécifié par la loi belge est de
quarante jours. Cette loi ajoute que les délibérations doivent être approuvées telles qu'elles ont été votées et sans
modification.

Enfin, le système français accorde au chef de l'État, sur
les conseils généraux, un droit de dissolution qui n'a pas son
pendant dans le système belge. Mais il entoure l'exercice
de cette faculté de nombreuses garanties. Pendant les sessions de l'Assemblée nationale, si le chef du pouvoir exécutif
prononce la dissolution, il est tenu d'en rendre compte à
l'Assemblée dans le plus bref délai. En ce cas, une loi
fixe la date de la nouvelle élection, décide si la commission
départementale conserve son mandat jusqu'à la réunion du
nouveau conseil général, ou autorise le pouvoir exécutif à
en nommer provisoirement une autre.

Dans l'intervalle des sessions de l'Assemblée nationale,
le chef du pouvoir exécutif prononce la dissolution d'un

conseil général pour des causes spéciales à ce conseil. Le décret de dissolution est motivé.

Il n'est jamais rendu par voie de mesure générale. Il convoque les électeurs pour le quatrième dimanche qui suit sa date. Le nouveau conseil général se réunit, de plein droit, le deuxième lundi après l'élection et nomme sa commission départementale.

# CHAPITRE III

—

En comparant la constitution du conseil provincial avec
l'organisation nouvelle de nos assemblées départementales,
nous avons montré, par le simple rapprochement des textes,
que les auteurs de la loi de 1871 avaient puisé leurs inspira-
tions dans la législation belge. Jaloux de suivre le modèle
qu'ils s'étaient tracé, ils ont pris à nos voisins, pour la
transporter en France, l'institution d'une délégation de
l'assemblée délibérante siégeant pendant l'intervalle des sessions de cette assemblée. Ce qui s'appelle, en Belgique, députation permanente, est devenu, chez nous, commission
départementale.

La députation permanente est, ainsi que nous l'avons
montré, une des institutions les plus anciennes et les mieux
entrées dans les mœurs de la Belgique. La création d'une
commission départementale constitue, au contraire, une
dérogation à nos traditions administratives. En 1790, il y
a eu les directoires de département ; mais ces corps, sans
énergie, ont déconsidéré, chez nous, le système des administrations collectives.

La députation permanente se compose de six membres,

nommés par le conseil dans son sein, à raison d'un, au moins, par chaque arrondissement judiciaire, parmi les conseillers élus ou domiciliés dans le ressort de cet arrondissement.

La commission départementale compte quatre membres au moins et sept au plus. Autant que possible, un membre est choisi parmi les conseillers élus ou domiciliés dans chaque arrondissement.

Les membres de la députation sont élus pour le terme de quatre ans. Ils sont renouvelés par moitié tous les deux ans. La commission départementale est élue chaque année, à la fin de la session d'août.

Les membres de la députation, comme ceux de la commission, sont indéfiniment rééligibles. En sus des fonctionnaires publics, la loi belge exclut de la députation permanente les magistrats municipaux, les membres de l'ordre judiciaire, les avocats, avoués et notaires; la loi française rend inéligibles à la commission départementale les députés à l'Assemblée nationale et le maire du chef-lieu du département.

La commission et la députation siégent, l'une et l'autre, au chef-lieu. Elles se réunissent toutes les fois que les besoins du service l'exigent. Elles font leur règlement de service intérieur.

Les chefs de service sont tenus de leur fournir tous les renseignements qu'elles réclament. Elles donnent des missions à leurs membres pour l'instruction des affaires sur lesquelles elles ont à statuer.

Ces deux organisations diffèrent sur deux points importants. Les fonctions de membre de la commission départementale sont gratuites, tandis que chaque membre de la députation jouit d'un traitement annuel de trois mille trois

cents francs, dont la moitié est réservée pour former des
jetons de présence. En sus, une somme de douze cents
francs au maximum, par province, est mise à la disposition
du président pour répartir en indemnité de frais de route
entre les membres qui ne résident pas au chef-lieu.

La commission départementale est présidée par le plus
âgé de ses membres. Elle élit son secrétaire. La députation
est présidée par le gouverneur ou celui qui le remplace dans
ses fonctions; le greffier provincial est de droit secrétaire.

Ces différences d'organisation ont une influence capitale
sur l'utilité pratique de ces deux corps administratifs créés
à l'image l'un de l'autre.

Le conseil provincial n'a qu'une session par année, et la
loi a assigné à cette session des limites fort restreintes.
D'autre part, la Constitution ne permet au roi de nommer
qu'un seul commissaire par province, et le gouverneur est
privé du concours que prête au préfet l'institution du conseil
de préfecture. Fondre en une seule autorité l'élément gouvernemental représenté par le commissaire royal et l'élément local et électif représenté par les députés; donner
aux mandataires du conseil provincial la mission de concourir à l'interprétation et à l'application des décisions de ce
conseil; faire de cet ensemble, où le gouvernement conserve
sa part légitime d'influence, le trait de jonction entre les
administrations communales et le pouvoir central; attribuer,
en conséquence, à ce corps mixte le premier degré de contrôle sur les communes : c'était, certes, la manière la plus
pratique de vaincre les difficultés de la situation.

Telle est la raison d'être de la députation permanente;
pouvoir éminemment pondérateur; appelé, là, à sauvegarder
les intérêts nationaux dans la gestion des affaires communales; ici, à protéger l'indépendance municipale contre les

empiétements du gouvernement; pouvoir indépendant, mais si intimement uni à l'action gouvernementale qu'il constitue pour elle une force, non une source de conflits. Institution née naturellement chez un peuple qui sait allier l'amour de la liberté au respect de l'autorité.

Les délibérations de la députation permanente s'étendent sur trois domaines différents : les unes portent sur des objets concernant l'intérêt général de l'Etat; les autres regardent l'intérêt départemental; les autres, enfin, l'intérêt communal.

Vis-à-vis du gouvernement, la députation est un corps consultatif et un corps délibérant. Elle doit donner son avis sur toutes les affaires qui lui sont soumises. Beaucoup de lois d'ordre général requièrent son intervention. Vis-à-vis de la province, elle pourvoit à l'administration journalière, tant en l'absence du conseil que pendant ses sessions ; elle exerce auprès de lui l'initiative. Lorsqu'il n'est pas rassemblé, elle prononce sur les affaires urgentes, à charge de lui en donner connaissance à sa première réunion. Le conseil ratifie ou annule, en respectant toutefois les droits acquis aux tiers à raison de l'exécution provisoire. Elle soumet au conseil les comptes des recettes et dépenses de l'exercice précédent, avec le projet du budget des dépenses et des voies et moyens pour l'exercice suivant. Elle intente les actions judiciaires. Elle vérifie l'état des recettes et des dépenses de la province. Elle dispose des fonds provinciaux par voie de mandats, dans la limite des crédits ouverts et sauf le visa de la Cour des comptes. Elle rend compte de sa gestion dans un exposé annuel fait au conseil.

Vis-à-vis des communes, elle a en main le contrôle tutélaire de leur administration.

La députation permanente du conseil provincial n'est

qu'un pouvoir délibérant, comme le conseil lui-même; le pouvoir exécutif dans la province appartient au gouverneur. Par là, la députation diffère du collége des bourgmestre et échevins, agent collectif d'exécution.

La commission départementale aussi n'est qu'un corps délibérant, et le préfet conserve la plénitude du pouvoir exécutif. En ce qui concerne l'application des lois générales, elle n'a encore reçu aucune délégation. Pour ces matières, le conseil de préfecture est resté le corps consultatif. On ne comprendrait pas, en effet, que ces questions fussent débattues dans une assemblée où le représentant du pouvoir central n'a pas voix délibérative.

Le projet, qui est devenu la loi du 10 août 1871, donnait à la commission départementale la tutelle des communes et des établissements charitables. On a objecté que le contrôle exercé sur les administrations municipales et hospitalières, et improprement qualifié du nom de tutelle, était justifié par des raisons d'ordre général, et non par des considérations tirées des intérêts départementaux; qu'il n'y avait donc aucune raison pour dépouiller le représentant du gouvernement de cette autorité et la confier aux délégués du conseil général. Ce genre d'attributions lui a donc été refusé.

Exclue de l'administration générale et de l'administration municipale, la commission voit sa compétence restreinte aux questions départementales; et encore, dans ce domaine borné, son pouvoir est réduit aux affaires pour lesquelles elle a reçu une délégation expresse du conseil général, ou à quelques matières peu nombreuses qui lui ont été nominativement confiées par le législateur. L'administration du département reste tout entière entre les mains du préfet, qui a seulement, s'il le juge opportun, la faculté de la consulter.

Elle reçoit chaque mois, du préfet et de ses délégués, l'état détaillé des ordonnances qu'ils ont reçues et des mandats de payement qu'ils ont délivrés pendant le mois précédent sur le budget départemental.

A l'ouverture de chaque session ordinaire du conseil général, elle fait un rapport sur l'ensemble de ses travaux, et soumet les propositions qu'elle croit utiles. Elle présente ses observations sur le budget proposé par le préfet.

Ces rapports sont imprimés et distribués.

Un conflit entre la députation permanente et le gouvernement ne saurait se produire, grâce à la sage organisation qui est en vigueur chez nos voisins. Le gouverneur défend son opinion dans la réunion qu'il préside ; mais, lorsque sa manière de voir est condamnée par la majorité, il ne lui reste qu'à exécuter la décision de la députation. On conçoit, au contraire, que le préfet et la commission devant l'un et l'autre, et l'un en dehors de l'autre, gérer parallèlement les mêmes intérêts avec des pouvoirs mal définis et émanés de source distincte, certaines difficultés surgissent dans leurs rapports respectifs. La loi a prévu les conséquences de l'antagonisme créé par elle. Existe-t-il, sur un point spécial, un simple désaccord entre le préfet et la commission, la solution est renvoyée à la prochaine session du conseil général. S'élève-t-il, au contraire, entre le fonctionnaire de l'État et la délégation du conseil, un conflit qui rende impossible les rapports journaliers, l'assemblée départementale est immédiatement convoquée. Si elle donne tort à la commission, elle procède au choix de nouveaux mandataires. Si elle lui donne raison, il incombe au ministre de l'intérieur d'aviser.

Les décisions de la commission départementale sont susceptibles d'être frappées d'appel devant le conseil général,

20

pour cause d'inopportunité ou de fausse appréciation des faits soit par le préfet, soit par les conseils municipaux, lorsque les intérêts communaux sont en jeu, soit par toute autre partie lésée. L'appel est signifié au président de la commission dans le délai d'un mois, à partir de la communication de la décision. Le conseil général statue définitivement à sa plus prochaine session. Ces résolutions peuvent également être déférées au Conseil d'État statuant au contentieux, pour cause d'excès de pouvoir ou de violation de la loi ou d'un règlement d'administration publique. Le recours au Conseil d'État est ouvert pendant deux mois, à partir de la communication de la décision attaquée. Il est formé sans frais, et il est suspensif. On s'est demandé si la décision du conseil général, que la loi qualifie de définitive, ne faisait pas obstacle au recours au Conseil d'État. Il est de principe qu'une décision administrative, même émanée de l'autorité souveraine, est susceptible d'être annulée par le Conseil d'État statuant au contentieux, lorsqu'elle contient un excès de pouvoir. Il ne saurait appartenir au conseil général de rendre obligatoire pour les citoyens une résolution qui serait en contradiction avec les prescriptions de la loi.

# CHAPITRE IV

—

Le préfet et le gouverneur sont seuls chargés, dans la circonscription territoriale à laquelle ils sont préposés, de l'administration générale et de la gestion des intérêts de l'État. Ils sont les représentants du gouvernement et exercent, sous la direction des ministres et dans les limites de l'action administrative, la plénitude des attributions qui sont déférées par les lois au chef du pouvoir exécutif. Par là, ils diffèrent des autres agents et fonctionnaires qui ne relèvent des départements ministériels que pour des services spéciaux. Ils sont nommés et révoqués par le gouvernement et rétribués sur les fonds généraux. Leur résidence est fixée au chef-lieu.

Ils sont les agents d'exécution pour les délibérations émanées des conseils généraux et provinciaux, de la députation permanente et de la commission départementale. Enfin, ils exercent le contrôle de l'État sur l'action des corps délibérants départementaux et provinciaux, ainsi que sur la gestion des intérêts des communes, des sections de communes et des établissements publics.

Leurs attributions se rapportent donc soit à l'État, soit au

département ou à la province, soit à la commune. Nous les
examinerons à ce triple point de vue.

En cas d'absence ou d'empêchement, le préfet est suppléé
par le secrétaire général de la préfecture ou, subsidiaire-
ment, par le membre du conseil de préfecture le plus ancien
dans l'ordre du tableau, ou par celui qui a reçu à cet effet
une délégation personnelle. Le gouverneur est remplacé
par le membre de la députation permanente qu'il désigne,
ou par une autre personne nommée à cet effet par arrêté
royal.

Comme chargés d'assurer l'exécution des lois et de surveiller les intérêts de l'État, les préfets ont les attributions
suivantes :

Lorsqu'ils apprennent qu'une question, dont ils estiment
que la connaissance appartient, en vertu d'une disposition
législative, à l'autorité administrative, est portée devant un
tribunal judiciaire, ils doivent, après l'accomplissement des
formes et dans les conditions prescrites, élever le conflit
d'attribution. Le conflit d'attribution n'est pas organisé en
Belgique.

Ils exercent d'office devant le Conseil d'État le recours ou
appel comme d'abus contre les autorités ecclésiastiques. Ce
recours n'existe pas chez nos voisins.

Les préfets ont, sur certaines matières (curages, endi-
guements, chasse, voirie), un droit de police et de réglementation générale ; leurs arrêtés ne sont obligatoires
qu'après avoir été portés à la connaissance des citoyens par
notification, publication ou affiche. Le pouvoir réglementaire, dans la province belge, n'appartient qu'au conseil ou
à la députation agissant en son lieu et place.

Les préfets et gouverneurs assurent la publication des lois.
Ils sont investis, dans certaines hypothèses, du droit de

prendre des mesures de sûreté générale. Comme officiers de police administrative, ils requièrent la force armée en cas de rassemblements tumultueux, de sédition ou d'opposition avec voies de fait à l'exécution des lois. Ils concourent à l'accomplissement des formalités requises pour l'expropriation pour cause d'utilité publique. Ils passent l'adjudication des travaux intéressant l'État, sauf, dans certains cas, l'approbation ministérielle. Ils règlent à l'amiable les indemnités mobilières pour dommages causés par les travaux, ainsi que les frais accessoires et les secours aux ouvriers blessés. Ils surveillent les fonctionnaires administratifs subordonnés et auxiliaires de leur ressort. Dans les limites de leur circonscription territoriale et sous les ordres des ministres, ils ont la gestion du domaine privé et du domaine public de l'État. Ils le représentent comme personne morale, qu'il s'agisse d'ester en justice ou de passer les contrats d'acquisition, d'échange, de bail ou d'aliénation.

Ils sont ordonnateurs secondaires pour les dépenses civiles de l'Etat.

Le préfet veille à ce que les décisions du conseil général, en matière d'impôts directs, soient accomplies; au besoin il supplée à la répartition lorsqu'elle n'a pas été opérée par le conseil. Le préfet et le gouverneur arrêtent et rendent exécutoires les rôles des contributions et taxes qui se perçoivent nominativement. Ils contrôlent la perception et l'emploi des deniers publics, ainsi que la gestion des comptables dont ils vérifient les caisses et contre lesquels ils prennent ou provoquent certaines mesures disciplinaires. Ils participent à l'exécution des lois sur le recrutement militaire en France, sur le service de la milice en Belgique.

Comme délégués du pouvoir central, ils veillent à la con-

stitution légale des autorités départementales ou provinciales
et municipales et, en général, des pouvoirs locaux; et à la régularité de leur action. Ainsi, ils prononcent la nullité des
actes pris par les conseils administratifs hors de leur réunion
légale, prescrivent les mesures nécessaires pour que ces
assemblées se séparent et que les auteurs du délit soient
poursuivis. Ils ont un recours légal contre les résolutions de
ces corps électifs. Ils en suspendent l'exécution, les annulent ou en provoquent l'annulation.

En France, le préfet suspend l'assemblée elle-même ou
prononce sa dissolution, et la remplace par une commission
choisie par lui ou par le pouvoir exécutif.

Ils réforment et cassent les arrêtés pris par les sous-préfets
ou commissaires d'arrondissement, et par les magistrats
municipaux, qui sont leurs subordonnés directs dans le
domaine de l'administration générale.

En ce qui touche les intérêts départementaux, le préfet et
le gouverneur ne sont, en principe, chargés que de diriger l'instruction des affaires et de pourvoir à la réalisation des mesures adoptées. La décision appartient soit aux
conseils généraux et provinciaux, soit à la commission
départementale et à la députation permanente. Mais, en
Belgique, le gouverneur préside, avec voix délibérative, la
députation permanente; en France, le préfet n'est pas
membre de la commission départementale. En Belgique,
la loi défère à la députation permanente l'administration
journalière de la province; en France, la commission ne
prononce que sur les actes d'administration qui lui sont
confiés par la loi ou par le conseil.

Le préfet nomme les agents chargés de concourir à
la gestion des intérêts départementaux. Le conseil général détermine seulement les conditions imposées aux

candidats et les règles des concours. Ces employés sont nommés, en Belgique, par le conseil provincial ou sa députation. Le préfet accepte, à titre provisoire, les dons et legs, et fait, en général, tous actes conservatoires et interruptifs de déchéance. Ces actes sont accomplis, chez nos voisins, par la députation.

Étant chargés de l'instruction et de l'exécution, les préfets et gouverneurs ont entrée, avec voix consultative, dans les conseils délibérants ; ils sont entendus quand ils le requièrent, et provoquent, au besoin, leurs résolutions. Ils nomment, dirigent et révoquent les employés, et prennent les mesures relatives à l'ordre et au travail de leurs bureaux.

A la session d'août, le préfet rend au conseil général un compte spécial et détaillé de la situation du département et de l'état des différents services publics. A l'autre session ordinaire, il présente à cette assemblée un rapport sur les affaires qui lui seront soumises pendant cette session. Ces rapports sont imprimés et distribués à tous les membres du conseil. Il prépare le budget ainsi que les comptes d'administration. En Belgique, ces comptes, budgets et rapports sont présentés par la députation permanente.

Le contrôle sur l'administration des communes, hospices et autres établissements publics locaux, est, sauf les exceptions que nous avons énumérées ci-dessus, confié, en France, au préfet ; en Belgique, à la députation permanente ; quelquefois, cependant, le gouverneur intervient seul. Ainsi, il suspend et révoque les échevins, il arrête l'exécution des délibérations de l'assemblée communale.

Pour l'accomplissement d'un certain nombre des opérations qui leur sont confiées, les préfets sont tenus de se faire assister du conseil de préfecture. Ils exercent d'autres attributions, après avis du conseil départemental de l'instruction publique.

Les actes des préfets et des gouverneurs sont susceptibles d'être réformés par l'autorité administrative supérieure, soit d'office, soit sur la réclamation de toute partie intéressée. Les citoyens auxquels il est fait application des décisions de ces fonctionnaires sont admis à en contester la légalité devant l'autorité judiciaire. Enfin, ils peuvent, mais en France seulement, les déférer au Conseil d'État pour excès de pouvoirs, et en poursuivre l'annulation par la voie contentieuse.

# CHAPITRE V

LE SECRÉTAIRE GÉNÉRAL ET LE GREFFIER PROVINCIAL.

—

Le préfet et le gouverneur ont, auprès d'eux, pour les assister et, au besoin, les suppléer dans leur administration, un agent qui, comme eux, réside au chef-lieu; cet agent s'appelle, en France, le secrétaire général, et, en Belgique, le greffier provincial.

Le secrétaire général est nommé et révoqué par le chef de l'Etat.

Le greffier provincial est nommé par le roi, pour six ans, sur une liste de candidats présentés par la députation permanente, il est de même révoqué par le roi d'accord avec la députation.

En cas d'empêchement, le secrétaire général est remplacé par un conseiller de préfecture, le greffier provincial par un membre de la députation permanente.

Ces fonctionnaires ont pour mission la garde des archives, ils sont chargés de l'enregistrement et de la conservation des pièces, du contre-seing des ampliations des actes administratifs et de la surveillance des employés.

Le secrétaire général remplit, en outre, les fonctions de sous-préfet dans l'arrondissement du chef-lieu, et celles de commissaire du gouvernement près le conseil de préfecture statuant au contentieux, à moins qu'un auditeur au Conseil d'État n'ait été attaché à la préfecture avec délégation à cet effet.

Le greffier provincial est le dépositaire du sceau de la province, il imprime seul l'authenticité à l'expédition de tout document. Il assiste aux séances du conseil et de la députation; il est chargé de la rédaction de leurs procès-verbaux et de la transcription de leurs délibérations, il en contre-signe les expéditions et en donne communication aux membres du conseil ou de la députation, et aux personnes intéressées.

Le greffier provincial et le secrétaire général sont rétri-bués sur les fonds de l'État.

# CHAPITRE VI

## LE CONSEIL DE PRÉFECTURE.

Le conseil de préfecture est, à la fois, un corps consultatif et délibérant placé près du préfet pour éclairer son administration et une sorte de tribunal chargé de prononcer, en premier ressort, sur les questions litigieuses dont la connaissance lui est réservée par la loi. Ses attributions ont donc un double caractère, les unes regardent l'administration gracieuse, les autres concernent l'administration contentieuse. Aussi a-t-il une double organisation, suivant qu'il se forme en commission consultative ou qu'il se constitue en juge des procès administratifs. Ce conseil n'a pas son équivalent dans l'organisation belge, ses attributions s'y trouvent réparties entre le gouverneur de la province, la députation permanente et l'autorité judiciaire.

Le conseil de préfecture se compose de trois ou quatre membres, suivant l'importance du département, et d'un président qui, de droit, est le préfet. Chaque année, un décret désigne le conseiller qui préside en cas d'absence ou d'empêchement de ce fonctionnaire. Le chef de l'État nomme et révoque les conseillers de préfecture, mais certaines conditions sont imposées à ses choix et des garanties sont requises analogues à celles exigées des candidats aux places de judicature. Pour être nommé, il faut être âgé de vingt-cinq ans accomplis; être, en outre, licencié en droit ou avoir rempli, pendant dix ans au moins, des fonctions rétribuées dans l'ordre administratif ou judiciaire, ou bien avoir été pendant le même espace de temps membre d'un conseil général ou maire. Les fonctions de conseiller de préfecture sont incompatibles avec un autre emploi public et avec l'exercice d'une profession.

Les délibérations du conseil de préfecture ne sont valables que si trois membres au moins, y compris le président, assistent à la séance. En cas d'insuffisance du nombre de membres nécessaire à la régularité des décisions, les membres présents désignent à la pluralité des voix un conseiller général pour siéger avec eux. Si tous les membres du conseil de préfecture se trouvaient simultanément empêchés, ils seraient suppléés par un égal nombre de membres du conseil général, désignés par le ministre, sur la proposition du préfet. Le choix ne doit en aucun cas tomber sur les conseillers généraux qui appartiennent à l'ordre judiciaire. Le service des remplaçants est gratuit, si l'empêchement provient de récusation ou de maladie; dans toutes autres hypothèses, le suppléant a droit proportionnellement au temps de son service, à la moitié du traitement de celui qu'il remplace.

Dans l'ordre de l'administration gracieuse, les conseils de préfecture ont diverses natures d'attributions. Tantôt ils assistent le préfet procédant à certaines opérations auxquelles la loi imprime un caractère de solennité et d'authenticité. Tantôt ils lui donnent un simple avis, tantôt ils prononcent eux-mêmes. C'est ainsi qu'ils statuent sur les demandes des communes, des sections de communes, des

contribuables agissant au nom de la commune et des éta-
tablissements publics locaux, afin d'être autorisés à plaider
devant l'autorité judiciaire.

Quand il s'agit d'intérêts communaux ou provinciaux,
c'est à la députation permanente que sont dévolues les
attributions exercées par le préfet en conseil de préfecture
ou par le conseil de préfecture. Dans les questions d'intérêt
général, le gouverneur agit presque toujours seul ; quelquefois néanmoins, l'intervention de la députation permanente
est requise.

En matière administrative, le conseil de préfecture délibère à huis clos ; lorsqu'il statue sur les affaires contentieuses, ses séances sont publiques. Le secrétaire général
ou l'auditeur au Conseil d'État attachés à la préfecture
remplissent auprès de lui les fonctions de ministère public.
Il y a un secrétaire greffier nommé par le préfet. Après la
lecture du rapport, les parties présentent leurs observations,
soit en personne, soit par mandataire. La décision motivée
est prononcée en audience publique, après délibéré hors de
la présence des parties. Les dispositions adoptées par le
Code de procédure civile pour maintenir la dignité des audiences et le respect des magistrats, ainsi que pour auto-
riser la suppression des écrits calomnieux, sont applicables
à cette juridiction.

Les délais et les formes dans lesquels les arrêtés contradictoires ou par défaut péuvent être attaqués et les régles
de la procédure à suivre, ont été provisoirement déterminés
par un décret rendu dans la forme des règlements d'administration publique le 18 juillet 1865 et seront définitivement fixés par une loi.

Le conseil de préfecture n'est pas, dans le domaine des
litiges administratifs, ce qu'est le tribunal civil dans le do-

maine des litiges judiciaires, le juge ordinaire, il ne prononce, au contraire, que sur les affaires dont la connaissance lui est explicitement attribuée, mais dans les limites de sa compétence il possède la plénitude de la juridiction, ses décisions ont force par elles-mêmes comme celles des tribunaux judiciaires et n'ont besoin d'aucune approbation pour être exécutoires. Les questions qui sont déférées à cette juridiction exceptionnelle sont de deux ordres : les unes appartiennent au droit administratif civil; les autres, au droit administratif répressif.

En Belgique, aucune peine, même simplement pécuniaire, n'atteint un citoyen qu'en vertu de la décision d'un juge inamovible. Les attributions des conseils de préfecture, en matière répressive, sont dévolues aux juges de paix, qui, chez nos voisins, sont investis d'un mandat irrévocable.

Parmi les litiges qui rentrent dans la compétence contentieuse non répressive du conseil de préfecture, il en est dont la connaissance lui a été attribuée en vue de considérations politiques temporaires, qui ont actuellement perdu leur intérêt. Ainsi, la loi du 28 pluviôse an VIII soumet à leur juridiction le contentieux des domaines nationaux. On sait par quels motifs la Convention nationale, puis le Directoire, s'étaient réservé le droit exclusif de prononcer sur les questions relatives à la validité des ventes de ces domaines. Le législateur de l'an VIII, ne voulant pas rendre aux juges civils la connaissance de ces difficultés, les renvoya devant le conseil de préfecture. Aujourd'hui, les contestations de cette nature sont épuisées ou, au moins, ont perdu leur caractère irritant. Les tribunaux civils sont seuls compétents pour apprécier la valeur des actes translatifs de propriété, où l'État figure en qualité de vendeur comme en qualité d'acheteur. Les conseils de préfecture n'ont plus à

se prononcer que sur les demandes ou renvois en interprétation des actes administratifs qui ont préparé ou consommé
l'aliénation d'un bien vendu nationalement.

En matière de travaux publics, les conseils de préfecture
jugent deux sortes de litiges : ils prononcent entre l'administration et les entrepreneurs sur les contestations relatives
au sens et à la portée de leurs marchés. Ils statuent sur les
demandes des particuliers tendant à obtenir des indemnités
pour les dommages causés à leurs propriétés par l'exécution
de travaux publics, pour le compte de l'État, du département, ou de la commune.

En Belgique, ce sont les tribunaux d'arrondissement qui
tranchent ces difficultés ; il n'en faudrait pas inférer que
toutes les questions contentieuses sur lesquelles s'étend la
juridiction du conseil de préfecture soient dévolues, chez
nos voisins, à l'autorité judiciaire.

La Constitution belge ne prohibe pas l'établissement de
juges particuliers pour le contentieux administratif ; au
contraire, elle prévoit l'institution de tribunaux de cette
nature et réserve à la loi le soin de poser les règles de leur
organisation et de leur compétence. L'article 92 porte :
« Les contestations qui ont pour objet des droits civils sont
exclusivement du ressort des tribunaux. » Mais l'article 93
ajoute : « Les contestations qui ont pour objet des droits
politiques sont du ressort des tribunaux, sauf les exceptions
établies par la loi. » Se fondant sur la latitude qui lui est
ainsi laissée, le législateur n'a pas établi une juridiction
contentieuse administrative distincte, mais dans beaucoup
d'hypothèses, il a conféré aux corps administratifs le droit
de statuer sur les affaires contentieuses.

Ainsi, des attributions juridiques des conseils de préfecture, la plus considérable , tant par l'importance des

principes débattus que par le nombre des procès, c'est la connaissance des réclamations contre les contributions perçues en vertu d'un rôle nominatif. Or, l'article 84, § 3, de la loi provinciale donne à la députation permanente, en cette matière, une juridiction semblable à celle que le conseil de préfecture a reçue de l'article 4 de la loi du 28 pluviôse an vIII. Des contributions directes au profit de l'État, la compétence de l'un et de l'autre tribunal a été étendue au contentieux des taxes municipales levées dans la même forme. En parlant de l'organisation financière communale, nous avons vu quel développement avait donné, en Belgique, aux impôts directs municipaux la suppression des octrois. La députation permanente statue souverainement sur les questions soulevées par la répartition de ces contributions locales. Aux termes des articles 135 et 136 de la loi communale, dans le cas où l'autorisation de répartir une contribution a été accordée par le roi, le projet de rôle de répartition, après avoir été arrêté provisoirement par le conseil communal, est soumis, pendant quinze jours au moins, à l'inspection des contribuables. Pendant ce temps, ceux qui se croient lésés réclament auprès du conseil communal, qui est tenu de transmettre leurs requêtes à la députation permanente.

Tout contribuable surtaxé peut, en outre, dans le mois, à dater de la délivrance de l'avertissement, adresser une réclamation à la députation permanente, qui statue, après avoir entendu le conseil communal.

Ce qui a été le plus critiqué dans la juridiction contentieuse du conseil de préfecture, c'est le droit de prononcer sur les réclamations contre les opérations électorales. Il a été observé que le préfet dont la position serait compromise par le résultat du scrutin apporterait à la présidence du conseil de préfecture un esprit peu impartial.

La députation permanente, elle aussi, délibère sous la présidence d'un agent du gouvernement, et de ce fait que ses membres sont issus de l'élection, on ne saurait conclure qu'ils sont dégagés des passions politiques. Cependant, la députation permanente a, en matière électorale, une compétence plus étendue que celle du conseil de préfecture. La députation permanente prononce, comme le conseil de préfecture, sur les difficultés relatives à l'élection ou à la démission des conseillers municipaux. En sus, elle est investie d'une compétence sur le contentieux des listes électorales, qui est dévolue, chez nous, aux juges de paix.

Les difficultés relatives à la formation de ces listes ont fait, en Belgique, l'objet d'une loi du 5 mai 1869, où l'on découvre la première trace d'une procédure à suivre pour l'instruction et le jugement d'affaires litigieuses portées devant la députation permanente. L'exposé de la réclamation par un membre de la députation, les enquêtes et le prononcé des décisions ont lieu en séance publique. Le jugement doit être motivé. Les réclamants jouissent ainsi d'une partie des garanties qui leur sont assurées devant nos conseils de préfecture. Il serait à souhaiter que ces règles élémentaires de procédure fussent étendues aux autres matières contentieuses, sur lesquelles la députation permanente est appelée à statuer.

Le conseil de préfecture ne juge jamais qu'en premier ressort. La faculté de l'appel au Conseil d'État constitue une précieuse garantie pour le justiciable, et donne, en matière de contributions, la certitude de l'égale répartition des charges de l'impôt. La députation permanente statue, tantôt en premier et en dernier ressort, tantôt sauf recours au roi, tantôt à charge d'appel devant l'autorité judiciaire.

Il est une des attributions contentieuses du conseil de

21

préfecture, pour laquelle le juge d'appel est non le Conseil d'État, mais la Cour des comptes. C'est celle qui est relative à l'apurement de la gestion des receveurs communaux. La députation permanente exerce une juridiction analogue sur ces comptables; ses décisions, en cette matière, sont définitives et sans recours.

La compétence du conseil de préfecture s'arrête aux comptes en deniers dont le montant annuel ne dépasse pas 30,000 francs. Aucune restriction de cette nature ne limite la juridiction de la députation permanente.

Le conseil de préfecture connaît des comptes des receveurs des établissements publics locaux; ces comptes sont apurés, en Belgique, par le conseil communal.

Indépendamment des fonctions que les conseillers de préfecture exercent collectivement, il en est qu'ils sont appelés à remplir individuellement. Ils sont aptes à être désignés pour remplacer le secrétaire général ou même le préfet, en cas d'absence de ces fonctionnaires ou d'intérim (1). Ils reçoivent des délégations du préfet pour le suppléer dans certaines opérations. Ils remplacent le sous-préfet en cas de vacance ou d'absence (2).

(1) Arrêté du 17 ventôse an VIII.
(2) L. 18 juillet 1837, art. 15. — L. 21 mars 1832, art. 25.

# TITRE III

ORGANISATION CENTRALE ADMINISTRATIVE.

## CHAPITRE PREMIER.

Le chef de l'État et ses ministres.

## CHAPITRE II.

Le Conseil d'État.

## CHAPITRE III.

Le tribunal des conflits,

# CHAPITRE IV.

La Cour des comptes et la comptabilité publique.

---

# CHAPITRE V.

Conclusion.

---

# TITRE III

---

## CHAPITRE PREMIER

LE CHEF DE L'ÉTAT ET SES MINISTRES.

---

A l'heure où nous écrivons ces lignes, la Belgique a une constitution politique, la France n'en a pas encore. Cependant deux lois, en date des 17 février et 31 août 1871, ont remis entre les mains d'un fonctionnaire unique, qui a reçu le titre provisoire de président de la République, l'exercice temporaire des pouvoirs qui appartiennent, en France, au chef de l'Etat comme préposé suprême à l'exécution des lois et à l'administration générale du pays (1).

---

(1) Dans sa séance du 25 février 1875, l'Assemblée nationale vient de voter une Constitution républicaine.

Parmi les différentes attributions qui ont toujours
été dévolues au chef de l'État, il en est beaucoup dont
l'examen ne rentre pas dans le cadre de ce travail. Nous
n'envisageons que le supérieur hiérarchique de cette organisation administrative dont nous avons exposé les degrés successifs, que l'agent chargé de personnifier l'unité
nationale vis-à-vis de la multiplicité des pouvoirs locaux.

Considérés à ce double point de vue, les pouvoirs du roi
des Belges et ceux du président de la République française
ne diffèrent guère dans leur nature et leur étendue; ils diffèrent dans leur mode d'exercice. Le roi des Belges a reçu le
dépôt, mais non le maniement de l'action administrative.
Cette action est exercée, sous lui, par des agents secondaires
qu'il nomme et révoque et qui le couvrent de leur responsabilité collective. Le président partage la responsabilité avec
ses ministres, mais il partage aussi avec eux la gestion effective des affaires.

Le chef de l'État a le soin d'assurer l'exécution des lois.
Proposer, voter, sanctionner la loi, sont des attributs du
pouvoir législatif; la promulguer, lui donner la formule et
la force exécutoire appartient au pouvoir exécutif; en assurer
et en surveiller l'application, c'est le propre de l'autorité
administrative. Il y a une administration des choses militaires comme des choses civiles, des relations extérieures
comme des affaires intérieures; mais celle-là a reçu, dans le
langage de la science juridique, le nom spécial d'administration, qui consiste dans l'application des lois à la gestion de
la fortune nationale, des services civils et des établissements
publics, à la police générale et aux relations entre l'unité
nationale et les personnes civiles ou les pouvoirs politiques
qui coexistent sur le territoire de l'État.

Pour exercer la direction efficace de cette branche de la

puissance publique, le roi des Belges et le président de la
République française ont été investis de certaines prérogatives que nous allons examiner sommairement.

Ils ont le droit de nommer et de révoquer les agents qui,
sur les divers points du territoire, coopèrent, sous leurs
ordres, à la publication ou à l'exécution des lois. Cette règle
ne reçoit en Belgique aucune exception. Ministres, gouverneurs de province, commissaires d'arrondissement, bourgmestres et échevins, à tous les degrés de l'échelle hiérarchique, le fonctionnaire qui assure l'exécution de la loi tient
son titre de la volonté du chef en qui se symbolise l'unité
législative de l'État. En France, une loi récente avait introduit une dérogation à ce principe pour les maires des communes les moins importantes. Cette exception n'existe plus
aujourd'hui.

Le chef du gouvernement fait des règlements pour l'exécution de la loi, soit en vertu de l'essence de son pouvoir,
soit par une délégation spéciale du législateur. En France,
ces actes réglementaires sont divisés en deux classes, ceux
qui, aux termes de la loi, sont délibérés en conseil d'État, et
ceux dans la confection desquels ce corps n'est pas appelé à
intervenir. Les premiers portent seuls le nom de règlements
d'administration publique. La Belgique ne connaît pas cette
distinction. Ces actes ne deviennent obligatoires pour les
citoyens qu'après avoir été portés à leur connaissance, suivant le mode de publication consacré. Des dispositions répressives générales frappent les contraventions aux règlements d'administration, pour lesquelles la loi ne détermine
pas de peines particulières. Dans de certaines matières, la
loi a joint au pouvoir réglementaire le droit d'édicter des
châtiments.

Le droit de réglementer dans la main du chef de l'État

est soumis à l'obligation de ne pas statuer sur les points que
la nature des choses ou un texte formel réservent à la loi,
de ne pas prononcer contrairement à sa lettre ou à son
esprit.

Le chef de l'État ne connaissant pas de supérieur hiérarchique dans l'organisation administrative, c'est à lui seul
qu'il appartient de modifier ou de réformer ses propres
actes et c'est devant lui que les réclamations soulevées par
leur application sont portées. S'il refuse de faire droit à la
demande qui lui est adressée, quelles ressources restent au
citoyen ? Il ne lui en reste d'autres, chez les Belges, que de se
laisser traîner devant les tribunaux judiciaires et là, en présence du juge, de contester la légalité de l'acte en vertu duquel
il est poursuivi. Cette ressource lui est également assurée en
France, mais il en trouve une autre plus directe, dans la faculté de déférer immédiatement au Conseil d'État statuant
au contentieux le décret dont il lui est fait application. Par
là, il fait tomber l'acte qui le lésait, soit dans son entier,
soit, au moins, dans celles de ses dispositions qui constituent
un excès de pouvoir. Résultat qu'une décision judiciaire ne
saurait atteindre sans violer la règle de la séparation des
pouvoirs.

En traitant de l'organisation des pouvoirs locaux, nous
avons montré comment le législateur avait investi le chef
du gouvernement du droit d'accorder ou de refuser son approbation aux actes les plus graves de leur gestion intérieure ; comment il lui avait confié le soin de maintenir ces
autorités, quelle que fut leur origine, dans l'observation de
la loi et, à cet effet, l'avait armé de la faculté d'annuler
celles de leurs décisions qui renfermaient un excès de pouvoir.

En Belgique, un certain délai expiré, ce droit d'annula-

tion passe du pouvoir exécutif au pouvoir législatif. Nous
ignorons s'il faut voir dans cette disposition une protection
pour les indépendances communales ou provinciales, mais
elle nous paraît constituer une atteinte au principe tutélaire
de la séparation des pouvoirs et mêler, par une confusion
regrettable, aux agitations de la politique la discussion de
points de droit et d'intérêts litigieux.

Les attributions de toute nature concentrées en la personne du chef de l'Etat sont divisées en départements, à la
tête de chacun desquels est placé un agent responsable
nommé ministre. Au point de vue administratif les ministres n'ont, généralement parlant, pas de pouvoir propre ;
ils sont les instruments au moyen desquels s'exerce le pouvoir du chef du gouvernement, dont ils contre-signent les
actes. Cependant quelques attributions leur sont spécialement confiées : ils nomment et révoquent certains fonctionnaires, prennent certaines décisions, approuvent ou annulent les actes de quelques autorités subordonnées. Plusieurs
lois françaises des 25 juin 1856 pour les postes, 22 juin
1854 pour les dépêches télégraphiques, 14 juin 1854 pour
les méthodes d'instruction primaire, leur ont donné un pouvoir réglementaire. En principe, leur autorité s'exerce
plutôt vis-à-vis du supérieur par voie de rapport et de proposition, et vis-à-vis des inférieurs par voie d'instructions
et de circulaires, que par voie de décisions proprement
dites. Les ministres sont essentiellement chargés sous la
surveillance immédiate du pouvoir législatif, de la gestion
des diverses branches de la fortune publique et du domaine
national public et privé. En cette qualité, ils agissent et
contractent au nom de l'État, veillent à la rentrée de toutes
les ressources qui alimentent le Trésor public et ordonnent les
dépenses qui sont imputées sur ses deniers. En traitant de

l'organisation de la comptabilité publique, nous montrerons en quoi les règles relatives au recouvrement des recettes, à la liquidation et à l'ordonnancement des dépenses, diffèrent dans les deux pays.

Les ministres ont auprès d'eux, pour les seconder dans leurs travaux et surveiller leurs bureaux, un secrétaire général; pour concentrer et instruire les affaires, des auxiliaires de différents grades, directeurs, chefs de division et de bureaux, et simples employés. Souvent au service sédentaire est joint un service de contrôle et d'inspection; mais tous ces agents, quelle que soit leur importance hiérarchique, n'ont pas d'autorité propre sur les citoyens, ils prêtent leur concours à l'administration, mais ils n'administrent pas.

Cependant les chefs et même les agents des administrations préposées à l'exécution de plusieurs services publics exercent un certain pouvoir sur les simples particuliers. Citons, à titre d'exemple, les ponts et chaussées, les chemins de fer, les télégraphes, les postes et le domaine, les forêts, etc., etc.

# CHAPITRE II

—

Dès les premiers siècles de la monarchie française, on voit figurer près du chef de l'État un conseil qui, sous le nom de conseil du roi, par ses avis, coopère à l'exercice de l'autorité souveraine dans son domaine législatif, administratif et judiciaire. Sans doute les attributions de ce corps varient avec les siècles et, à mesure que les pouvoirs judiciaires et législatifs définissent mieux leur compétence, elles se restreignent aux limites que leur assignent la logique et la nature des choses. Mais, sous ces transformations diverses, le rôle de ce corps reste au fond le même. C'est le guide parfois imposé, c'est le modérateur toujours éclairé de l'action gouvernementale avec laquelle il s'identifie sur tous les points, sous peine de lui enlever son caractère souverain ; c'est, en même temps, le régulateur des juridictions et des compétences, le collaborateur du chef de l'État dans l'exercice de son pouvoir réglementaire et de sa participation au pouvoir législatif.

La loi fondamentale de 1815 avait entouré le roi des Pays-Bas d'un Conseil d'État, la Constitution du 7 février 1831 n'a pas maintenu cette institution. Voici comment un auteur belge, grand admirateur de la législation de son pays, s'ex-

prime sur les inconvénients de cette suppression. Le Conseil
d'État, dit-il (1), « aiderait puissamment le gouvernement
dans l'exercice de son pouvoir réglementaire ; on pourrait
l'appeler à préparer les projets de lois et à les soumettre à
des discussions préalables qui, tout en éclairant le gouvernement, faciliteraient et abrégeraient les travaux des chambres législatives. Dans les affaires qui concernent plusieurs
ministères, il rechercherait les moyens de concilier les intérêts divergents, et remédierait aux inconvénients qui résultent de la décentralisation des affaires entre les divers départements ministériels. Il concourrait à faire naître et à
maintenir l'unité d'esprit et de système, l'homogénéité de
principes et d'action dans les diverses branches du système
administratif. »

Les travaux administratifs du Conseil d'État se divisent
en deux parties distinctes : les affaires de juridiction
gracieuse, d'une part, les affaires contentieuses, de l'autre.
Ces deux catégories d'attributions diffèrent tant par leur
nature que par les formes dans lesquelles elles sont exercées.

Pour l'étude des affaires administratives proprement
dites, le Conseil se partage en sections. La loi exige parfois
que la question soit examinée en assemblée générale, tantôt
elle se borne à demander l'avis d'une des sections. En
dehors des affaires dans lesquelles un texte formel requiert
l'intervention du Conseil, l'assemblée générale et les sections
sont tenues de délibérer sur tous les points de fait ou de
doctrine qui leur sont soumis par le chef de l'État ou ses
ministres.

La grande majorité des affaires administratives soumises

(1) De Fooz, t. Ier, tit. II.

au Conseil d'Etat sont tranchées, chez nos voisins, par le roi sur le rapport du ministère compétent, ou, pour parler plus exactement, sont abandonnées à l'arbitraire des bureaux. Citons à titre d'exemple : les autorisations de plaider, les demandes en addition et changement de nom, etc., etc.

Dans certains cas, c'est le pouvoir législatif qui est appelé à intervenir. Ainsi les demandes en naturalisation sont portées, chez nous, devant le Conseil d'État et, en Belgique, devant les Chambres (1).

D'autres fois, c'est la Cour des comptes qui statue en l'absence d'un Conseil d'État, notamment en matière de liquidation de pension.

Souvent aussi les attributions du Conseil d'État français n'ont pas d'équivalent en Belgique.

Les affaires de prises maritimes sont réglées par le Conseil d'État sur l'appel des décisions d'un conseil des prises, s'il en a été institué un, et, sinon, en premier et dernier ressort.

La Belgique n'ayant pas de marine de guerre, sa législation n'a pas eu à prévoir ce genre de difficultés.

. Le Conseil d'État exerce une certaine police sur les cultes. Il prononce sur les recours pour abus dirigés contre les ecclésiastiques. Il vérifie et enregistre, s'il y a lieu, les bulles et actes du Saint-Siége, ainsi que les actes des autres communions reconnues par la loi. Il vérifie et enregistre les statuts des congrégations religieuses, etc.

Aux termes de l'article 16 de la Constitution belge, «l'État n'a le droit d'intervenir ni dans la nomination, ni dans l'installation des ministres d'un culte quelconque, ni de défendre à ceux-ci de correspondre avec leurs inférieurs et de publier leurs actes, sauf, en ce dernier cas, la responsa-

(1) Art. 5, C. B.

bilité ordinaire en matière de presse et de publication. »

Le décret du 25 mars 1852, celui du 13 avril 1861 sur la décentralisation administrative, la loi du 21 juin 1865 sur les associations syndicales, celle du 24 juillet 1867 sur l'administration municipale, celle du 10 août 1871 sur l'organisation départementale, ont soustrait à l'examen du Conseil d'État beaucoup des décisions des autorités locales qui lui étaient autrefois soumises.

D'autres lois, entre autres celle du 14 juillet 1867, sur les sociétés, ont restreint sa compétence d'une autre façon en rendant le libre essor à l'initiative privée sur des points où l'autorisation gouvernementale était exigée.

L'article 75 de la Constitution de l'an VIII ne permettait soit les poursuites criminelles, soit les poursuites à fins civiles contre les agents du gouvernement, qu'en vertu d'une autorisation délivrée par le Conseil d'État.

Un décret, en date du 19 septembre 1870, a abrogé l'article 75 de la Constitution de l'an VIII. Ce décret a réservé à la législation ultérieure le soin d'édicter des peines contre les plaideurs qui dirigeraient des poursuites téméraires contre les fonctionnaires publics.

En Belgique, il n'existe pas d'entraves aux poursuites à fins correctionnelles ou à fins civiles contre les fonctionnaires publics. Les plaideurs téméraires n'encourent aucune peine spéciale.

Les ministres ont séance et voix délibérative dans les sections administratives et dans l'assemblée générale du Conseil d'État. Cette assemblée comprend, outre le garde des sceaux, président, un vice-président et quatre présidents de section, vingt-deux conseillers d'État en service ordinaire, quinze conseillers d'État en service extraordinaire, choisis parmi les secrétaires généraux de ministère ou

directeurs des principaux services publics, dont la présence
a pour but de maintenir l'unité de vue entre l'administration
active et l'administration délibérante, vingt-quatre maîtres
des requêtes, ayant voix délibérative dans les affaires qu'ils
rapportent, et consultative dans les autres, et trente auditeurs, divisés en deux classes.

Pour juger les affaires introduites par la voie contentieuse,
le Conseil se constitue en assemblée du Conseil d'État délibérant au contentieux. Cette assemblée est présidée par le
vice-président du Conseil, ou, en son absence, par le
président de la section du contentieux. Les ministres ne
pourraient y siéger. Elle se compose des cinq conseillers
d'État, qui avec un président de section, forment la section
du contentieux, plus six conseillers pris en nombre égal dans
chacune des autres sections. Pour toute délibération, la
présence de neuf membres est nécessaire. Lorsque la décision attaquée a été délibérée dans une des sections administratives, les membres de cette section s'abstiennent de
prendre part au jugement. Trois maîtres des requêtes
remplissent les fonctions de commissaires du gouvernement.
Le rapport est écrit, il est présenté au nom de la section
du contentieux, qui l'a précédemment arrêté, il est lu
en séance publique. Les avocats sont ensuite entendus,
puis le commissaire du gouvernement présente ses conclusions. Le délibéré a lieu hors de la présence des parties.
Autrefois, le projet de décision était soumis à la signature
du chef de l'État. Dans le cas où le décret n'aurait pas été
conforme au projet, il aurait dû être inséré au *Journal officiel* et au *Bulletin des lois*.

Les décisions sont lues en séance publique. Les noms des
conseillers présents sont inscrits au bas.

Le rôle des affaires est distribué aux membres de l'assem-

blée et aux avocats quatre jours avant la séance publique.
Les questions posées dans le rapport écrit sont également
communiquées aux avocats quatre jours à l'avance.

Les articles 88 et suivants du Code de procédure, relatifs à
la police de l'audience, sont applicables à la tenue des
séances publiques. La procédure est réglée par le décret du
22 juillet 1806.

Le recours n'est pas suspensif, s'il n'en est autrement
ordonné. Communication du pourvoi est donnée aux parties
intéressées, qui doivent répondre dans un délai de quinze
jours. Un mémoire ampliatif de la requête et de la défense
peuvent être produits par chacune des parties, elles peuvent
même y ajouter des dupliques et tripliques, mais ces nouvelles productions ne passent pas en taxe.

Les pièces sont timbrées et enregistrées. Le pourvoi contre
toute décision n'est pas recevable trois mois après sa notification. Les décisions du Conseil d'État contiennent les noms
et les qualités des parties, leurs conclusions et le visa des
pièces principales. Les tiers qui se prétendraient lésés sont
admis à former tierce-opposition.

En cas d'inobservation des formalités irritantes, un
recours en révision est ouvert.

Le tarif des dépens est réglé par une ordonnance du
18 janvier 1826. Les actes sont signifiés par les huissiers au
Conseil.

Les fonctions d'avocats au Conseil d'État sont remplies
par l'ordre des avocats à la Cour de cassation, qui seuls ont
le droit de signer les actes d'instruction. Le Conseil peut
ordonner contre eux des peines disciplinaires, les admones-
ter, supprimer leurs mémoires.

A partir de 1831, plusieurs lois ont accordé la dispense
du ministère d'avocat et l'exemption totale ou partielle des

droits dus au Trésor aux pourvois en matière de contributions directes et de taxes assimilées, puis en matière d'élections et de police du roulage. Un décret du 2 novembre 1864 a disposé que les recours pour excès de pouvoirs, ainsi que les pourvois en matière de liquidation de pension, seraient admis sans autres frais que les droits de timbre et d'enregistrement, droits dont une loi seule aurait pu affranchir les justiciables. En outre, l'article 12 de la loi du 21 juin 1865 sur les conseils de préfecture a accordé le bénéfice de l'exemption de frais aux recours contre les décisions de ces conseils en matière répressive.

La section du contentieux délibère seule, aux termes de l'article 21 du décret du 25 janvier 1852, sur les affaires pour lesquelles il n'y a pas eu de constitution d'avocat. Sur la demande du commissaire du gouvernement ou d'un membre de la section, le renvoi à l'assemblée du Conseil statuant au contentieux est de droit.

Le Conseil d'État est juge de tout le contentieux administratif, tantôt en premier et dernier ressort, tantôt comme Cour d'appel, tantôt comme Cour de cassation et régulateur des compétences. Tout droit lésé par l'action administrative a un recours devant lui, médiat ou immédiat. C'est donc dans les décisions de cette juridiction, dans l'énumération des matières sur lesquelles elle est appelée à prononcer, que l'on trouve l'expression la plus complète du contentieux administratif. Il ne sera pas sans intérêt de prendre les matières sur lesquelles elle statue habituellement, de voir comment et par qui ces questions sont jugées en Belgique.

Les quatre cinquièmes des affaires contentieuses soumises au Conseil d'État sont des requêtes en matière de contributions directes et de taxes assimilées.

22

En Belgique, ces litiges sont portés devant la députation permanente du conseil provincial.

Les recours contre les élections municipales, contre les actes de gestion financière et administrative des diverses personnes morales, telles que les communes et établissements publics, sont aussi portés devant la députation permanente, statuant tantôt en premier et dernier ressort, tantôt sauf appel au roi.

Les contestations relatives à la liquidation des dettes de l'État sont jugées par la Cour des comptes.

Les recours pour excès de pouvoir, incompétence, violation des formes ou de la loi sont déférés au roi, prononçant sur l'avis du ministre compétent.

Ainsi la majorité des affaires soumises à la juridiction contentieuse du Conseil d'État restent, chez nos voisins, confondues entre les mains de l'administration active avec les affaires de sa juridiction gracieuse. D'autres sont portées devant l'autorité judiciaire. Les seules de ces dernières qui méritent d'attirer l'attention sont les contestations en matière de travaux publics et en matière de grande voirie, qui sont déférées, les premières, aux tribunaux d'arrondissement, et les secondes, aux juges de paix.

La compétence du Conseil d'État, en matière de travaux publics, n'a jamais soulevé les réclamations des hommes compétents. Ils ont, au contraire, reconnu que, par le caractère équitable et sagement progressif de sa jurisprudence, cette juridiction, en rassurant à la fois les intérêts privés et en sauvegardant l'intérêt général, avait puissamment contribué à la prompte et facile exécution de nos grands travaux publics.

La compétence de la juridiction administrative en matière répressive est plus sujette à controverse. Toutefois, la

faculté laissée au Conseil d'État d'user du droit de grâce,
appartenant au chef de l'État, au nom duquel il prononçait,
et la modération de sa jurisprudence, ont heureusement
remédié à ce qu'avaient d'excessif et de mal coordonné les
dispositions des anciens édits encore en vigueur.

Dans la majeure partie des procès, privation pour les
justiciables des garanties qui résultent de la publicité des
audiences, de l'obligation de motiver les jugements, de la
régularité des procédures, de la liberté des plaidoiries, de
l'intervention du ministère public; et jugement à huis clos
soit par des administrateurs, soit par des collèges électifs
présidés par un agent du gouvernement, et non façonnés au
ministère de la justice. Dans les autres litiges, absence de la
garantie non moins précieuse qui résulte de la spécialité du
juge, de sa connaissance des lois administratives et de son
habitude de les appliquer : voilà le résultat qu'a produit, en
Belgique, la suppression des tribunaux administratifs.

Il est intervenu, à la date du 24 mai 1872, une loi portant
réorganisation du Conseil d'État.

En présence de l'insuffisance notoire de la commission
créée par le décret du 15 septembre 1870, pour remplacer
le Conseil d'État du second Empire, le gouvernement avait
pris l'initiative de la présentation d'une loi ; mais il qualifiait lui-même la réorganisation proposée par lui de provisoire. C'est l'Assemblée qui a repoussé l'épithète de provisoire, et voulu faire œuvre définitive. « Convaincue, disait
l'honorable rapporteur, que la durée des lois ne dépend
pas de notre volonté, votre commission n'a pas adopté cette
qualification. Votre œuvre, en effet, sera définitive ou provisoire, suivant qu'elle sera maintenue ou changée, ce qui
dépend des circonstances dont nous ne sommes pas les
maîtres. »

C'est là une de ces vérités qui n'ont pas besoin de l'autorité d'un savant jurisconsulte pour être admises. Toutefois, même dans notre pays où les institutions changent si souvent, il est un moyen de faire une œuvre, sinon définitive, ce que les hommes ne sauraient se promettre, au moins durable. C'est d'observer les principes qui demeurent toujours vrais, de respecter les traditions en ce qu'elles ont de solide, de saisir enfin ce qu'exigent les besoins nouveaux, et de satisfaire à leurs exigences. La loi du 24 mai 1872 répond-elle à ce programme : quel que soit le gouvernement que l'avenir réserve à la France, il sera heureux de s'approprier ses dispositions sages et progressives. A-t-elle, au contraire, subi l'influence des méfiances politiques du moment, c'est en vain qu'elle a repoussé la qualification de provisoire, elle n'est pas destinée à survivre aux passions qui l'ont dictée.

La loi du 24 mai 1872 apporte aux précédentes organisations du Conseil d'État trois graves innovations, qui modifient la nature de ce corps.

Elle enlève au pouvoir exécutif la nomination des conseillers d'État, et attribue ce droit au pouvoir législatif.

Le Conseil d'État, au lieu de prononcer sur le contentieux administratif, comme organe de la justice retenue du chef de l'État, devient un tribunal indépendant dont les décisions sont par elles-mêmes exécutoires.

La connaissance des conflits d'attribution entre l'autorité administrative et l'autorité judiciaire est enlevée au Conseil d'État, et donnée à une juridiction spéciale, où des représentants de l'un et de l'autre pouvoir sont mis en présence sous la présidence du garde des sceaux.

Nous allons apprécier ces changements.

L'article 3 porte que les conseillers d'État sont élus par

l'Assemblée nationale, et règle la procédure de cette élection. Il laisse au chef du pouvoir exécutif le droit de les suspendre pour un temps qui ne peut excéder deux mois. L'Assemblée est de plein droit saisie par le décret de suspension, et, à l'expiration de ce délai, elle les maintient ou révoque.

Que cette innovation soit en contradiction avec les traditions de ce grand corps, c'est ce qu'il est impossible de contester. Répondant à ceux qui voulaient ruiner, dans le Conseil d'État, « la forteresse de la centralisation », l'honorable rapporteur a dit : « C'est une des institutions les plus originales de notre pays. » Il avait raison; mais ne s'est-il pas aperçu que c'était enlever à cette institution son caractère que de changer son origine?

Le seul exemple d'un Conseil d'État élu qui puisse être relevé dans notre histoire, c'est celui du Conseil créé par la Constitution de 1848. Mais ce corps différait de ceux qui l'avaient précédé. Aux attributions purement consultatives de ses devanciers, il joignait des pouvoirs propres. Placé entre un président de la République et une Assemblée, issus l'un et l'autre du suffrage direct des citoyens, et puisant dans une origine commune une égale autorité, il formait un troisième pouvoir chargé de pondérer les deux autres et de maintenir entre eux l'équilibre et l'union.

La loi de 1872 n'attribue à aucun degré un semblable rôle au Conseil d'État actuel. Elle restreint dans les plus strictes limites sa part dans la préparation des lois, et c'est au législateur qu'elle confie le soin de choisir ses membres.

Que devient la séparation des pouvoirs, si l'Assemblée s'empare de la nomination des membres délibérants du corps dont les avis guident la marche de l'administration active, et dont les arrêts annulent ses décisions? Elle met

ainsi dans ses mains une fraction du pouvoir exécutif lui-
même.

Le chef de l'État, entouré de conseillers qu'il n'a pas choisis et qui peuvent ne pas avoir sa confiance, est placé dans
cette alternative ou de passer outre à leur avis, et de voir
par là l'autorité morale de ses résolutions compromise, ou
de se soumettre à leur direction et de perdre ainsi son initiative.

Le projet de la commission portait que les conseillers
seraient élus à vie ? La Chambre a compris les dangers de
cette proposition, et elle a adopté un amendement aux termes duquel ils sont renouvelés par tiers tous les trois ans.
Cette disposition permet à la nouvelle majorité, au cas où
l'équilibre des partis changerait dans l'Assemblée, de faire
prévaloir dans ce corps l'esprit qui la guide. Mais, par-là
même, elle est la négation des conditions indispensables pour
l'existence d'un Conseil d'État.

En présence de changements périodiques dans le personnel du Conseil, où seront la suite, la cohésion dans ses
travaux, où seront le savoir acquis par une longue pratique
et cette unité d'une jurisprudence qui suit avec constance
une voie sagement progressive ? Ces grandes traditions, qui
faisaient la gloire des anciens Conseils d'État, se perdront.
La confiance même des justiciables, cette confiance qui s'a-
dressait au profond savoir spécial, non moins qu'à la haute
impartialité de ce corps, ne périra-t-elle pas, alors que les
plaideurs verront se renouveler les membres de ce tribunal
au gré des partis triomphants (1)?

_____

(1) L'article 4 de la loi d'*organisation des pouvoirs publics* que l'Assemblée vient de voter dans sa séance du 25 février 1875 porte : « Au fur
et à mesure des vacances, le président de la République nomme, en conseil des ministres, les conseillers d'État en service ordinaire. — Les con-

La loi de 1872 rend les décisions contentieuses du Conseil d'État exécutoires par elles-mêmes. Ses arrêts n'ont plus besoin aujourd'hui d'être revêtus de l'approbation du chef de l'État. Cette seconde innovation paraît, au premier aspect, entraîner de moins graves conséquences que celle dont nous venons de signaler les périls. Elle tend néanmoins à altérer l'essence du Conseil d'État et à introduire dans le mode d'exercice de ses attributions un élément dangereux, qui peut, le cas échéant, l'entraîner à dépasser la limite de ses attributions.

Il convient de remarquer que, depuis la création du Conseil d'État, on cite à peine trois ou quatre cas, remontant à une époque reculée, dans lesquels, le chef du gouvernement a refusé son approbation à une décision contentieuse. La loi de 1872 n'ajoute donc rien, ni à l'indépendance, ni, par suite, à l'autorité morale des arrêts de cette haute juridiction. Mais n'affaiblit-elle pas les liens qui l'unissent au pouvoir exécutif, liens qui font sa raison d'exister et sa force ? Le Conseil d'État doit, sur tous les points, dans le domaine contentieux comme dans le domaine administratif, confondre son action avec celle du chef de l'État, sous peine d'ébranler l'autorité du gouvernement, et de compromettre son propre prestige en sortant de son véritable rôle. Il ne juge pas seulement les procès entre les particuliers et certaines personnes morales, telles que l'État, les départements, les communes ; par la voie de l'excès de pouvoir, il connaît de tous les

seillers d'État ainsi nommés ne peuvent être révoqués que par décision prise en conseil des ministres. — Les conseillers d'État nommés en vertu de la loi du 24 mai 1872 ne peuvent être révoqués que dans la forme déterminée par cette loi.

Après la séparation de l'Assemblée nationale, la révocation ne pourra être prononcée que par le Sénat.

actes administratifs, même de ceux qui n'ont pas un caractère contentieux, et il les apprécie au point de vue général de l'application de la loi. Il fait donc là office, non-seulement de juridiction, mais plus encore de haute administration. Il exerce une fraction d'autorité inhérente à l'essence même du pouvoir du chef de l'État. On ne comprend pas, dès lors, comment il l'exercerait autrement qu'en son nom, et à un autre titre qu'à celui de son interprète éclairé. Un chef d'État qui verrait une autorité, hostile ou même seulement extérieure à la sienne, investie du droit d'annuler, pour excès de pouvoir, les actes de ses fonctionnaires, n'aurait plus qu'à abdiquer.

La troisième des innovations tentées par la loi de 1872 ne semble pas plus heureuse que les deux autres. L'idée de confier à un tribunal spécial, composé des sommités de l'ordre judiciaire et de l'ordre administratif réunies en nombre égal sous la présidence du garde des sceaux, le jugement des conflits d'attribution entre l'autorité administrative et l'autorité judiciaire est une idée, au premier aspect, séduisante. Toutefois, lorsqu'on l'examine de plus près, on arrive à se convaincre que ce n'est pas une idée juste.

Deux forces égales portées en sens contraire se neutralisent. Chaque fois que les principes des deux juridictions seront en contradiction sur la solution du conflit, il sera nécessaire de départager les deux camps, et ce sera le garde des sceaux qui, seul dans la réalité, en se prononçant dans un sens ou dans l'autre, fera pencher la balance en faveur de l'une ou de l'autre compétence. Sans doute l'homme politique placé à la tête du ministère de la justice est, en général, un jurisconsulte dont l'avis a une grande valeur, mais enfin, il se peut faire qu'il ne soit pas au courant de la question. En tout cas, c'est un grand inconvénient de faire dépendre la jurisprudence, sur des matières aussi délicates, d'une seule voix et de la voix d'un juge appelé à changer fréquemment.

Si, d'autre part, on recherche quelle est la nature du conflit d'attributions, on voit qu'il ne soulève pas un simple procès de compétence. C'est un vrai débat politique, dans lequel les intérêts des plaideurs ne sont qu'incidemment engagés et ne jouent qu'un rôle accessoire. Dans la vérité des principes, ce débat politique, il n'y a que le chef de l'État qui, sur l'avis de son conseil, puisse le trancher.

Comme les chefs de nos divers gouvernements se sont toujours appropriés les décisions du Conseil d'État, on est arrivé à croire que l'on pouvait leur enlever impunément celles de leurs attributions qu'ils exerçaient par l'organe de ce conseil et conférer ces attributions à des juridictions indépendantes ; on ne s'est pas aperçu que ces pouvoirs se trouvaient ainsi dénaturés et que leur existence devenait illogique. Le conflit est une arme donnée au pouvoir amovible et responsable pour défendre sa liberté d'action contre les empiétements des corps inamovibles et irresponsables. A qui cette arme est-elle confiée ? Aux parties engagées dans l'instance ? Nullement ; à l'agent qui, sur les divers points du territoire, concentre dans ses mains les principales attributions du pouvoir exécutif. Pourquoi lui est-elle remise ? Pour faire valoir les intérêts de l'État ? En aucune manière ; mais pour signaler les tentatives d'envahissement de l'autorité judiciaire. Et c'est à des représentants de l'ordre judiciaire que l'on défère la connaissance de cette question. Ce sont eux que l'on fait juges de ce qu'exige l'intérêt impérieux de la liberté d'action de l'administration !

Ou il faut supprimer le conflit d'attribution, reconnaître que c'est une arme inutile et la mettre au rebut, ou il faut

rendre au chef de l'Etat, statuant par l'organe de son conseil,
la connaissance de ces litiges. Au moment où l'Assemblée
constituante a organisé le conflit, au moment où elle a créé le
recours pour excès de pouvoir, le Conseil d'État c'était le conseil des ministres délibérant sous la présidence du roi. Depuis,
le Conseil d'État a été séparé du conseil des ministres, et ce
nouveau Conseil, nécessairement moins uni à l'action administrative, a prononcé au nom du gouvernement. Aujour-
d'hui, on va plus loin, on confie la solution de ces questions
à qui? à une juridiction indépendante du chef de l'État
et étrangère aux besoins de l'action administrative; à une
juridiction où les tendances judiciaires sont appelées à prédominer. N'est-ce pas non-seulement renverser l'œuvre de
l'Assemblée constituante, mais même la retourner contre
le but qu'elle voulait atteindre?

Ainsi, les trois innovations apportées par le législateur
de 1872 aux précédentes organisations du Conseil d'État,
ne paraissent pas de nature à être maintenues. Il ne sera
pas nécessaire d'une longue pratique pour en faire ressortir
les vices. Des imperfections de détail rendent, en outre, difficile le fonctionnement de cet organisme et réclament une
prompte intervention du législateur pour améliorer ses
rouages mal combinés.

Le nombre des conseillers est trop restreint. La présidence de la section du contentieux jointe à la vice-prési-
dence du conseil, est aussi une combinaison défectueuse (1).
Le garde des sceaux, président du conseil, absorbé par les
exigences de la politique, laisse au vice-président une part
trop considérable de la responsabilité, pour que celui-ci

_____

(1) Une loi du 1er août 1874 a essayé de remédier à quelques-unes de ces
imperfections, notamment à celle que nous signalons dans ces lignes.

cumule cette charge avec la présidence de la section du contentieux.

L'assemblée générale du contentieux ne délibère qu'en nombre impair. La loi, en conséquence, ne prévoit pas le partage et n'indique aucun moyen de le vider. De là nécessité, toutes les fois qu'un des conseillers est absent, qu'un des juges s'abstienne. D'après quelles règles se fera cette récusation? la loi est muette sur ce point. Ce silence, dans des circonstances données, peut amener des difficultés assez graves.

A côté des vingt-deux conseillers en service ordinaire, sont placés, sous le titre de conseillers en service extraordinaire, des secrétaires généraux ou directeurs de divers ministères. Ces conseillers ont, non-seulement à l'assemblée générale, mais dans chaque section, voix délibérative pour les affaires qui intéressent le département ministériel auquel ils appartiennent. Leurs voix, jointes à celles du ministre, ont ainsi une influence trop prépondérante sur les délibérations des comités. Le décret du 25 janvier 1852 permettait aussi au chef de l'État d'appeler les secrétaires généraux et directeurs à prendre part aux travaux du conseil, mais il ne donnait à ces fonctionnaires voix délibérative que dans les assemblées générales; c'est pourquoi ils étaient désignés sous la qualification de conseillers d'État hors sections. Cette disposition laissait plus d'indépendance au contrôle des comités du Conseil sur les projets émanés des bureaux ministériels

Pourquoi nous arrêter à relever les défauts d'une législation transitoire? Mieux vaut rechercher dans quel sens doivent être développées les attributions du Conseil d'État pour répondre aux exigences de sa situation actuelle.

Pour résoudre cette question, il faut définir l'utilité pra-

tique d'un Conseil d'État sous un régime parlementaire et
décentralisateur, montrer en quels points ce Conseil, placé
dans ces conditions nouvelles, doit différer de ceux qui l'ont
précédé ; faire voir, parmi les attributions qui appartenaient
autrefois à ce grand corps, lesquelles il convient de restreindre ou de supprimer pour satisfaire au développement
des libertés publiques, au besoin d'expansion qui se manifeste dans la vie départementale et communale, celles au
contraire qu'il faut étendre et fortifier pour conserver l'unité
de la législation dans l'ordre administratif comme dans
l'ordre judiciaire, pour retenir chaque autorité dans les
limites de sa compétence, et protéger les droits des citoyens
contre les usurpations de ces petites magistratures électives
qui ne sont pas assez haut placées pour être toujours impar-
tiales.

Quand on suit les modifications successives que le développement de nos institutions a apportées aux attributions
du Conseil d'État, on voit qu'il n'a jamais été une entrave au progrès ; qu'il s'est toujours, au contraire, adapté
aux besoins qu'entraînaient les transformations des pouvoirs publics, dans son triple rôle de collaborateur à l'œuvre
législative, d'administrateur et de juge.

La participation du Conseil d'État à la confection des lois
a toujours été considérée comme une garantie précieuse
pour l'intérêt public. Chargé d'éclairer le législateur par des
enquêtes, de faciliter et d'abréger ses travaux par des
études préliminaires, de coordonner les matériaux de la
discussion future, et de déterminer les limites précises dans
lesquelles doit se circonscrire le débat, ce corps a passé jusqu'ici pour un auxiliaire indispensable dans l'œuvre législative. Que lui demande-t-on, en effet? De gêner l'initiative
ou de diminuer l'indépendance de la représentation natio-

nale? Nullement; mais d'utiliser, dans la rédaction des lois, ses connaissances spéciales, fruit d'une longue pratique, d'y apporter le sens patient et rassis que les Assemblées, à raison même de leur origine et de leur caractère politiques, ne sauraient toujours conserver. Grâce à son concours, les discussions de la Chambre, débarrassées des difficultés secondaires, deviennent plus libres et plus élevées. Les orateurs cessent de s'égarer en débats stériles sur les points de détail pour concentrer leurs efforts sur les questions de principe. Les solutions arrivent en temps utile; elles cessent d'avoir un caractère provisoire et de porter le cachet d'un travail conçu sans ensemble et écrit avant d'avoir atteint dans l'esprit de ses auteurs une maturité suffisante.

Sous un régime parlementaire, le Conseil d'État ne saurait avoir une part aussi considérable dans l'œuvre législative que celle qui lui était faite par la Constitution de 1852, il ne saurait surtout lui appartenir de statuer souverainement sur l'admission et le rejet des amendements. Mais sa collaboration ne doit pas pour cela être repoussée. Elle n'a été dédaignée, en effet, ni par les Chambres de la Restauration, ni par celles de la monarchie de Juillet, qui comptaient dans leur sein tant d'hommes éminents, et la République de 1848, loin d'amoindrir son influence, l'a agrandie.

La question qui se pose est donc celle-ci. Le concours du Conseil d'État à la rédaction des lois doit-il être obligatoire ou facultatif? Sur ce point, la loi de 1872 est revenue au système qui était en vigueur sous la monarchie constitutionnelle. Elle a rendu la collaboration de ce corps purement facultative; à tort, suivant nous. Ce système se comprend, en effet, alors que tous les projets de lois, de quelque initiative qu'ils émanent, sont soumis au contrôle d'une seconde Chambre dont les membres sont choisis par le chef de l'État parmi les sommités de la magistrature, de la science, de l'administration et du Conseil d'État lui-même. Quand, au contraire, le pouvoir législatif est tout entier concentré dans les mains d'une Assemblée unique ou qu'il est réparti entre deux Assemblées issues l'une et l'autre du suffrage des citoyens, le rôle du Conseil d'État doit être agrandi, car lui seul représente l'esprit d'ensemble et de tradition, les exigences de la mise à exécution, les besoins et les règles pratiques de gouvernement. Son intervention doit être rendue obligatoire.

Le Conseil d'État a été créé, en l'an VIII, comme le couronnement d'un système de centralisation absolue. A mesure que l'immixtion du gouvernement dans les affaires municipales et départementales se renfermait dans de plus étroites limites, que le goût et la pratique des franchises locales se réveillaient, il a vu son autorité comme administrateur, son pouvoir préventif se restreindre et s'amoindrir. Mais, par une transformation simultanée, son autorité juridictionnelle, son pouvoir répressif s'est fortifié.

Si les lois des 18 juillet 1837 et 24 juillet 1867, qui ont jeté les fondements de l'autonomie communale, celles des 10 mai 1838 et 10 août 1871, qui ont consacré l'affranchissement économique du département et l'ont érigé en pouvoir politique ; si les décrets sur la décentralisation qui ont conféré aux agents locaux le droit de trancher les questions secondaires ont diminué le chiffre des affaires pour la solution desquelles l'avis du Conseil est requis, le nombre des difficultés sur lesquelles il est appelé à prononcer comme juge a augmenté dans une égale proportion et, souvent, en vertu des lois mêmes qui diminuaient son action consultative. C'est que le législateur éprouvait le besoin d'assurer une nouvelle garantie aux droits et aux intérêts dont il abandonnait la direction aux autorités locales et sentait la nécessité de leur ouvrir un recours devant une juridiction supérieure. Prenons un exemple dans la plus récente des lois rappelées ci-dessus, celle qui règle l'organisation départementale. Le législateur a transporté au Conseil général le droit de statuer définitivement sur plusieurs questions importantes qui étaient autrefois soumises à l'avis du Conseil d'État ; mais lorsqu'il a prévu une difficulté entre l'assemblée départementale et le gouvernement, ou même entre la commission formée dans son sein et le préfet, il a fait appel à la sagesse du Conseil d'État pour trancher le litige. De telle sorte que de simple comité consultatif de l'autorité administrative, le Conseil d'État est devenu l'appréciateur souverain de ses actes.

Libre aux partisans du pouvoir discrétionnaire des ministres et des préfets de condamner l'extension qu'a prise sa jurisprudence en matière d'excès de pouvoir, et de regretter le temps où les requêtes les mieux fondées étaient repoussées par cette fin de non-recevoir, que la matière appartient à la juridiction gracieuse. Aujourd'hui, tous les droits lésés par l'action administrative, sous quelque forme qu'elle se produise, sont habitués à trouver dans le Conseil d'État un protecteur éclairé. Cette idée est partout répandue, et chaque fois que le Conseil se déclare incompétent, l'opinion témoigne son désappointement. Il n'est plus au pouvoir du législateur lui-même d'arrêter ce mouvement des esprits qui veut que toute décision administrative soit en état de soutenir un débat contradictoire et public devant une juridiction indépendante.

L'on est forcé de reconnaître que l'action préventive de l'autorité supérieure arrêtait bien des abus de pouvoir ; qu'en dehors même des passions électorales et poli-

tiques, les rivalités locales d'autant plus ardentes qu'elles
sont plus étroites, l'ignorance et l'inexpérience entraînent
les magistrats et les conseils électifs dans d'inévitables
erreurs. Sans doute, lorsqu'il s'agit de faire respecter les
lois civiles, les tribunaux judiciaires offrent la meilleure
garantie. Mais, lorsqu'il est nécessaire d'annuler ou d'a-
mender l'acte administratif lui-même, il faut chercher
le protecteur des intérêts compromis ailleurs que dans
l'ordre judiciaire, si l'on ne veut supprimer le principe de
la séparation des pouvoirs et rendre aux Cours d'appel le
droit de réglementation qu'avaient usurpé les anciens parlements. Il faut le chercher hors de l'Assemblée, si l'on ne
prétend confondre l'administration avec la politique et perdre sur des points de détail le temps de l'Assemblée. Il ne
faut pas confier, quoi qu'en puissent dire certains réformateurs à idées préconçues, cette grave mission à une sorte
de Cour de cassation administrative, indépendante de tout
lien avec l'administration active. Le pouvoir exécutif perdrait alors la liberté d'action nécessaire à l'exercice de sa
responsabilité. Il ne faut même pas l'attribuer à une juridiction indépendante comme l'est celle du Conseil d'État
actuel, mais à un Conseil tel que celui qui existait jusqu'en
1872, s'identifiant avec le chef du pouvoir exécutif lui-
même et prononçant par sa bouche.

Telle est l'action considérable que le Conseil d'État est
appelé à jouer comme juge, comme appréciateur des limites
des compétences et de l'application de la loi. Examinons
quelles doivent être la nature et l'étendue de son intervention dans l'administration.

Ainsi que nous l'avons dit, le nombre des affaires administratives soumises à son examen préalable a été fort
restreint; toutefois il est encore consulté sur beaucoup d'in-

térêts minimes, pour lesquels son concours n'est pas indispensable. Par contre, nous voudrions voir développer son intervention dans l'exercice du pouvoir réglementaire de l'administration.

Le pouvoir réglementaire qui appartient au chef de l'État a deux origines distinctes. Fréquemment le législateur pose les règles principales d'une matière, mais ne croit pas devoir entrer dans les détails d'application et délègue au pouvoir exécutif le soin de compléter son œuvre dans un acte qualifié règlement d'administration publique. Le Conseil d'État est nécessairement appelé à collaborer à la rédaction de ces actes.

En dehors de toute délégation spéciale, le chef de l'État, chargé de faire exécuter la loi, est investi, par la nature de ses attributions, du droit de faire des règlements.

Pour cette seconde classe de règlements, depuis 1815, une pratique regrettable s'est introduite. Les gouvernements se sont affranchis de l'obligation de prendre l'avis préalable du Conseil d'État.

Chaque ministère s'est emparé du droit de réglementer à sa guise les matières ressortissant à son département, et le respect de la loi et des droits privés n'y a rien gagné. L'on a vu paraître, sous le nom de règlements, des compilations où figurent, côte à côte, des conseils adressés par le ministre à ses subordonnés avec des prescriptions obligatoires pour les citoyens; des fragments tronqués de constitutions, de lois, de décrets, d'instructions ministérielles. De telle sorte qu'à chaque pas le décret semble abroger ou amender la loi, que les particuliers et les agents ne savent plus à quel titre les dispositions sont obligatoires, qu'il arrive parfois que le gouvernement s'y trompe lui-même et modifie, comme si elles tenaient de lui leur auto-

23

rité, les mesures édictées par le législateur et transplantées dans ses décrets.

De là, absence d'unité dans l'application des règles administratives; manque d'ordre, de clarté, de simplicité dans leur rédaction; contrariété entre les solutions sur les cas analogues, suivant le département ministériel d'où émane le règlement.

A la vue de ce désordre, on est amené à se poser cette question : Y a-t-il lieu de maintenir la distinction entre les règlements qui sont soumis à l'examen du Conseil d'État et ceux qui échappent à son contrôle?

Cette distinction n'est écrite dans aucun texte. Quand la Constitution du 22 frimaire an VIII attribuait au Conseil d'État le soin de rédiger les règlements d'administration publique, elle prenait ce mot dans son sens le plus large; elle entendait tout règlement contenant des dispositions obligatoires pour les citoyens, et non de simples mesures d'ordre intérieur imposées à des agents subordonnés.

Cette distinction ne peut pas davantage se soutenir par des raisons de doctrine. Pourquoi, en effet, si l'intervention du Conseil d'État est jugée nécessaire quand il s'agit de déterminer certaines règles de détail dans les limites fixées par une loi spéciale, ne le serait-elle pas et, *à fortiori*, quand le gouvernement prend l'initiative d'un règlement, quand il élève la prétention de combler, de son propre mouvement, les prétendues lacunes de la loi? N'est-ce pas dans cette hypothèse, précisément, que les abus du pouvoir réglementaire sont le plus vraisemblables, et qu'une usurpation sur le domaine législatif est à craindre?

Mais, a-t-on dit, la délibération du Conseil d'État entraînerait des lenteurs. Cette objection ne peut avoir de valeur que pour les règlements qui seraient motivés par des circonstances urgentes et transitoires. Pour ceux-là, il serait excessif d'exiger la collaboration du Conseil d'État. Quant aux autres, une précipitation irréfléchie présente aussi ses inconvénients, et les garanties, résultant de l'examen du Conseil d'État, valent bien d'être achetées par quelques retards. D'ailleurs, ces lenteurs ne seraient pas telles que le prétendent ceux qui redoutent son contrôle. Nous croyons donc que tous les règlements permanents émanés du chef du pouvoir exécutif doivent être soumis à l'avis préalable du Conseil d'État (1).

(1) Voir sur cette question un savant travail de M. Léon Aucoc, président de section au Conseil d'État.

Cette étude est intitulée : *Des règlements d'administration publique et de l'intervention du Conseil d'État dans la rédaction de ces règlements.* Elle a paru dans la *Revue critique de législation et de jurisprudence*, année 1871-1872, p. 75.

# CHAPITRE III

## LE TRIBUNAL DES CONFLITS.

Un conflit dans le sens général du mot est une contrariété de décisions entre deux autorités publiques qui se déclarent concurremment compétentes, ou, quoique l'affaire soit du ressort de l'une d'elles, incompétentes pour prononcer sur une même question. Le conflit qui résulte d'une affirmation contradictoire de compétence est un conflit positif; celui qui naît d'un refus simultané de statuer est un conflit négatif. Celui qui surgit entre deux autorités du même ordre, soit judiciaire, soit administratif, est un simple conflit de juridiction, qui est porté devant la Cour de cassation ou devant le chef de l'administration. Mais, lorsque des deux juridictions saisies, l'une appartient à l'ordre judiciaire et l'autre à l'ordre administratif, alors s'élève le conflit d'attributions.

Le conflit négatif d'attributions est un règlement de juges. Les parties se trouvent en présence d'un déni de justice et s'adressent au régulateur suprême pour faire cesser la contradiction des décisions et affirmer la compétence. La question soulevée est, sans doute, une question d'ordre public comme toutes es questions d'incompétence *ratione materiæ*, mais l'ordre politique n'est pas intéressé à la solution.

Il n'en est pas de même lorsque le conflit est un conflit positif d'attributions.

Le conflit positif d'attributions est une arme imaginée par l'Assemblée constituante et mise entre les mains du pouvoir exécutif pour lui permettre de sauvegarder l'indépendance de l'administration contre les usurpations des tribunaux. Nul n'ignore sous l'empire de quels souvenirs historiques, la Constituante était placée, lorsqu'elle prenait un soin si jaloux d'arrêter les empiétements du pouvoir judiciaire. Tout le monde sait aussi quelles furent les conséquences du caractère exclusif de ses préoccupations ; les rôles furent intervertis, et ce fut le pouvoir législatif qui donna à son tour le spectacle d'envahissements continuels sur le domaine judiciaire. La Convention réformait des jugements, soit par voie de référé, soit sur les propositions de ses comités, soit par l'organe de ses représentants (1). La loi du 16 fructidor an III porte : «La Convention décrète qu'elle annule toutes les procédures et jugements intervenus dans les tribunaux contre les membres des corps administratifs et comités de surveillance, sur les réclamations d'objets saisis, de taxes révolutionnaires et d'autres actes d'administration émanés desdites autorités pour l'exécution des lois et arrêtés des représentants du peuple en mission ou sur répétition des sommes et effets versés au Trésor public. » L'Empire persista dans ces violations du principe de la chose jugée.

Une ordonnance du 1er juin 1828 essaya de mettre de l'ordre dans cette matière, de sauvegarder les droits acquis aux parties, et de concilier le respect dû aux décisions de la justice avec l'indépendance de l'administration. A cet effet, elle imagina un système de garantie qui mit fin aux scan-

(1) D. législatifs 21 prairial an II, 15 pluviôse et 1er fructidor an III, etc.

dales juridiques, dont l'usage imprudent des conflits avait donné le spectacle.

Aux termes de cette ordonnance, il ne peut être élevé de conflits après des jugements rendus en dernier ressort ou acquiescés, ni après des arrêts définitifs ; ni en matière criminelle, ni en police correctionnelle, excepté dans deux cas limitativement prévus. Ne donnent pas lieu au conflit, le défaut d'autorisation soit du gouvernement lorsqu'il s'agit de poursuites dirigées contre ses agents, soit du conseil de préfecture lorsqu'il s'agit de contestations judiciaires, dans lesquelles les communes et les établissements publics sont parties, pas plus que le défaut d'accomplissement des formalités à remplir devant l'administration préalablement aux poursuites judiciaires. Des termes employés par l'ordonnance, et des règles de la procédure qu'elle édicte, il faut conclure que le conflit ne peut exister ni devant les juges de paix, ni devant les tribunaux de commerce.

Le droit d'élever le conflit est réservé à un seul ordre de fonctionnaires, aux préfets des départements, auxquels la jurisprudence, conduite par l'identité du titre, a joint le préfet de police et les préfets maritimes. Avant de dénoncer le conflit entre les deux autorités, le préfet doit, par un déclinatoire préalable, mettre le tribunal en mesure de reconnaître lui-même son incompétence. C'est au ministère public que ce déclinatoire est adressé. Ce magistrat a le devoir de faire connaître, dans tous les cas, au tribunal, la demande qui lui est adressée ; mais il conserve la liberté de conclure pour ou contre le renvoi. C'est seulement lorsqu'il a reçu avis du rejet de son déclinatoire, et dans la quinzaine pour tout délai, que le préfet élève le conflit. Si toutes les formalités ont été remplies, le procureur requiert qu'il soit sursis à toute procédure (1). Telles sont les précautions prises pour ménager la dignité de la magistrature et le respect dû à ses décisions. Voici maintenant celles qui sont édictées dans l'intérêt des parties. Après que le sursis a été requis, l'arrêté du préfet et les pièces sont déposés au greffe pendant quinze jours. Les plaideurs sont prévenus de ce dépôt, et admis, pendant ce délai, à remettre leurs observations sur la question de compétence. Le conflit est jugé avec les formes contentieuses, en séance publique, et les parties ou leurs avocats présentent des mémoires et des observations orales.

Tant que la France a été soumise au régime monarchique, le droit de prononcer ce règlement d'attributions a appartenu au chef du gouvernement, d'où émanaient à la fois le pouvoir judiciaire et le pouvoir administratif, et qui, après avoir pris l'avis de son conseil et entendu les parties, tranchait la divergence entre deux autorités également indépendantes. En vue d'un régime républicain, la Constitution de 1848 avait imaginé un autre système. Un tribunal, composé moitié de membres de la Cour de cassation et moitié de membres du Conseil d'État, avait mission de prononcer sur la difficulté. Cette organisation avait pour but de sauvegarder l'indépendance des deux autorités et de faciliter l'accord de leurs jurisprudences sur les points contestés entre elles.

C'est ce système qui, à de légères variantes près, a été remis en vigueur par la loi du 24 mai 1872. D'après l'article 25 de cette loi, le tribunal des conflits se compose : 1° du garde des sceaux ; 2° de trois conseillers d'État, élus par leurs collègues ; 3° de trois conseillers à la Cour de cas-

(1) Art. 27, L. 21 fructidor an III.

sation, désignés de la même manière; 4° de deux membres
et de deux suppléants, élus par la majorité des autres membres de cette juridiction.

Les juges du tribunal des conflits sont soumis à réélection tous les trois ans, et indéfiniment rééligibles.

Aux termes de l'article 106 de la Constitution belge, la
Cour de cassation prononce sur les conflits d'attributions.
Cet article ajoute : « d'après le mode réglé par la loi. » En
vertu de cette délégation constitutionnelle, les articles 224
à 262, formant le chapitre II du projet de loi sur l'organisation judiciaire, qui a été présenté à la Chambre des
représentants par arrêté royal du 22 avril 1856, avaient
organisé une procédure pour le conflit d'attributions. Voici
la substance de ce projet : « En présence d'une contestation
dont l'autorité judiciaire est saisie, et dont la connaissance
appartient à l'administration, celle-ci peut intervenir au
procès, en notifiant un conflit. Le droit d'élever conflit
appartient au gouverneur. Il peut en user en tout état de
cause, aussi longtemps qu'il n'y a pas chose jugée au fond.
L'effet immédiat du conflit, c'est la surséance forcée à toute
procédure et jugement ultérieur.

« L'administration et les parties sont admises à produire
des mémoires au greffe du juge dessaisi, à conclure et à
plaider devant la Cour suprême, pour soutenir ou contester
la compétence de l'administration.»

Ce projet n'a pas eu de suite. Il est aisé de deviner pourquoi. Lorsque la question doit être souverainement tranchée
par l'autorité judiciaire, l'administration n'a qu'à garder le
silence et s'en remettre à la sagesse de cette autorité. Les
parties au procès ou le ministère public soulèveront, s'il y a
lieu, la question de compétence. Élever le conflit serait aussi
inutile qu'impolitique.

De deux choses l'une : ou il faut admettre avec l'Assemblée constituante et avec les auteurs de l'ordonnance du 1er juin 1828 que le conflit est une défense nécessaire à la liberté d'action du pouvoir responsable ; que les compagnies judiciaires, étant, comme tous les corps collectifs et perpétuels, invinciblement portées à étendre le cercle de leurs attributions, seront tentées d'usurper le pouvoir réglementaire et de se subordonner l'administration. Ce qui est la négation du régime représentatif. Alors on est forcé de convenir que la Cour de cassation, qui, en matière d'attributions, est guidée par l'esprit de corps commun à l'ordre judiciaire tout entier, ne saurait constituer le juge du conflit. Il faut confesser que ce juge ne doit pas même être un tribunal indépendant, tel que celui qui a été institué, chez nous, par la loi du 24 mai 1872, mais que, comme l'ancien Conseil d'État, il doit agir sous la responsabilité ministérielle. Ou il faut proclamer, comme plusieurs auteurs l'ont fait, que les empiétements de l'autorité judiciaire ne sont plus à craindre dans l'organisation actuelle des pouvoirs publics. Dans cette hypothèse, il faut renoncer à instituer le conflit d'attributions et laisser se poursuivre, à la diligence des parties, le règlement des compétences entre les juridictions administratives et judiciaires, comme il se poursuit entre les juridictions criminelles et civiles, civiles et commerciales.

Par cette disposition de la Constitution belge, la Cour de cassation se trouve érigée en régulatrice souveraine du pouvoir exécutif, comme du pouvoir judiciaire. Ses arrêts constituent la règle suprême et le code usuel de l'action administrative.

# CHAPITRE IV

L'organisation de la comptabilité publique, en Belgique comme en France, repose sur l'incompatibilité absolue entre les fonctions d'administrateur et celles de comptable. Chez nous, elle comprend trois ordres distincts de fonctionnaires : 1° les agents chargés de réaliser, sur tous les points du territoire, les recettes au profit du Trésor, et d'effectuer les payements à sa décharge ; 2° ceux qui exécutent les dépenses, liquident et ordonnancent les sommes à acquitter ; 3° enfin, un corps judiciaire dont la mission consiste à vérifier la gestion des comptables en deniers, et à arrêter leur situation vis-à-vis du Trésor. Chez nos voisins, nous retrouvons ces trois catégories de collaborateurs à l'œuvre de la comptabilité publique, mais les attributions sont réparties d'une manière différente.

Le recouvrement des contributions directes et des taxes qui leur sont assimilées s'effectue, en France, à l'aide d'agents responsables, nommés par le gouvernement, qui, sous le nom de percepteurs dans chaque circonscription de perception, de receveurs particuliers dans chaque arrondissement, de trésoriers payeurs généraux dans chaque

département, mettent en recouvrement le montant des rôles
rendus exécutoires par le préfet, puis centralisent successivement les fonds et les versent enfin entre les mains du
caissier général du Trésor. En principe, les comptables
supérieurs sont responsables des opérations de leurs subordonnés. Ainsi, le receveur particulier est responsable de la
gestion des percepteurs de son arrondissement. Le trésorier
général est garant des receveurs particuliers du département et des percepteurs placés sous leur dépendance. En
cas de débet de son inférieur, le comptable supérieur en
couvre immédiatement le Trésor, et demeure subrogé à ses
droits. Les payements sont effectués, dans chaque département, par un agent unique, qui est en même temps le trésorier général, et, à Paris, le caissier central du Trésor.
Aucun comptable ne commence sa gestion avant de justifier
du versement d'un cautionnement proportionné au montant
des fonds qui entreront dans sa caisse. Un système de
garantie au profit du Trésor frappe, en outre, sa personne
et ses biens meubles et immeubles.

En Belgique, le service de caissier de l'État est exécuté
par la Banque nationale, en vertu d'une convention approuvée par arrêté royal. La Banque est pépositaire univer-
selle des deniers du Trésor, avec mandat d'opérer les encais-
sements et les payements. En cette qualité, elle est soumise
à toutes les charges de responsabilité que les lois font peser
sur les comptables publics, au privilége et à l'hypothèque
au profit du Trésor. La Banque répond de ses agents, et sa
responsabilité ne cesse que par la justification d'un cas de
force majeure. C'est le roi qui nomme ces agents, sur une
liste double de candidats présentés par le conseil d'administration de l'établissement. La Banque ne reçoit aucune
indemnité pour faire le service de caissier de l'État ; elle est

tenue de supporter, sans recours, tous frais d'administration, de matériel, de transport et de virement de fonds.

Une part est réservée à l'État dans les bénéfices que la
Banque nationale réalise à l'aide de ce maniement de fonds.
Cette part est fixée annuellement.

En qualité de caissier de l'État, la Banque acquitte les
dispositions prises à sa charge par mandats directs du
ministre des finances, ou par assignation des agents du
Trésor. Elle crédite le Trésor de tous les versements qui se
font pour son compte, dans sa caisse. Elle le débite de tous
les payements qu'elle opère. Elle établit une agence dans
chaque chef-lieu d'arrondissement judiciaire, et en outre,
dans les localités où le gouvernement le juge nécessaire,
dans l'intérêt du Trésor ou du public. Ces caisses d'arrondissement centralisent les recouvrements opérés par les
percepteurs sur les contribuables. La Banque transmet
périodiquement au département des finances son compte
courant avec le Trésor. A l'expiration de l'année, elle dresse
l'état de ses recettes et de ses dépenses annuelles, avec
reprise du solde de l'année précédente.

Des fonctionnaires, nommés par le roi et qui portent le
titre d'agents du Trésor, constatent les versements effectués
entre les mains des représentants de la Banque. C'est à eux
que l'ordonnateur adresse ses mandats de payement, qu'ils
disposent, selon la nature des dépenses, sur les diverses
caisses où se trouvent des fonds publics. Avis est donné par
eux, chaque jour, à la Banque, des assignations qu'ils émet-
tent pour le payement des dépenses publiques. Ils constatent, sur la remise des assignations acquittées dont ils
délivrent reçu, les payements effectués par la Banque.

Ainsi, la perception des impôts et l'assignation des dépenses se font par les comptables de l'État; la centralisation,

le transport, le virement et l'encaissement des fonds, ainsi que le payement, sont opérés par la Banque. La Banque n'a pas d'action sur les contribuables, ni sur les agents de l'État. Ses opérations, comme caissier de l'État, sont soumises au contrôle des agents du Trésor, au visa de la Cour des comptes et à ses arrêts. La Banque est garantie contre la mauvaise gestion de ses agents par leur cautionnement, par un privilége et une hypothèque légale sur leurs biens. Non-seulement elle est investie à leur égard d'un droit de surveillance, mais encore d'un pouvoir disciplinaire analogue à celui qu'en France le comptable supérieur exerce sur son subordonné.

En Belgique comme en France, les recettes et les dépenses publiques à effectuer pour le service de chaque exercice sont autorisées par les lois annuelles de finances et forment le budget général de l'État. Le budget est présenté avant l'ouverture de l'exercice. Sont seuls considérés comme appartenant à un exercice les services faits et les droits acquis à l'État et à ses créanciers pendant l'année qui donne sa dénomination à l'exercice. L'exercice commence le 1ᵉʳ janvier et finit le 31 décembre de la même année. Pour l'achèvement des opérations relatives au recouvrement des produits, à la liquidation et à l'ordonnancement des dépenses, il est prolongé pendant une période déterminée de mois additionnels de l'année suivante.

Le budget ouvre les crédits nécessaires aux dépenses présumées de chaque exercice. Aucune dépense ne peut être ordonnée par un ministre en dehors des crédits régulièrement ouverts au budget. Aucune dépense effectuée pour le compte de l'État n'est acquittée, si elle n'a été préalablement ordonnancée, soit par un ministre, soit par un ordonnateur secondaire.

Les ordonnances des ministres se divisent en ordonnances de payement qu'ils délivrent directement aux créanciers
de l'État; et en ordonnances de délégation par lesquelles
ils autorisent les ordonnateurs secondaires à disposer d'une
partie de leur crédit par des mandats de payement.

Les ordonnateurs secondaires sont pour les dépenses générales du Trésor, dans les départements français, les
préfets; dans les provinces belges, les gouverneurs.

En France, il appartient aux ministres de liquider les
créances à la charge du Trésor, c'est à eux de vérifier l'existence de la dette et d'en déterminer la quotité. Leurs décisions en cette matière sont considérées comme des actes
contentieux et les réclamations qu'elles soulèvent sont
jugées en appel par le Conseil d'État. Une fois la dépense
liquidée, le payeur doit acquitter sur les crédits à lui transmis le mandat délivré par l'ordonnateur, à moins qu'il
n'estime qu'il y a omission ou irrégularité dans les pièces
produites à l'appui. Dans ce seul cas, il a droit de se refuser
au payement, et encore, sur la réquisition du ministre ou de
son délégué, il est contraint de passer outre à l'acquittement de l'ordonnance, sauf à informer immédiatement le
ministre des finances du refus de payement et de la réquisition. Ainsi, il met sa responsabilité à couvert, et si, en apu-
rant sa gestion, la Cour des comptes n'admet pas le payement comme étant fait sur des pièces qui ne constatent pas
une dette de l'État, l'administration exerce son recours
contre la partie prenante ou contre l'ordonnateur.

En Belgique, aucune sortie de fonds ne se fait sans le concours, sans le visa préalable et la liquidation de la Cour des
comptes; à elle seule appartient de déclarer l'État débiteur.
Elle exerce ainsi une véritable suprématie sur les administrateurs qui ordonnancent les payements. Elle vérifie, en

effet, si les dépenses sont autorisées par les lois et veille à ce qu'aucun article du budget ne soit dépassé, qu'aucun transfert n'ait lieu. Les pièces justificatives des sommes à acquitter sont soumises à son examen préalable.

Lorsque la Cour ne croit pas devoir donner son visa, les motifs de son refus sont examinés en conseil des ministres. Si les ministres jugent qu'il doit être passé outre au payement sous leur responsabilité, la Cour vise avec réserve et renvoie à la prochaine réunion des Chambres le soin de prononcer sur le point contesté. La Cour autorise les payements jusqu'à une limite qu'elle apprécie avant la liquidation définitive.

En France, il est interdit à la Cour des comptes de s'attribuer juridiction sur les ordonnateurs, ni de s'immiscer dans l'allocation des fonds et la liquidation des créances.

Les comptes des ministres sont revisés annuellement par une commission choisie par le chef du gouvernement parmi les membres des grands corps de l'État. Cette commission arrête le journal et le grand livre de la comptabilité générale des finances au 31 décembre, et constate la concordance des comptes des ministres avec les résultats des écritures centrales des finances. Il est dressé procès-verbal de cette opération, et la remise du procès-verbal est faite au ministre des finances, qui en donne communication à la législature.

Il est mis sous les yeux de la commission un tableau présentant pour l'exercice clos dont le règlement est proposé aux Chambres, la comparaison des comptes publiés par les ministres, avec les résultats des jugements rendus par la Cour des comptes.

La commission procède à la vérification de ce tableau, qui

est communiqué à l'Assemblée nationale avec son rapport par le ministre des finances.

Cette commission de comptabilité vérifie et arrête au 31 décembre de chaque année, les livres et registres tenus à la direction de la dette inscrite et servant à établir le montant des rentes et pensions subsistantes.

La Cour des comptes belge examine et règle les comptes généraux de l'État et des différentes administrations centrales. Ces comptes, accompagnés des observations de la Cour, sont soumis chaque année aux Chambres législatives, qui les arrêtent. Elle exécute le travail qui est confié chez nous à la commission de comptabilité dont nous venons de parler.

En Belgique, un double du grand livre de la dette publique est déposé à la Cour des comptes, elle tient la main à ce que les nouveaux emprunts y soient exactement inscrits; elle veille à ce que tout comptable fournisse le cautionnement affecté à la garantie de sa gestion. Toutes les obligations d'emprunt ou de conversion, et les certificats de cautionnements, n'ont de force qu'autant qu'ils sont revêtus de son visa. La Cour tient un livre des prêts remboursables, faits en vertu des lois sur les allocations budgétaires au commerce, à l'industrie, à l'agriculture ou à toute autre partie prenante. Elle veille à ce que ces prêts soient renseignés exactement dans les comptes des comptables et dans le compte général de l'État. Elle coopère aussi à la liquidation des pensions à la charge de l'État. Les brevets sont visés et enregistrés par elle.

Ainsi, l'autorité de la Cour des comptes belge s'exerce sur les ordonnateurs. Elle est mêlée dans l'administration de la fortune publique, et elle partage avec le pouvoir législatif le contrôle de la gestion ministérielle. Le rôle de notre

Cour des comptes est purement judiciaire, et son autorité ne s'exerce que sur les comptables de deniers publics ou ceux qui se seraient indûment immiscés dans le maniement de ces deniers. Cependant, chaque année, elle couronne ces travaux par des déclarations générales de conformité et un rapport au chef de l'État.

Par ses déclarations elle constate et certifie, d'après le relevé des comptes individuels et les pièces justificatives produites par les comptables, l'exactitude des comptes généraux publiés par le ministre des finances et par chaque ministre ordonnateur. Ces déclarations sont prononcées en audience solennelle et publique de la Cour, puis transmises au ministre des finances, pour être ensuite imprimées et communiquées à l'Assemblée législative, avant le règlement du dernier exercice-clos.

La Cour rend également des déclarations générales de conformité sur les comptes en matière, en exécution de l'article 11 de l'ordonnance du 26 août 1844.

Le rapport annuel au chef de l'État a pour objet de faire connaître le résultat général des travaux de la Cour, et ses vues de réforme et d'amélioration dans les divers services de la comptabilité. La loi du 21 avril 1832, art. 15, a prescrit que ce rapport serait imprimé et distribué aux Chambres.

A l'égard des comptables, la juridiction de la Cour des comptes française s'étend en premier et dernier ressort sur toutes les comptabilités de l'État et sur celles des communes et des établissements publics ayant un revenu supérieur à 30,000 fr. En outre, elle statue comme Cour d'appel sur les pourvois formés contre les arrêtés des conseils de préfecture portant règlement définitif des comptes des receveurs des communes et des établissements publics ayant un revenu inférieur à 30,000 fr. La Cour des comptes belge ne con-

naît que des comptabilités de l'État et de celles des provinces ; la comptabilité des communes et des établissements
publics est, ainsi que nous l'avons dit ci-dessus, jugée soit
par la députation permanente, soit par le conseil communal.

L'étendue du pouvoir des deux Cours sur les comptables,
leurs justiciables, est la même. Elles jugent la gestion de
ces agents. En conséquence, ils doivent leur adresser, sous
des peines disciplinaires en cas de retard, un compte présentant tous les faits de la gestion pendant la période annuelle, quelle que soit leur nature et à quelque service qu'ils
se rapportent, c'est-à-dire :

1° Le tableau des valeurs existant en caisse et en portefeuille, les créances à recouvrer au commencement de la
gestion annuelle ou l'avance que le comptable aurait faite à
la même époque ;

2° Les recettes et les dépenses de toute nature effectuées
pendant le cours de l'année, avec distinction d'exercices et
de droits ;

3° Le montant des valeurs qui se trouvent dans la
caisse et le portefeuille du comptable et des créances
restant à recouvrer à la fin de la gestion annuelle.

Elles établissent si les comptables sont quittes, en
avance ou en débet. Dans les deux premières situations,
elles prononcent leur décharge et ordonnent la restitution
des cautionnements et la mainlevée des inscriptions hypo-
thécaires. Si le comptable est en débet, elles le condamnent
à s'acquitter envers le Trésor dans le délai qu'elles prescrivent, sans préjudice des poursuites devant les tribunaux
judiciaires en cas de faux ou de concussions. Leurs arrêts
jouissent de l'exécution parée.

La diversité qui existe entre les deux Cours, quant

à l'étendue de l'autorité, s'explique par la diversité de leur origine.

La Cour des comptes belge est une émanation du Parlement. Elle se compose d'un président, de six conseillers et d'un greffier, nommés tous les six ans par la Chambre des représentants, qui a toujours le droit de les révoquer. Le président et les conseillers ont au moins trente ans. Le greffier n'a pas voix délibérative; le plus jeune des conseillers remplit les fonctions de ministère public.

Pour assurer l'impartialité et l'indépendance des membres de la Cour des comptes, la loi ne veut pas qu'ils soient proches parents ou alliés entre eux, ou avec un chef de département ministériel. Elle leur défend de s'intéresser dans une entreprise sujette à comptabilité envers l'État, de délibérer sur des intérêts qui les concernent eux ou leurs proches, d'exercer, soit par eux-mêmes, soit par une personne interposée, aucune espèce de commerce, d'être agents d'affaires, ou de participer à la direction d'une société industrielle.

La présence de la majorité des membres est requise pour arrêter ou clore les comptes. C'est à la Cour qu'il appartient de nommer et de révoquer ses employés. Elle se fait fournir tous les renseignements et éclaircissements relatifs à la recette comme à la dépense des deniers de l'État et des provinces; à cet effet, elle correspond directement avec les chefs des diverses administrations du royaume, avec les députations permanentes et avec les comptables.

Le règlement d'ordre intérieur de la Cour des comptes a été approuvé par le congrès; aucun changement ne peut y être fait sans l'approbation de la Chambre des représentants.

Aux termes de ce règlement, la Cour se divise en deux

sections, composées chacune de trois conseillers. La première a le contrôle et l'examen sur les opérations relatives à la recette des deniers de l'État et sur la situation des comptables envers le Trésor ; le jugement sur les comptes est prononcé par l'assemblée générale, sur le rapport de cette section.

Les attributions de la seconde section consistent dans la surveillance de la tenue du double du grand livre de la dette publique et du registre des pensions, dans la liquidation des créances à la charge de l'État, dans le visa et l'enregistrement des demandes de payements, qui sont signées par un membre de cette section et contre-signées par le greffier. En cas de difficulté, la section fait son rapport à l'assemblée générale.

Les sections sont présidées par le conseiller le premier en rang d'après l'ordre de nomination. Il se fait tous les six mois un roulement d'une section à l'autre. Le président a le droit de nommer des commissions spéciales et de convoquer des assemblées extraordinaires.

En France, les membres de la Cour des comptes sont nommés à vie par le chef de l'État.

Si une magistrature inamovible avait été mise en possession de la suprématie que la Cour des comptes belge exerce sur les administrateurs qui ordonnancent les dépenses publiques, c'eût été la résurrection du droit d'enregistrement et de remontrance que s'étaient attribué nos anciens parlements. Le pouvoir législatif comme le pouvoir exécutif eussent été subordonnés à cette nouvelle juridiction.

Cette Cour se compose d'un premier président, de trois présidents de chambre, de dix-huit conseillers maîtres, de dix-huit conseillers référendaires de première classe, de soixante-deux conseillers référendaires de deuxième classe, de vingt auditeurs, d'un procureur général et d'un greffier. Les présidents de chambre et conseillers maîtres, le procureur général, le greffier, doivent avoir trente ans accomplis, les conseillers référendaires vingt-cinq ans, les auditeurs vingt ans. Pour être nommé auditeur, il faut être reçu à un concours auquel on n'est admis qu'après certaines justifications préalables d'aptitude. On ne passe dans une classe qu'après un stage plus ou moins prolongé dans la classe précédente, et l'avancement est donné, moitié à l'ancienneté, moitié au choix du gouvernement. Les conseillers, répartis en nombre égal entre trois chambres, et sous la direction des présidents de chambre, prononcent sur les comptes. Le premier président a la haute surveillance des travaux. Il préside les assemblées générales et les réunions de la Cour en chambre du conseil. Le procureur général remplit les fonctions de ministère public et agit par voie de réquisition.

Les comptes de tous les justiciables de la Cour, une fois parvenus au greffe dans les formes et délais prescrits par les règlements, y sont enregistrés, puis distribués par le premier président aux conseillers référendaires, qui ne sont jamais deux fois de suite chargés de la vérification des comptes du même comptable. Les conseillers référendaires présentent deux séries d'observations : les premières relatives à la ligne de compte, c'est-à-dire aux charges et souffrances dont chaque article est susceptible et qui font l'objet de l'arrêt à intervenir; les autres résultant de la comparaison de la nature des recettes avec les lois et de la nature des dépenses avec les crédits, ces dernières observations forment la base du rapport annuel au chef de l'État.

Les deux Cours jugent sur pièces, et les comptables ne

sont admis à discuter ni en personne, ni par ministère d'a-
vocat, les articles de leurs comptes. Cependant la loi belge
admet à cette règle une exception pour le cas où la Cour
prononce une amende contre un comptable retardataire.
Dans ce cas, le comptable doit être entendu ou au moins
dûment appelé ; sans quoi, l'arrêt peut être attaqué par la
voie de l'opposition.

Pour remédier au défaut de garantie qui résulte pour le
justiciable de l'absence d'un débat contradictoire, la législation française a imaginé un système qui n'existe pas dans
la législation belge. Le premier arrêt rendu sur un compte
n'est que provisoire. Il est notifié au comptable, qui a deux
mois pour répondre aux diverses charges ou injonctions
qu'il contient et produire les justifications nécessaires. A
l'expiration de ce délai, l'arrêt qui n'a pas été contesté
peut être considéré comme définitif. Il est nécessaire toutefois que la Cour le déclare tel par un nouvel arrêt.

Dans le cas, au contraire, où les comptables ont produit
des justifications ou explications en réponse au premier
arrêt, la Cour les apprécie et prononce alors définitivement
sur le compte.

Nonobstant un arrêt définitif, la Cour procède à la révision d'un compte en cas d'erreur, d'omission, faux ou double emploi, soit d'office, dans le cas ou la vérification d'autres comptes révélerait l'existence de l'erreur, soit sur la
réquisition du ministère public, soit sur la demande du
comptable, appuyée de pièces justificatives.

Cette action n'est soumise à aucune prescription particulière ; en Belgique, où elle existe également, elle est soumise
à une prescription de trois ans.

Les arrêts des Cours des comptes ne peuvent être attaqués que pour violation des formes ou de la loi. En France,

le pourvoi est porté devant le Conseil d'État, en Belgique
devant la Cour de cassation. En cas de réformation, l'affaire
est, chez nous, déférée à l'une des chambres de la Cour
des comptes qui n'en ont pas connu ; chez nos voisins, elle
est renvoyée à une commission spéciale qui se forme dans
le sein de la Chambre des représentants et qui juge, sans
. recours ultérieur, selon les formes établies pour la Cour des
comptes.

# CHAPITRE V

—

Pour celui qui jette un coup d'œil superficiel sur l'organisation administrative de la France, elle semble depuis 1814
n'avoir pas subi de modification essentielle. On voit, aux
divers degrés de la hiérarchie, l'action concentrée entre les
mains d'agents dont le nom n'a pas changé, dont les attributions semblent n'avoir pas varié. Auprès de ces fonctionnaires, on retrouve, pour contrôler leurs actes, les mêmes
corps délibérants. Enfin, le jugement du contentieux, qui
naît de l'application de leurs décisions, continue à aboutir,
en dernier ressort, à une juridiction unique, Cour à la fois
d'appel et de cassation.

De cette apparente immobilité, faut-il conclure que cette
fraction de notre droit public soit demeurée stationnaire?
Faut-il croire que les critiques, justement élevées en 1814
contre les excès de la centralisation, puissent être renouve-
lées aujourd'hui avec le même fondement? Nous ne le pensons pas. Nous estimons qu'il y a en cette matière, plus
peut-être qu'en toute autre, beaucoup de préjugés et d'idées
préconçues. Si l'on étudie, en effet, attentivement cette
partie de notre législation, on voit que de très-grandes

améliorations ont été réalisées. On est obligé de reconnaître un progrès poursuivi avec trop de lenteur et de timidité peut-être, mais avec un grand esprit de suite et de persévérance. On avoue que si l'aspect extérieur de notre organisation administrative est resté le même, l'esprit qui l'anime s'est métamorphosé. De cette fameuse centralisation du premier empire, sur la réputation de laquelle vivent toujours nos prétendus réformateurs, que reste-t-il debout aujourd'hui?

Chacun des grands corps de l'État a vu ses attributions, mieux définies, se dégager des éléments étrangers dont elles étaient embarrassées. L'action des autorités administratives, restreinte à ses véritables limites, a cessé d'empiéter sur le domaine du pouvoir législatif et sur celui du pouvoir judiciaire.

En 1814, le chef de l'État, par ses décrets, statuait sur les matières de leur nature exclusivement réservées au législateur, et ses actes prenaient force de loi lorsqu'ils n'étaient pas annulés par le Sénat sur la dénonciation du Tribunat ou sur les pétitions des citoyens.

Le Conseil d'État développait le sens de la loi et imposait son interprétation aux tribunaux. Ses avis, lorsqu'ils étaient approuvés par l'empereur et insérés au *Bulletin des lois*, se substituaient à la loi même.

Des décrets, rendus sur conflit, déclaraient nuls et non avenus les jugements des tribunaux civils, les arrêts des Cours impériales et de la Cour de cassation. Ils réformaient même les verdicts du jury criminel et remettaient en jugement les prévenus acquittés (1).

_____

(1) Arrêtés des consuls des 23 fructidor an VIII, 9 vendémiaire an IX. — Décrets sur conflit des 8 pluviôse et 22 floréal an XI, 20 brumaire et 9 ventôse an XIII, 24 juin et 22 octobre 1808, 14 août 1813.

Les assemblées électives ont repris le plein exercice du pouvoir législatif. L'ordonnance du 1er juin 1828 a entouré le droit d'élever le conflit de précautions capables de sauvegarder la dignité de la magistrature, le respect de la chose jugée et les intérêts des parties. Les garanties en faveur des droits privés lésés par l'action administrative ont reçu d'utiles accroissements. Deux ordonnances des 2 février et 12 mars 1831 ont établi la publicité des séances et le droit de plaidoirie devant le Conseil d'État statuant au contentieux. Les règles de procédure posées par le décret du 22 juillet 1806 ont été développées et précisées. L'accès de cette haute juridiction a été facilité aux plus modestes réclamations : les pourvois en matière de contributions directes et de taxes assimilées, de contraventions de grande voirie, de pensions, d'excès de pouvoirs, d'élections, etc., etc., ont été dispensés de frais.

Le jugement de la gestion des agents comptables du Trésor était attribué, depuis 1807, à la Cour des comptes. Mais, pour les principales comptabilités, les comptes collectifs présentés par les directeurs généraux des régies financières, qui ne sont en réalité que des comptables d'ordre, n'ayant qu'une responsabilité morale (1), étaient seuls soumis à sa juridiction. Ce n'est qu'à la réorganisation des diverses branches du service de la comptabilité que le contrôle de la Cour devint immédiat. Elle obtint alors que les comptes individuels de chaque comptable lui seraient directement adressés et feraient l'objet d'une instruction et d'un arrêt spécial. Des lois postérieures (2) ont étendu la sphère de sa compétence en déférant à sa juridiction les gestions

(1) Décret 7 juin 1809.
(2) L. 18 juillet 1837; — ordonnance 16 août 1844 rendue en exécution de la loi du 6 juin 1843.

des receveurs des communes et des établissements publics, ainsi que le contrôle de la comptabilité en matière qui, jusqu'en 1845, avait été soustraite à son examen.

D'un autre côté, le pouvoir central voyait son immixtion dans le domaine des affaires locales se restreindre sans cesse et se renfermer dans les limites de ce qu'exigent les besoins de l'unité nationale. Il était déchargé du soin de choisir les membres des assemblées départementales et communales, par les lois des 21 mars 1831 et 22 juin 1833, qui faisaient renaître le principe électif dans la nomination des représentants des intérêts locaux. Les décrets sur la décentralisation facilitaient et abrégeaient l'instruction et la décision des affaires administratives secondaires. La loi du 18 juillet 1837, en posant les premiers rudiments d'une autonomie communale, la loi du 24 juillet 1867 en les développant, réduisaient son intervention dans les questions municipales; tandis que la loi du 10 août 1871, étendant les principes posés par les lois des 10 mai 1838 et 18 juillet 1866, consacrait l'affranchissement du département comme personne civile et comme pouvoir public. Si bien que, lorsque l'on compare l'organisation actuelle de l'administration dans la France, citée comme le type de la centralisation excessive, et dans la Belgique, celui des États de l'Europe continentale où la décentralisation est réputée le mieux établie, on est forcé de reconnaître que les prérogatives de la puissance nationale, dans ses rapports avec les pouvoirs locaux, sont plus prudemment sauvegardées par la législation actuelle des anciens Pays-Bas que par celle du pays où ont régné les Richelieu, les Louis XIV et les Napoléon Ier.

Avant 1789, les provinces belges constituaient de petits États souverains possédant des institutions et des lois parti-

culières ayant leurs officiers et leur force armée, réunis dans
une sorte de fédération sous le gouvernement central de
Bruxelles.

Au sein de ces États, les grandes communes formaient
des républiques, qui ne reconnaissaient d'autre autorité que
celles de leurs magistrats locaux, et d'autres règles que leurs
usages et leur bon plaisir. Sous l'action absorbante du
gouvernement impérial, le peuple belge vit avec douleur
disparaître les libertés locales auxquelles il était attaché plus
intimement encore qu'aux libertés politiques. Aussi, dès
que sa destinée fut séparée de celle de la France, il restaura
l'édifice de ses anciennes franchises, sous la domination du
roi des Pays-Bas d'abord, puis sous l'empire de la Constitution autonome, gage de son indépendance nationale. Mais
en réédifiant les libertés provinciales et communales, il
montra qu'il avait su apprécier, pendant sa réunion à la
France, ce que donne de force contre les immixtions de
l'étranger ou les attaques des passions anarchiques une
unité nationale fortement organisée. En rendant aux pouvoirs locaux ce qui leur appartenait, il a su réserver à l'autorité centrale sa légitime prépondérance dans les questions
d'importance générale. Par là, il a mérité de jouir d'une
longue paix intérieure, et son organisation administrative
est digne de fixer l'attention de l'homme d'État.

M. de Tocqueville a dit : « C'est dans la commune que
réside la force des peuples libres. Les institutions communales sont à la liberté ce que les écoles primaires sont à la
science, elles la mettent à la portée du peuple, elles lui en
font goûter l'usage paisible et l'habituent à s'en servir (1). »

(1) De Tocqueville, *Démocratie en Amérique*. Tome I, page 96, 15ᵉ édi-
tion.

C'est cette conviction qui a inspiré le législateur belge, il a fait de l'indépendance municipale la pierre d'assise de l'édifice politique. Il a constitué la commune en unité puissante, pleine de cohésion et de vie, suffisant par ses propres ressources à tous ses besoins, n'attendant du pouvoir central ni direction, ni subvention ; mais retenue dans le respect de la loi et de l'intérêt général par le contrôle de pouvoirs supérieurs.

Ses magistratures municipales, conférant une autorité réelle, sont devenues l'ambition de tous les citoyens considérables par le mérite, la fortune ou la naissance. C'est dans l'exercice de ces fonctions, c'est en s'y montrant les initiateurs, les guides et les soutiens des classes ouvrières, c'est en veillant sur l'éducation et l'instruction des enfants du peuple et en l'aidant dans ses souffrances et ses misères, que l'homme qui aspire à un rôle politique apprend le maniement des affaires administratives et se prépare à la gestion de plus vastes intérêts, c'est là qu'il acquiert l'influence à la fois la plus légitime et la plus solide, celle qui repose sur une confiance réciproque et souvent éprouvée.

Sans doute les traditions du peuple belge facilitaient singulièrement l'œuvre du législateur en cette matière. Il suffit de jeter les yeux sur l'histoire des races flamandes et vallonnes pour se convaincre qu'aucune autre n'a jamais montré un attachement plus constant à ses franchises municipales, ni un soin plus jaloux de les défendre contre les empiétements du pouvoir souverain. Lorsque ces provinces ont été soumises au joug d'une puissance étrangère, c'est à l'abri de la vie communale que l'esprit de nationalité s'est conservé intact et vivant ; quand l'heure de l'affranchissement a sonné, il est naturel que ce soit sur cette base que se soient fondées les libertés publiques. Mais où le légis-

lateur belge s'est montré réellement supérieur, c'est que s'il
a emprunté aux traditions du passé leur puissante vitalité,
il a su répudier ce que l'expérience avait condamné en elles,
ce qu'elles avaient de contraire à l'unité nationale et de
périlleux pour la paix publique. Il a non-seulement rendu
impossible tout retour de ces immixtions funestes des
pouvoirs locaux dans les affaires politiques, militaires ou
financières de l'État, mais, dans le cercle même des affaires
administratives, il ne leur a permis de statuer en aucun
cas sur les questions d'un intérêt général, ni de compromettre cet intérêt en considération d'avantages locaux. Il les
a soumis enfin à l'empire de la loi en armant l'autorité
supérieure du droit d'annuler tous ceux de leurs actes qui
contiendraient une infraction à ses prescriptions. Par là, il
a constitué non une confédération de municipes autonomes,
mais une nation forte et unie dans la liberté.

La manière dont est établi le contrôle des municipalités
constitue un côté non moins original et curieux de l'organisation belge. Ce contrôle est à deux degrés. Au premier
degré est, non pas un fonctionnaire délégué du pouvoir
central, non une commission du conseil provincial, mais
un corps mixte qui comprend à la fois la délégation du
gouvernement et la représentation du corps électoral, et
de ces deux éléments confondus forme le lien, le trait d'u-
nion entre les communes indépendantes et l'État. Au second
degré est le roi, préposé suprême à l'exécution de la loi.
Mais l'administration centrale n'intervient plus ici pour
étouffer les franchises locales et absorber à son profit la
séve communale. Elle procède comme cour d'appel. Elle
prononce sur la contestation entre deux pouvoirs indépendants, le conseil communal et la députation permanente, et
dit quel est celui qui se montre gardien le plus vigilant de

la loi et de l'intérêt général ; elle fait respecter le droit méconnu, et son contrôle est appelé, par tous, comme une sauvegarde et un bienfait.

Au-dessus du pouvoir communal, la Constitution belge a établi le pouvoir provincial ; libre comme lui dans la gestion de ses affaires locales et des intérêts dont le dépôt lui est commis par la loi, mais enfermé comme lui dans le cercle d'attributions limitativement déterminées, mais soumis au contrôle de l'administration supérieure et à l'empire de la loi. Certes, s'il est un pays où la tentation naissait d'introduire ce pouvoir intermédiaire dans le domaine de la politique, de le constituer gardien de tout ou partie des libertés publiques, c'était la Belgique. Le législateur a su néanmoins résister à cet entraînement funeste pour l'unité nationale ; il a voulu que les partis politiques ne fussent en aucun cas amenés à se faire une arme des rivalités provinciales.

Au sommet enfin, il a constitué le pouvoir central, impuissant à comprimer le jeu spontané des franchises locales, mais libre aussi dans l'exercice de l'autorité qui lui est propre et tout-puissant pour assurer le respect de la loi ; représenté à la tête de toutes les circonscriptions administratives par un agent, son subordonné direct ; nommant et révoquant tous les fonctionnaires, gouverneurs de province, commissaires d'arrondissement, bourgmestres, commissaires de police, gardes champêtres, chargés de l'exécution des mesures de police et de sûreté générale ; ne pouvant donc, en aucun cas, être gêné dans l'application des lois par l'hostilité ou l'inertie des autorités inférieures.

Certes, c'est là une conception puissante et sagement exécutée. Mais si la constitution et les lois belges ont établi sur leurs véritables bases les rapports entre le gouvernement et les divers pouvoirs locaux coexistant sur le sol national ;

elles ont été moins heureusement inspirées quand elles ont
réparti les attributions entre l'autorité administrative et
l'autorité judiciaire. Elles ont voulu réagir contre les abus
de l'administration impériale, contre ses empiétements dans
le domaine de la loi et dans le domaine de la justice, et elles
ont paralysé la liberté d'action du pouvoir exécutif et gêné
le contrôle du pouvoir législatif. La suppression du conseil
d'État a été une faute qui en a entraîné une autre, l'attribution du jugement des conflits à la Cour de cassation.

Pour faire ressortir les inconvénients de cette confusion
des pouvoirs entre les mains de la Cour suprême, il nous
suffira de rappeler sa jurisprudence sur certaines questions
administratives. Ainsi, elle décide que, pour réglementer les
matières qui rentrent dans la compétence de la police municipale, aucune autorité ne peut substituer son action à celle
du pouvoir communal et que, s'il s'abstient de remédier aux
abus les plus flagrants, le gouvernement doit demeurer
spectateur impuissant de ce scandale. Elle décide encore
que le droit des communes d'établir des impositions locales
est illimité quant aux objets imposables, elle permet ainsi
aux pouvoirs communaux de tarir les sources qui doivent
alimenter le trésor national et d'entraver le développement
de la fortune publique. Economistes et publicistes ont
souvent combattu ces théories. Mais rien ne saurait prévaloir contre la jurisprudence d'une Cour inamovible qui
échappe à l'action du pouvoir exécutif comme à celle du parlement lui-même.

L'exemple de la Belgique peut donc, au moment où nous
touchons aux principes qui régissent notre organisation
administrative, être pour nous doublement fructueux.
L'étude de sa législation doit servir à nous révéler quels
écueils sont à fuir, et comment ils peuvent être évités. Elle

nous apprend à quelles conditions l'unité nationale peut être sauvegardée, même en accordant aux pouvoirs locaux toute la liberté d'action qu'ils sont en droit de revendiquer, et elle nous montre en même temps quels sont les dangers de méconnaître la règle de la séparation des pouvoirs et de subordonner l'action administrative à l'autorité judiciaire.

L'étude de nos propres institutions ne sera pas moins fructueuse si nous la faisons avec calme et impartialité.

Montaigne disait déjà de la France de son temps : « Le pis que je treuve en nostre Estat, c'est l'instabilité ; et que nos lois, non plus que nos vestements, ne peuvent prendre aucune forme arrestée. »

Quand on jette un coup d'œil rétrospectif sur l'histoire de nos institutions, on est surpris de voir combien de fois le législateur s'est livré à un travail de Pénélope, défaisant et refaisant sans cesse la même œuvre, recommençant des tentatives déjà condamnées par l'expérience et prenant pour l'idéal de l'avenir le spectre du passé.

Il faut rendre cette justice à l'Assemblée constituante, qu'elle s'est, la première, et plus sérieusement peut-être qu'aucune autre de nos Assemblées, occupée de faire renaître, en France, cette vie communale qu'y avaient éteinte les derniers siècles de la monarchie. Dans cette matière, comme dans toutes celles auxquelles elle a touché, elle a montré une fermeté de principe, une largeur de vue dignes d'admiration. Du premier coup, elle a placé l'indépendance municipale sur sa véritable base et a créé une organisation qui, par la sincérité de ses garanties en faveur de la liberté, ne le cédait pas à celle dont jouissent actuellement nos voisins. Mais le temps lui manquait pour développer les conséquences des principes qu'elle venait de poser, et, à côté de ces éminentes qualités, cette œuvre contenait un vice ca-

25

pital. Elle faisait procéder de l'élection ceux-mêmes des magistrats municipaux qu'elle constituait les représentants directs du gouvernement pour assurer l'exécution des lois et des mesures de police et de sûreté générale. Par là, elle laissait le pouvoir central désarmé contre les factions anarchiques et compromettait les franchises communales, en les rendant, en apparence, solidaires des désordres publics.

Les germes d'indépendance locale qu'elle avait semés périrent, étouffés sous le despotisme révolutionnaire d'abord, sous le despotisme impérial ensuite. Eh bien ! lorsqu'en 1848, puis en 1871, on voulut donner un nouvel essor à cette vie communale restée languissante, c'est précisément ce qu'il y avait de défectueux dans l'œuvre de l'Assemblée constituante que l'on s'efforça de faire renaître. Deux fois on retomba dans la même faute et l'on ferma les yeux aux leçons de l'expérience. On voulut enlever au gouvernement le choix du magistrat municipal chargé de maintenir la paix publique et le respect des lois dans la commune. Deux fois aussi, après un court essai, l'on vit le chef de l'État s'écrier qu'il n'était plus « suffisamment armé pour décourager les factions et même pour se faire obéir de ses propres agents... », que : « les municipalités élues oubliaient qu'elles étaient les organes de la loi et laissaient l'autorité centrale sans représentant sur bien des points du territoire... », et l'Assemblée effrayée recula sur ses propres pas. Cependant, combien de nos modernes réformateurs mettent encore aujourd'hui en tête de leur programme l'élection des maires !

S'ils daignaient jeter les yeux sur le peuple belge, ils apprendraient deux choses qui paraissent leur être également inconnues : la première, c'est que, dans ce pays, où les franchises municipales ont été poussées jusqu'à leurs plus extrêmes limites, le gouvernement a toujours été investi du droit de nommer les officiers qui exercent le pouvoir exécutif dans la commune, et que ce droit n'a jamais apporté la moindre entrave au développement de l'indépendance locale ; la seconde, c'est que la liberté ne gagnerait rien à ce que le maire, au lieu d'être le subordonné d'un pouvoir central, responsable et éclairé, fût érigé en autocrate au petit pied ; qu'elle ne se fondera, au contraire, que le jour où cet agent, comme le bourgmestre et le collège échevinal belges, sera réduit au rôle de docile instrument du gouvernement, pour les mesures d'intérêt général, et du conseil municipal, pour les mesures d'intérêt local. Ils verraient avec quel soin, de l'autre côté de notre frontière, les citoyens ont été protégés contre l'éventualité des abus de ce pouvoir qui, pour être renfermé dans d'étroites limites, n'en est que plus enclin à devenir tyrannique, et comment nos voisins ont distribué entre plusieurs, pour la rendre plus paternelle et plus douce, l'autorité que nous avons concentrée dans les mains d'un seul. Ils verraient aussi qu'avant d'attribuer un caractère d'autonomie à nos autorités municipales, il conviendrait de donner à nos communes le moyen de se suffire à elles-mêmes. Combien de communes en France sont incapables de satisfaire par leurs propres ressources à leurs besoins les plus urgents ! Combien ne vivent que des secours alloués par l'État ou des subsides du département ! Il faudrait mettre un terme à cette mendicité administrative, le mal le plus funeste pour la création d'une vie municipale. Les bourgades, en effet, au lieu de se grouper en communes puissantes et riches, s'éparpillent en petits municipes dépourvus de toutes ressources, pour recevoir une part plus forte dans le fonds commun. Avant donc d'établir, chez nous, une autonomie communale, il importerait de con-

stituer des communes ayant, par elles-mêmes, une vie
propre.

Si de l'organisation communale, nous élevons les yeux
sur l'organisation départementale, nous retrouvons les
mêmes fautes. Frappé des services éminents que la députation permanente du conseil provincial rend à l'administration belge, le législateur veut importer chez nous le
pendant de cette institution. Il crée la commission départementale, mais de cette commission il exclut le préfet, il
exclut le secrétaire général, alors que le gouverneur et le
greffier provincial sont, de droit, membres de la députation
permanente, l'un à titre de président, l'autre de secrétaire ;
et de ce qui est, chez nos voisins, un trait d'union entre
l'administration centrale et les conseils électifs, il fait, chez
nous, partout où la sagesse des hommes ne supplée pas à
à celle de la loi, un comité de rivalité et de suspicion placé
près du préfet pour entraver son action.

C'est à la même confusion qu'il faut attribuer le projet de
loi dont l'Assemblée est actuellement saisie pour la suppression des conseils de préfecture.

La création du conseil de préfecture, en l'an VIII, pour
exercer les attributions contentieuses que les lois des 7-11 septembre 1790 déféraient aux directoires de district et de
département, était un progrès. En effet, la juridiction contentieuse et l'action administrative, confondues auparavant
dans les mains d'un corps unique, qui prononçait sur les
réclamations soulevées par l'exécution de ses propres décisions, étaient pour la première fois séparées.

Depuis, cette institution a reçu des perfectionnements
qui ont fait tomber les griefs élevés contre elles pendant la
Restauration et la monarchie de Juillet. On lui reprochait
alors de statuer en l'absence des formalités protectrices

qui entourent l'œuvre de la justice. Aujourd'hui, ses audiences sont publiques comme celles des tribunaux. Comme devant eux, un ministère public requiert l'application de la loi, un greffier enregistre les décisions de la justice ; les parties sont admises à présenter des observations orales, soit en personne, soit par mandataire. Les conseillers de préfecture doivent offrir des justifications d'aptitude et de capacité analogues à celles demandées aux candidats aux fonctions judiciaires : vingt-cinq ans d'âge, et, à défaut du grade de licencié en droit, dix ans de stage dans des fonctions administratives ou judiciaires. Enfin un projet, adopté au mois de mai 1870 par le corps législatif et que les événements seuls n'ont pas permis de convertir en loi, enlevait au préfet la présidence du conseil dans les audiences contentieuses et faisait tomber ainsi la dernière objection présentée contre cette juridiction.

Faut-il à ces garanties en ajouter de nouvelles ? nous l'admettons volontiers. Mais pourquoi supprimer une institution qui rend à l'administration les plus signalés services et contre laquelle personne n'élève ni plaintes, ni griefs ?

Pourquoi ? Les auteurs du projet ne le cachent pas, par une rancune théorique contre la juridiction administrative. En frappant le conseil de préfecture, ils espèrent que leurs coups porteront plus haut, qu'ils atteindront le conseil d'État lui-même et qu'ils anéantiront à jamais tous les tribunaux spéciaux chargés de prononcer sur le contentieux administratif.

L'Assemblée constituante, qui comprenait les questions de droit public mieux qu'on ne les saisit aujourd'hui, a fixé à la juridiction administrative ses véritables limites. Elle a renvoyé devant l'autorité judiciaire beaucoup d'affaires qui, sous l'ancien régime, étaient déférées à des tribunaux spéciaux ;

mais elle a conservé pour la juridiction administrative les litiges que les corps judiciaires ne pouvaient trancher qu'en réformant les actes de l'administration, en lui adressant une injonction et, par conséquent, en se la subordonnant. Ainsi, une contestation s'élève sur le payement d'une contribution indirecte, l'État est personnellement intéressé à la solution, puisque si le contribuable gagne son procès, c'est une perte pour le Trésor. Cependant la Constituante a attribué la connaissance de ce litige aux tribunaux judiciaires, car elle n'a jamais été conduite par cette pensée, que l'ignorance seule peut lui prêter, de faire prévaloir l'intérêt pécuniaire de l'État sur le droit des particuliers. Une réclamation, au contraire, est présentée contre le payement d'une cote d'impôt de répartition ; l'État n'est pas directement intéressé à la solution : quelle qu'elle soit, il percevra la même somme et, si un dégrèvement est ordonné, le montant en sera réparti entre les autres contribuables au marc le franc de leur taxation au rôle. Néanmoins la Constituante donne la connaissance de cette réclamation à la juridiction administrative, parce que, pour faire droit à la demande, il faut modifier le rôle nominatif qui est un acte administratif, et que la décision du juge doit entraîner la réformation du travail du conseil général, du conseil d'arrondissement et des répartiteurs municipaux. Autrement ces autorités seraient obligées de suivre dans la répartition non la volonté seule du législateur, mais, en outre, la jurisprudence des tribunaux, et, comme les tribunaux diffèrent entre eux de jurisprudence, l'égale répartition de l'impôt serait supprimée. Le jour où la juridiction administrative disparaîtra, les administrateurs devront obéir aux décisions des tribunaux ; la séparation des pouvoirs n'existera plus. L'autorité judiciaire exercera le pouvoir exécutif.

Pour nous amener à ce résultat, on cite la Belgique. L'exemple est mal choisi ; d'abord nous avons montré que la Belgique ne s'est pas bien trouvée d'avoir supprimé la juridiction du conseil d'État et d'avoir enlevé à l'administration le droit d'élever le conflit et de le juger. Ensuite, nous avons établi qu'usant de la latitude qui lui était conférée par l'art. 93 de la Constitution, le législateur belge a, dans de nombreuses hypothèses, confié à l'administration le droit de statuer sur les matières litigieuses.

Ainsi la députation du conseil provincial possède presque toutes les attributions contentieuses de nos conseils de préfecture. Elle juge notamment toutes les réclamations contre les taxations au rôle des contributions directes perçues au profit de l'État et des communes qui forment les dix-neuf vingtièmes des affaires soumises à nos conseils de préfecture. Sur certains points même, sa compétence est plus étendue. En matière électorale, par exemple, elle prononce non-seulement sur les difficultés relatives au résultat du scrutin ; mais encore sur le contentieux des listes électorales, qui est dévolu, chez nous, au juge de paix.

Ce qui différencie l'organisation belge de l'organisation française, ce n'est donc pas que l'administration ne connaisse pas, chez nos voisins, du contentieux qui naît de ses propres actes ; c'est que ce contentieux, au lieu d'être dévolu à des tribunaux spéciaux comme en France, reste confondu dans les mains des autorités administratives avec la juridiction gracieuse.

S'il fallait faire un emprunt à leur législation, combien serait-il plus fructueux de nous approprier la puissante organisation de leur Cour des comptes, cette Cour élue par le Parlement, qui exerce sa juridiction non-seulement, comme la nôtre, sur les comptables pour contrôler l'exacti-

tude matérielle de leur gestion, mais encore sur les ordonnateurs pour vérifier la sincérité de leur compte moral; qui
rend par suite impossibles ces détournements des fonds
publics qui, sous le nom de virements, ont rendu tristement
célèbres certains préfets du second empire; cette Cour appelée à liquider toutes les pensions, toutes les créances
contre l'État et à viser toutes les ordonnances de payement,
qui arrête, par suite, dès sa source, la dilapidation et sauve
le prestige de l'administration contre les soupçons de
vénalité !

Ne nous faisons donc pas d'illusion. Pour arriver à constituer un pouvoir central, respecté et obéi sur tous les points
du territoire, à côté d'une décentralisation réelle et sincère,
nous avons beaucoup à faire, beaucoup à apprendre de nos
voisins. Mais, en les imitant, gardons-nous d'écarter les
tempéraments qui rendent leurs institutions sages et pratiques. Gardons-nous surtout d'une aveugle précipitation.
Rappelons-nous qu'en matière de droits politiques plus
encore qu'en matière de droits civils, cet axiome est toujours vrai : « Donner et retenir ne vaut. »

# APPENDICE

*Extrait des comptes rendus de l'Académie des sciences morales et politiques.*

M. Renouard fait, au nom de la section de Législation, un rapport sur la question suivante qui avait été mise pour la seconde fois au concours :

« *Exposer l'état actuel de la législation française et de la législation belge sur l'organisation judiciaire et sur l'organisation administrative, en indiquant sur quels points se trouve aujourd'hui modifiée, dans l'un et dans l'autre pays, la législation qui les régissait tous deux en 1814, apprécier les causes, les intentions et conséquences de ces changements.* »

Dans le premier concours, dont le terme avait été fixé au 1<sup>er</sup> décembre 1871, comme dans le second concours dont le terme a expiré le 31 décembre 1873, un seul Mémoire a été adressé à l'Académie. Ce Mémoire, trouvé dans le premier concours fort recommandable à certains égards, et insuffisant à certains autres, s'est représenté dans le nouveau concours avec une étendue plus considérable et de notables améliorations. L'auteur, se rendant aux observations

que lui avait faites l'Académie et comblant les lacunes qu'elle lui
avait signalées, a courageusement perfectionné et complété son
travail ; il a suivi un meilleur ordre méthodique, s'est livré à d'in-
téressants développements historiques, et a présenté des conclusions plus fermes et plus hardies. Son Mémoire, contenant 660 pa-
ges in-f°, a pour épigraphe cette phrase de l'*Esprit des lois* :

« *L'esprit de modération doit être celui du législateur ; le bien politique comme le bien moral se trouve entre deux limites.* »

L'auteur divise son ouvrage en deux parties, où il traite successivement de l'organisation judiciaire et de l'organisation administrative. Dans la première partie, il retrace, avec savoir et avec
netteté, l'histoire des institutions judiciaires de France et de Belgique, de 1814 à 1875, en montrant, d'époque en époque, le caractère de ces institutions, les modifications qui y ont été apportées,
et les effets qui en sont résultés dans les deux pays. Comparant
ensuite l'organisation actuelle du pouvoir judiciaire en France et
en Belgique, il en signale la conformité générale, fait voir les différences peu nombreuses et assez peu importantes qu'on y trouve,
et propose certaines réformes qui appartiennent essentiellement à
l'appréciation du pouvoir législatif, et au sujet desquelles la section n'a point à s'expliquer, les problèmes de cette nature pouvant être étudiés devant l'Académie, mais ne devant pas être résolus
par elle.

La seconde partie du Mémoire, dans laquelle l'auteur traite de
l'organisation communale, de l'organisation départementale et de
l'organisation centrale administrative, est plus étendue encore que
la première, et donne lieu à des restrictions du même ordre. Les
questions qui y sont examinées sont, par leur nature, sujettes à
controverse et attirent, en ce moment même, d'importantes discussions dans d'autres enceintes. L'auteur du Mémoire a, dans un
excellent chapitre préliminaire, exposé l'histoire de l'organisation
communale et celle de l'organisation départementale en France et
provinciale en Belgique ; il a encore mieux montré qu'il ne l'avait fait
dans le précédent concours l'état actuel de la législation des deux
pays. Les connaissances qu'il déploie et l'exactitude dont il ne se
départ jamais méritent les plus grands éloges ; la sûreté de sa méthode ajoute à l'intérêt de sa lecture. Il est à regretter néanmoins
que quelques détails surabondants n'aient point été abrégés, et surtout que l'excès de réserve qui avait été critiqué lors du précédent
concours ait quelquefois fait place à trop de vivacité. Après avoir
savamment examiné l'organisation administrative des communes,

des départements et provinces, et de l'État dans les deux pays, et traité avec un esprit libéral et ordinairement judicieux les diverses questions qui s'y rattachent, l'auteur, dans une conclusion qui termine l'ouvrage, plaide avec énergie contre les abus que l'on est généralement trop disposé à faire du sage et excellent principe de décentralisation.

*La section est d'avis que ce remarquable ouvrage mérite le prix, et elle propose à l'Académie de le lui accorder.*

*L'Académie adopte les conclusions de la section et décerne le prix au Mémoire n° 1, dont le pli décacheté fait connaître comme auteur du Mémoire M.* ÉMILE FLOURENS, *maître des requêtes au Conseil d'État.*

FIN

# TABLE

## DES MATIÈRES

Paris. — Typ. de Rouge, Dunon et Fresné, rue du Four-St-Germ., 43.

www.ingramcontent.com/pod-product-compliance
Lightning Source LLC
Chambersburg PA
CBHW072010270326
41928CB00009B/1603